经济学基础
课程思政教学案例集

主编 何 琴

基金项目：
1. 湖南师范大学政治学省级"十四五"重点学科
2. 湖南师范大学政治学与行政学国家一流本科建设点
3. 湖南省学位与研究生教学改革研究项目"基于'真、实、活'的课程思政教学改革研究——以《经济学原理》为例"（2021JGSZ032）

东北大学出版社
·沈 阳·

Ⓒ 何 琴 2022

图书在版编目（CIP）数据

经济学基础课程思政教学案例集 / 何琴主编. — 沈阳：东北大学出版社，2022.10
ISBN 978-7-5517-3159-1

Ⅰ. ①经… Ⅱ. ①何… Ⅲ. ①高等学校－思想政治教育－教案（教育）－中国 Ⅳ. ①G641

中国版本图书馆 CIP 数据核字（2022）第 192308 号

出 版 者：东北大学出版社
　　　　　地　址：沈阳市和平区文化路三号巷 11 号
　　　　　邮　编：110819
　　　　　电　话：024-83680182（总编室）　83687331（营销部）
　　　　　传　真：024-83680182（总编室）　83680180（营销部）
　　　　　网　址：http://www.neupress.com
　　　　　E-mail：neuph@neupress.com

印 刷 者：沈阳市第二市政建设工程公司印刷厂
发 行 者：东北大学出版社
幅面尺寸：170 mm×240 mm
印　　张：16
字　　数：287 千字
出版时间：2022 年 10 月第 1 版
印刷时间：2022 年 10 月第 1 次印刷
策划编辑：杨世剑
责任编辑：周　朦
责任校对：王　旭
封面设计：潘正一

ISBN 978-7-5517-3159-1　　　　　　　　　　　　定　价：36.00 元

前言

2016年12月7日，习近平总书记在全国高校政治思想工作会议上强调："要坚持把立德树人作为中心环节，把思想政治工作贯穿教育教学全过程，实现全程育人，全方位育人"，并提出"各类课程与思想政治理论课同向同行，形成协同效应"。

随着全球经济的发展与我国市场经济的推进，经济学思维与观念已经融入个人生活、企业运营与国家发展的各个层面。经济学原理课程不仅是财经类专业的基础课程，而且是其他社会学科的通识课程。纵观经济学科的发展，经济学经典理论多由西方学者提出，其基本原理与分析方法在向人们提供认识世界的工具的同时，存在一定的时代局限性，对于我国社会现实的解释力存在一定缺陷。目前，我国已成为世界第二大经济体，已全面建成小康社会，全面建设社会主义现代化国家新征程随之开启。因此，经济学教学特别需要教师以课程思政为载体，在经济学基本理论的讲解中，引导学生全面客观地认识当代中国、看待外部世界，善于在批判鉴别中明辨是非。

习近平总书记在全国高校思想政治工作会议上指出："思想政治工作从根本上说是做人的工作，必须围绕学生、关照学生、服务学生，不断提高学生思想水平、政治觉悟、道德品质、文化素养，让学生成为德才兼备、全面发展的人才。"为贯彻落实这一重要指示，本书的编写始终遵照"政治要强""情怀要深""思维要新""视野要广""自律要严""人格要正"的要求，经过案例选题、案例撰写、专家评阅和文本修改等多个环节的反复斟酌与仔细打磨，努力将专业理论与课程思政有机融合。本书贴近现实生活、符合学生兴趣，所收录的案例以鲜活的素材和生动的描述，多层次、多角度深入浅出地将经济学原理中的课程思政元素展现出来，阐释了编者近些年来对课程思政的认识理解和实践经验。

本书的主要特点如下。

一是面对我国新时代经济特征，围绕新时代的重大问题进行案例选择。中国特色社会主义进入新时代，其主要经济特征有三个：第一，经济发展由高速增长转向高质量发展；第二，社会主要矛盾已经转化为人民日益增长的美好生活需要和不平衡不充分的发展之间的矛盾；第三，在全面建成小康社会基础上开启现代化建设的新征程。因此，本书围绕新时代我国经济发展的重大实践问题进行案例选择，引导学生关注新时代的重大理论问题、重大实践问题，传授学生解决新时代重大问题的知识，培养学生分析新时代重大问题的能力，增强经济学理论的指导力和现实解释力。

二是以马克思主义政治经济学为指导，推动理论创新，突出案例思政元素的多样化。我国的经济学案例集建设，一方面要坚持马克思主义基本立场、观点和方法，紧密联系我国经济改革和发展的实际，联系世界经济的变化趋势；另一方面要融合借鉴西方经济学的合理成分，以我国经济发展问题为导向讲中国故事，把握时代课题、推动理论创新，不断发展中国特色社会主义政治经济学。本书把当代中国马克思主义政治经济学的最新成果融入案例分析，尽可能地突出对学生政治认同、国家意识、文化自信和公民人格的培养，力图通过多样化的思政元素，多维度地帮助学生树立正确的价值观，增强其社会责任感、国家荣誉感、民族自豪感，从而为新时代中国特色社会主义建设和中华民族的伟大复兴贡献力量。

三是实用性与趣味性相统一，开发线上线下教学资源，实现同步互动。本书具有完整的经济学原理的知识结构，依据《经济学原理》教材安排，每章安排1或2个课程思政案例，在每个案例正文背后，都有思政元素的挖掘，并且有明确的教学使用说明，以及贯穿课前、课中、课后的教学组织方式，同时提供了相应的教学启发思考题。无论是贴近新时代的案例正文，还是清晰的案例使用说明，都能够从实际应用的角度出发，指导读者进行课程思政教学实践。同时，案例的设计和课堂教学活动的安排都力图以通俗易懂的方式阐释理论问题，文字表达简洁通顺、富有逻辑性，具有很强的可读性、趣味性和扩展性。编者同步开发了配套在线课程，实现线上线下的同步互动，有助于提高学生的综合分析能力和解决各种实际经济学问题的能力。

从教多年，编者一直承担着政治学类本科生经济学原理课程的教学任务，因其具有基础性与时代性，编者也始终保持着谨慎的态度，不敢有一丝懈怠。课程思政既是一种教育理念，也是一种教育方法。课程中的思政元素能够为课程赋予更高层次的价值和意义，能够使每一堂课都被赋予更崇高的使命与责任。编者在教学实践中深切体会到，案例教学能够有效承载课程思政内容，如春风化雨般启迪学生的心灵。因此，编写本书，亦是希望能够将多年来的教学实践经验与广大教师朋友分享，共同探讨教育教学和课程思政的发展之道，为正确引导学生扣好人生第一粒扣子做出当代教育工作者的应有贡献。

教育工作者只有"守好一段渠，种好责任田"，方能将课程思政的核心要义润物细无声般地融入学生心灵。

编 者

2022 年 5 月

目 录

科学精神的探索，人民至上的价值追求
　　——"谷贱伤农"与农产品最低限价的分析 ………………………… 1

双轮驱动，有效破解毒品犯罪的新思路
　　——以供给与需求的价格弹性理论为视角的分析 …………………… 15

促绿色消费，助低碳转型
　　——从消费行为理论角度探讨绿色消费 ……………………………… 27

发展农业适度规模经营，促进乡村振兴
　　——基于规模经济理论视角的分析 …………………………………… 41

中国制造有"韧性"，灵活发展御风险
　　——基于制造业成本变化的分析 ……………………………………… 53

缩小收入差距，迈向共同富裕
　　——基于基尼系数的分析与认识 ……………………………………… 64

规制平台经济垄断，驱动经济社会健康发展
　　——基于市场结构理论的分析 ………………………………………… 74

探究政府与市场的"相处之道"
　　——基于市场失灵与政府职能的分析 ………………………………… 85

重新认识GDP，以高质量发展迈向高收入国家
　　——GDP指标的缺陷与改进 ·············· 95

重塑钢铁产业高质量发展新格局
　　——GDP指标的本质意义 ·············· 104

正确认识凯恩斯消费理论，树立可持续消费观
　　——疫情背景下中国经济的复苏之路 ·············· 113

辩证长远看发展，打赢经济战"疫"
　　——基于凯恩斯+熊彼特的理论组合分析 ·············· 123

实践创新、理论创新、制度创新与应用是时代的呼唤
　　——基于供给侧结构性改革实践创新、理论创新、制度创新 ·············· 132

财政资金释放乘数效应，激发大众消费活力
　　——基于"四两拨千斤"的乘数论分析 ·············· 141

以积极的财政政策稳定宏观经济大盘
　　——疫情防控常态化背景下的宏观经济政策解读 ·············· 151

县域经济之兴，是乡村振兴之兴
　　——货币政策支持实体经济的意义分析 ·············· 162

细致入微，抽丝剥茧，探寻CPI变动背后的问题
　　——通货膨胀的影响及治理 ·············· 178

就业：经济的"晴雨表"，社会的"稳定器"
　　——大学生结构性失业的困境与破解路径 ·············· 189

就业稳定社会安，灵活就业促发展
　　——失业的影响与对策 ·············· 201

提升科技推动力，打造经济新引擎
　　——新常态下经济增长的要素变迁与选择 …………………… 211

助力投资发展，增添经济新动能
　　——从哈罗德-多马模型看我国经济发展方式的选择 ………… 223

资源红利"退潮"，创新发展"破局"
　　——我国经济周期与"新常态"的解读与应对 ………………… 235

科学精神的探索，人民至上的价值追求
——"谷贱伤农"与农产品最低限价的分析

➤➤ 一、案例正文

那些戴旧毡帽的大清早摇船出来，到了埠头，气也不透一口，便来到柜台前面占卜他们的命运。

"糙米五块，谷三块。"米行里的先生有气没力地回答他们。

"什么！"旧毡帽朋友几乎不相信自己的耳朵。美满的希望突然一沉，一会儿大家都呆了。

"在六月里，你们不是卖十三块么？"

"十五块也卖过，不要说十三块。"

"哪里有跌得这样厉害的！"

"现在是什么时候，你们不知道么？各处的米像潮水一般涌来，过几天还要跌呢！"

刚才出力摇船犹如赛龙船似的一股劲儿，现在在每个人的身体里松懈下来了。今年天照应，雨水调匀，小虫子也不来作梗，一亩田多收这么三五斗，谁都以为该得透一透气了。哪里知道临到最后的占卜，却得到比往年更坏的课兆！

这段文字出自叶圣陶的《多收了三五斗》，描绘的是20世纪30年代我国江南一群农民忍痛亏本粜米，在丰年反而陷入更悲惨的境地。它所反映的现象就是我们平日所说的"谷贱伤农"。

"谷贱伤农"出自《汉书·食货志》："籴甚贵，伤民；甚贱，伤农。民伤则离散，农伤则国贫"。2004年，广东的荔枝出现了大丰收，广东省荔枝产量创历史纪录，达到将近100万吨。然而，随着大量荔枝上市，其价格越来越低，最低时甚至每公斤不到1元，果农因此痛心疾首，甚至不再采摘荔枝进行销售，任其烂在田间地头；2009年，江南几省橘子大丰收，但价格仅为每公斤0.4元；2011年，北京、河北、山东等地蔬菜大丰收，但随之而来的是价格的一路狂跌，如山东省的大白菜价格狂跌至6分钱一斤，与前一年相比，价格下跌了5倍不止；山西省吕梁市岚县的土豆往年的收购价能达到每公斤2.3元，而在2011年，每公斤0.8元都乏人问津，大量农户陷入困境。

为什么农民在丰年反而会遭受损失？

可以用经济学中的弹性概念对这个问题做出解释——弹性衡量的是在其他因素不变的情况下，供给量和需求量对价格变动的敏感程度。人们对粮食的生理需求决定了粮食是一种必需品，其可替代性很低，因此粮食的需求价格弹性很小。从历史上来看，无论是哪个国家，其粮食生产都经历过丰年与灾年，粮价也都有涨有落，但人均粮食消费量却从未出现大起大落。这说明了一个问题：作为生活必需品的粮食，人们对其需求通常不受价格的影响，也就是说，粮食的需求量对价格的变化不是很敏感，因此粮食的需求曲线非常陡峭，呈现出缺乏弹性的特征。由于粮食的需求曲线缺乏弹性，因此粮价变动时，人们对粮食的需求产生的变动并不明显。当遇上丰年，农产品的丰收使得供给曲线向右平移，与需求曲线形成新的均衡价格和均衡产量，但正如前所述，由于粮食的需求曲线缺乏弹性，其均衡价格的下降幅度往往大于均衡产量上升的幅度，这也就使农民陷入增产不增收的窘境。

在自由市场中，粮食增产会引发粮价的自然下跌，从而降低农民的种粮积极性；而农民种粮积极性的降低，又可能导致粮食短缺。农业作为民生之本，如果发生这种连锁反应，最终可能会动摇国家根基。为稳定粮产、筑牢国本，许多国家实行了粮食最低收购价政策——粮食最低收购价往往高于市场出清价。为支撑这一价格，政府必须购买并储存大量的农产品。我国有专门的部门围绕中央储备粮开展相关工作，具体内容包括保障国家粮食储备、服务国家宏观调控、维护粮食市场稳定等。

最低限价是政府运用行政手段规定的价格下限，即政府制定最低价格，以阻止价格下降到某一水平以下。该举措的目的有三。一是保护生产者的收入。如果某行业的供给波动较大或者行业的需求缺乏弹性，那么供给的变动很可能造成价格严重波动，从而影响生产者的收入，而实施最低限价能阻止低价格造成的生产者收入下降。二是避免产品的短缺。对于某些特殊的商品（如粮食），为了避免其出现短缺，往往需要储存一定的数量。借助最低限价，政府可以存储这些商品，以备不时之需。三是保护、扶植某些行业的发展。例如，政府在实施粮食最低收购价政策时，通过收购市场上过剩的农产品，以达到扶植农业发展的目的。

"谷贱伤农"现象是微观经济学中需求弹性与供给弹性知识点在现实生活中的生动体现，而针对这一现象，我国在不同阶段因时而变，积极探索出一系列解决措施：从最初的最低限价政策到后来的价补分离政策，而后强调对农产品的补贴、提高粮食收购价及健全种粮收益保障机制。这一系列应对措施的施行，不仅是科学施政的体现，而且蕴含着我国政府"人民至上"的价值追求及带领全体人民共同富裕的坚定决心。

二、案例中的思政元素

（一）"谷贱伤农"应对措施的探索是科学施政的体现

科学施政，就是突破体制性和结构性矛盾，运用改革创新的方法，探索新思路、研究新情况、解决新问题、总结新经验，及时调整、完善发展规划和工作思路，惠及民生，满足民众长远利益。

针对"谷贱伤农"现象，我国积极探索出一系列解决措施。

早在2004年，为了保障国家粮食供应安全并保护农民利益，我国政府开始在粮食主产区实施粮食最低收购价政策。该政策自2004年出台并施行以来，在防止粮价大幅波动和保障农民种粮积极性等方面，发挥了积极的"托市"效果，在施行初期，达到了社会效益和参与主体效益的双赢。

但随着国内外形势的变化，以"托市"为主的最低收购价往往高于市场价格，无法真实反映供求关系，导致国内外粮价倒挂，粮食库存量、进口量增多，下游加工企业举步维艰，粮食生产者、粮企和社会总福利受到损害。自2014年以来，国家开始积极探索"价补分离"的政策调整，有意识地扭转和淡化最低收购价"只涨不跌"的预期。

当前，在疫情蔓延的背景下，国家重点强调合理保障农民种粮收益，按照让农民种粮有利可图、让主产区粮食生产者有积极性的目标要求，不断健全农民种粮收益保障机制。2022年中央一号文件中指出：要适当提高稻谷、小麦最低收购价，稳定玉米、大豆生产者补贴和稻谷补贴政策，实现三大粮食作物完全成本保险和种植收入保险主产省产粮大县全覆盖；加大产粮大县奖励力度，创新粮食产销区合作机制；支持家庭农场、农民合作社、农业产业化龙头企业多种粮、种好粮；聚焦关键薄弱环节和小农户，加快发展农业社会化服务，支持农业服务公司、农民合作社、农村集体经济组织、基层供销合作社等各类主体大力发展单环节、多环节、全程生产托管服务，开展订单农业、加工物流、产品营销等，提高种粮综合效益。

从最初的"最低限价""价补分离"，到如今培育并增加农产品附加值、健全农民种粮收益保障机制等多种举措并重，我国整体上已形成一个较为系统的粮价调控机制。放眼当下，新型冠状病毒肺炎疫情仍在全球范围内蔓延，世界经济复苏乏力，气候变化挑战突出，我国经济社会发展各项任务极为繁重艰巨。面对各项挑战，我国政府因时而变，不断健全农民收益保障机制，并致力于提高种粮收益。这一系列举措的施行与改进，反映了我国坚定不移地走科学施政道路，通过逐步完善发展规划和工作思路，努力保障人民群众的切身利益。

（二）农产品最低限价政策是粮食安全的保障，更是人民至上价值追求的践行

人民群众是物质财富、精神财富的创造者，是历史变革的决定性力量。人民立场是中国共产党的根本政治立场，是马克思主义政党区别于其他政党的显著标志。为保证人民群众的切实利益，尤其是广大农民的切实利益，我国在"三农"问题上从未懈怠，强调聚焦关键薄弱环节和小农户，大力支持农业服务公司、农民合作社、农村集体经济组织、基层供销合作社等各类主体发展单环节、多环节、全程生产托管服务，坚持提高种粮综合效益。这不仅是因为农业是我国的根基与命脉，更是因为我国秉承着人民至上的价值追求。

洪范八政，食为政首。古往今来，粮食安全都是治国安邦的首要任务，是执政者念兹在兹的头等大事。当前，国内外安全形势错综复杂，粮食安全因其基础性、复杂性成为安全斗争的重点关注领域，确保粮食安全已成为国家治理体系与治理能力现代化的重要组成部分。

对粮食的需求及供给特征分析结果表明，粮食的必需品性质及生产的长周期性导致粮食商品在市场中的低需求价格弹性和低供给价格弹性，两者同时起

作用。因此，各个国家和国际组织将粮食的供给保障上升到粮食安全的高度，保障粮食安全的政策安排必须能够提高粮食的需求价格弹性和供给价格弹性。

中国共产党历来重视粮食安全这一关涉民生及战略全局的重大问题。党的十八大以来，以习近平同志为核心的党中央把粮食安全作为治国理政的头等大事，提出了"坚守耕地红线，提高耕地质量，增强农业综合生产能力，确保谷物基本自给、口粮绝对安全"的新粮食安全观，确立了"以我为主、立足国内、确保产能、适度进口、科技支撑"的国家粮食安全战略，尊重粮食安全所涉及的经济学规律，走出了一条中国特色粮食安全之路——从保障粮食安全的途径看，关键是守住"红线"，保住"底线"。若要守住谷物基本自给、口粮绝对安全这条底线，可以适当增加进口和加快农业"走出去"的步伐，同时加快国内粮食生产优化升级。

所贵惟贤，所宝惟谷。一米一饭关系国家安危和人民幸福，保障国家粮食安全是一个永恒课题。在习近平新时代中国特色社会主义思想指引下，我国政府当前应准确把握事关国家粮食安全大局的多与少、质与量、生产与流通、当前与长远、政府与市场、国内与国外六个关系，做到国内资源确保口粮（谷物类粮食）安全和国际资源确保豆类、薯类粮食安全，加快构建更高质量的粮食安全保障体系。我国始终以满足人民对美好生活的向往作为奋斗目标，对粮食安全的高度重视亦体现了人民至上的价值追求。在中国共产党带领下，将使中国特色粮食安全之路越走越稳健、越走越宽广，使粮食之基更牢靠、发展之基更深厚、社会之基更稳。

（三）共同富裕，实现中华民族伟大复兴的中国梦

共同富裕指的是全体人民通过辛勤劳动和相互帮助最终达到丰衣足食的生活水平，也就是消除两极分化和贫穷基础上的普遍富裕。古人云："农为邦本，本固邦宁。"早在1955年10月11日，毛泽东同志就提出"要巩固工农联盟，我们就得领导农民走社会主义道路，使农民群众共同富裕起来"。同样的理念从历年的中央一号文件中对"三农"问题的关注也可窥见一斑。2013年3月17日，习近平总书记在第十三届全国人民代表大会第五次会议上提出："在经济社会不断发展的基础上，朝着共同富裕方向稳步前进。"2021年，当中国历史性地解决了绝对贫困问题后，以习近平同志为核心的党中央在"两个一百年"交汇的新起点上，瞄向了下一个宏伟目标——实现"共同富裕"。

"十四五"新阶段，提高农民收入也成为实现共同富裕的关键所在。为了保护农民利益、保障国家粮食供应安全，2022年新中央一号文件出台，其中最大的亮点便是"让种粮农民有钱挣、不吃亏"。

从经济学角度分析，市场形成的价格是有效价格，但并不一定是"好"价格，所以有时会出现"谷贱伤农、谷贵饿农"的现象。而我国政府充分利用经济学的价格弹性理论，实施最低限价政策控制农作物价格，防止其过分低价致使农民遭受损失，维稳农业发展。最低限价政策能保证农民的权利，活跃农业市场，扶植农产品和农作物贸易，也在一定程度上对提高地价、促进纺织产业发展起到积极作用。

我国在实现中华民族伟大复兴的道路上，逐步发展并完善粮食最低收购价政策，推动完善补贴机制，综合运用价格和补贴等手段，建立起既能充分发挥市场机制作用，又能保障农民利益、促进粮食生产稳定发展的符合我国国情的粮食价格支持政策体系。中国共产党不断把共同富裕的理想付诸实践，一场脱贫攻坚战在举国上下打响，践行着社会主义的本质要求，寄托着中国共产党对人民的深切牵挂。在中国共产党带领下，我们正迎来全国各族人民团结奋斗、不断创造美好生活的中国特色社会主义新时代。

三、案例使用说明

（一）教学用途与教学目标

1. 教学用途

本案例可用于"经济学原理"课程中"需求与供给"相关理论教学。

2. 教学目标

（1）知识目标。

① 理解概念：需求弹性、需求价格弹性。

② 掌握理论：供求理论、影响需求价格弹性的因素。

（2）能力目标。

① 举一反三能力。通过介绍"谷贱伤农"这一经济学中的经典案例，使学生了解需求弹性的相关知识，掌握供求理论，使其能够运用相关的经济学理

论分析其他类似的经济学现象。

② 理论运用能力。通过学习案例中需求价格弹性的相关知识，结合生活中的经济现象，让学生了解需求价格弹性在实际生活中是如何被运用的，并掌握影响需求价格弹性的相关因素，从而提高对专业知识的运用能力，将理论知识运用到现实生活中。

③ 合作探究能力和主动思考能力。引导学生对经典案例进行合作探究，培养学生的合作探究能力和主动思考能力，让学生通过对案例抽丝剥茧，发现其蕴含的专业理论知识，从而加深对相关理论的理解。

（3）素质目标。

通过对案例的分析，全面提高学生的基本素质，包括思想道德素质、科学素质、身心素质、专业素质，使学生成长为德智体美劳全面发展的新青年。提高思想道德素质，是指引导学生树立爱国主义情怀，确立人民至上的价值追求和人文关怀，以实现中华民族伟大复兴的中国梦为己任。提高科学素质，是指通过对"谷贱伤农"案例及其相关应对政策的了解，培养学生的科学探索精神。提高身心素质，是指通过学习，引导学生通过"三农"问题感受基层关怀，从而培养勤俭节约、热爱劳动等良好品质。提高专业素质，是指带领学生学习并掌握需求弹性等专业知识，提高其学习能力。

（二）案例讨论的准备工作

（1）教师要求学生预习"供求的一般理论"的相关知识点，对供求弹性、国内的最低限价政策有大致的了解。

（2）教师在课前发布"谷贱伤农"案例及相关思考题，引导学生查阅相关背景资料，并按照分组形成总结报告，以便融入课堂案例进行分析。

（3）教师依据教学目标确定好案例的重难点，分配好课堂时间。

（三）案例分析要点

1. 启发思考题

（1）结合需求弹性的相关知识，说明为何会出现"谷贱伤农"的现象。

（2）结合供求理论，分析最低限价政策是如何产生作用的。

（3）针对"谷贱伤农"的现象，我国出台了最低限价政策，试收集并分析当前其他类似的调控政策。

2. 分析思路与参考答案

（1）结合需求弹性的相关知识，说明为何会出现"谷贱伤农"的现象。

①"谷贱伤农"现象是经济学中的经典案例，主要是指农产品丰收的时候，农产品的价格下降，农民不仅不能获益，反而会因销售价格低或者没有销售市场而使收入降低。

②需求的价格弹性有五种类型：第一种是富有弹性，即 $Ed>1$；第二种是缺乏弹性，即 $Ed<1$；第三种是单位弹性，即 $Ed=1$；第四种是完全弹性，即 $Ed=\infty$；第五种是完全无弹性，即 $Ed=0$。富有弹性是指需求量对价格变动的反应是灵敏的，也就是富有弹性的商品的需求量的变动率大于价格的变动率，如名牌包、名牌表等一些奢侈品。缺乏弹性是指商品的需求量的变动率小于价格的变动率，即需求量对于价格变动的反应不太敏感，如农产品。单位弹性是指商品的需求量的变动率和价格的变动率相等。完全弹性是指商品价格稍微上升便使得需求量骤然减为 0。完全无弹性是指商品价格无论如何变化，需求量的变化总为 0。

③如图 1 所示，P 代表价格，Q 代表需求量，D 代表需求曲线，S 代表供给曲线。由于农产品缺乏弹性，所以 $Ed<1$。当农产品丰收的时候，供给曲线由 S 移动到 S'，价格就由 P_1 下降到 P_2，销售收入由 $P_1OQ_1E_1$ 变为 $P_2OQ_2E_2$。由于农产品均衡价格的下降幅度大于农产品的均衡数量的增加幅度，最后致使农民总收入量减少，总收入的减少量相当于矩形 $P_1OQ_1E_1$ 和 $P_2OQ_2E_2$ 的面积之差。这就解释了为什么在丰收的年份农民的收入会减少，而在欠丰收的年份农民的收入反而会增加。

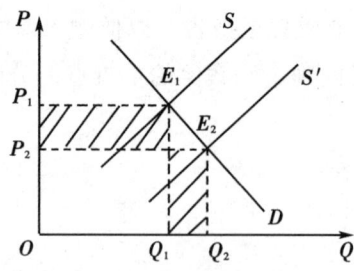

图 1　供给曲线的变动

④"谷贱伤农"的内在因素分析。影响商品的价格弹性的因素有很多，一

是商品的可替代程度和重要性。一种商品能够被其他商品替代的程度越高或越重要，就越富有弹性；能够被其他商品替代的程度越低或越不重要，就越缺乏弹性。二是商品的耐用性和使用时间的长短。商品若是耐用品，使用时间较长，需求弹性就较大，如电冰箱等家电；反之，需求弹性较小。目前，农产品市场尚未完全形成规模效应，加之农民文化程度较低及信息不对称，导致形成过度竞争的市场结构，使得即使在农产品的丰年，农民仍然难以获得较高的收入。

⑤ 缓解"谷贱伤农"现象的对策及思考。由于粮食是缺乏需求弹性的商品，若出现粮食丰收反而会降低农民收入的现象，则会打击农民的生产积极性。为了保障家庭的生活水平，农民便会放弃种植农产品而进城打工，由此也带来了一系列的问题，如农民工工资问题、城市拥挤、城市空气污染严重等。针对该问题，可以采取以下措施。

第一，通过互联网搜集信息，促进农产品多样化。缓解"谷贱伤农"现象最基本的方式就是分散农产品的种植，鼓励种植多样化的农产品。在农村常存在一种现象，即大家同时种同一种农产品，导致农产品的供给过剩，进而出现"谷贱伤农"的现象。产生这种现象的原因就是信息获取渠道有限，农民往往会选择上一年度收入较高的农作物进行种植。因此，建议采取互联网信息搜集的方式，使农民更加清楚地了解当年种植每种农作物的情况，并根据实际情况决定种植哪种农作物，从而避免单一农作物的产量过剩。农民可以预先在网上登记自己想要种植的农产品，由政府统一管理互联网登记情况，并聘请专家对种植情况进行分析，进而对农产品种植情况进行调配，最终达到缓解"谷贱伤农"的效果。

第二，提高农产品质量，发展农产品加工产业。缓解农产品供给过剩的另一个思路就是在农产品过剩的基础上，减少农产品的供给，最直接有效的方法就是将过剩的农产品加工成其他商品。由农产品加工而成的休闲及养生食品的需求价格弹性往往大于1，若农产品供给过剩，最终只会减少农产品的收益，将过剩农产品进行二次加工，则可以缓解农产品供给过剩的现象。

第三，提高农产品质量，加强农产品的竞争力。一方面，随着经济的发展，人们在注重收入的同时，更注重健康与养生，致使市场的需求也有所变化；另一方面，农产品的同质性很强，市场竞争相当激烈，利润率较低，要改变这种状况，最有效的办法就是发展生态农业与有机农业，生产绿色食品，即将重点从量转移到质,从而达到实现产品从缺乏弹性到富有弹性、从"谷贱伤农"到"谷贵利农"的转变。

(2)结合供求理论,分析最低限价政策是如何产生作用的。

① 最低限价也称为支持价格,是指政府出于扶持某个行业的目的,对该行业的产品规定高于市场均衡价格的最低价格。

② 如图2所示,原先均衡点为 E,即均衡价格为 P_e,均衡数量为 Q_e, P_0 为支持价格($P_0 > P_e$),当价格为 P_0 时,需求量为 Q_1,供给量为 Q_2,($Q_2 - Q_1$)为实行支持价格后产品过剩的数量。

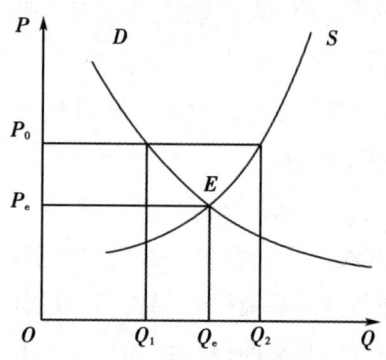

图2 均衡价格与支持价格

③ 粮食最低限价政策是指当粮食供求关系发生重大变化时,为保障市场供应、保护种粮农民利益,必要时,可由政府决定对短缺的重点粮食品种在粮食主产区实行最低收购价格,主要由国家指定的粮食经营企业来收购。市场价格高于最低收购价格时,终止最低限价政策。

④ 最低限价的经济学特性:最低收购价格给种粮农民提供了一种最低收入的保障,这一作用的机理如图3所示。

图3中,P_1,P_3 为市场价,P_2 为最低限价。当市场价低于最低收购价(即 $P_1 < P_2$)时,启动最低限价预案,按照 P_2 收购农民余粮。供应量增加至 Q_2,保护的农民利益为图中的阴影部分。当市场价格高于最低限价(即 $P_3 > P_2$)时,不启动收购预案,由市场自行决定,农民的收益为 $OP_3E_3Q_3$,最低限价给予农民最低收入保护,最低收入为 $OP_2E_2Q_2$。这样,便能保障粮食的稳定供给。同时,最低限价作为市场上粮食的一种"影子价格",促使粮食价格在"影子价格"处上下波动,对粮食市场的波动起到减震器的作用。

(3)针对"谷贱伤农"的现象,我国出台了最低限价政策,试收集并分

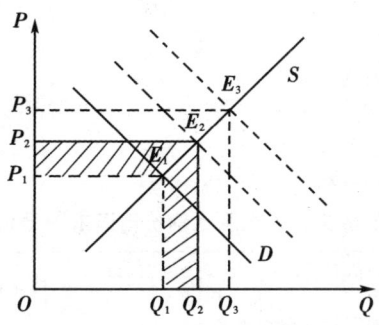

图3 最低收购价格的作用机理

析当前其他类似的调控政策。

① 政府根据不同的经济形势，会采取不同的经济政策。政府的价格政策主要有最高限价和最低限价两种。

② 最高限价也称为限制价格。它是政府所规定的某种产品的最高价格。最高限价总是低于市场的均衡价格。图4中，P_0 为限制价格（$P_0<P_e$），当价格为 P_0 时，需求量为 Q_2，供给量为 Q_1，（Q_2-Q_1）为实行最高限价后产品短缺的数量。

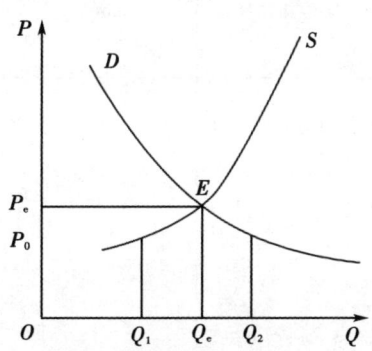

图4 均衡价格与最高限价

③ 房产最高指导价。房地产市场过热时，二手房价格飞涨难控。为防止房价过快上涨，各地政府对其入市新楼盘执行限价政策，以抑制房价过快上涨。

④ 医疗服务费限价。例如，医疗改革后，政府规定某地三甲医院普通门诊的挂号费为：主治医师50元，副主任医师60元，主任医师80元，知名专家100元，以上费用有医保的患者可按照一定比例报销。

四、教学组织形式

本案例的教学组织形式如表 1 所列。

表 1 "科学精神的探索，人民至上的价值追求"案例的教学组织形式

学习阶段	学习内容	时间	学习目标
课前	教师提前布置案例阅读和相关措施查询的任务，并设立学习小组，以小组为单位进行课本知识的预习，了解什么是需求弹性、影响需求价格弹性的因素有哪些等	提前 5 d	让学生初步了解和学习需求弹性的相关知识，为案例探究分析做准备
课中	教师播放 PPT，讲解需求弹性、影响价格需求弹性的因素等知识点	20 min	帮助学生掌握案例相关的基础知识，并应用于案例分析，加深对知识的理解和掌握
课中	教师进行案例导入，展示案例内容和相关问题。学生再次阅读案例	5 min	让学生熟悉案例和相关社会背景，明确探究方向
课中	学生根据所读案例和所学知识进行讨论，深入分析案例，并撰写案例分析报告	20 min	让学生运用理论分析问题，提高合作探究能力和主动思考能力
课中	教师随机选择 3~4 个小组，让小组成员就探究结果进行发言，分享探究成果，提出意见和建议	30 min	让学生运用所学知识对案例进行分析，提高学生的知识运用能力。让学生分享自己的观点，倾听别人的发言，发现自我思考的遗漏和缺陷，提高合作探究能力
课中	教师对各个小组成员的发言分别进行点评，引导全班学生思考，最终结合思政元素和经济学理论进行归纳总结	15 min	总结要点，启发学生思考问题，并将理论知识运用到实际生活中。培养学生的思想文化素质，提高其实践能力

表1(续)

学习阶段	学习内容	时间	学习目标
课后	各小组完善案例分析报告,并在下节课前提交。学生在课后对本节课所学知识进行复习。教师要在下节课上进行抽检提问	—	让学生巩固知识,增强记忆

五、总结

本案例以"谷贱伤农"现象导入,紧密结合生活、时事、最新政策动向,从思想政治教育和专业知识教育两方面入手,使学生掌握微观经济学中与供求理论相关的需求弹性知识,并对针对该知识点而出台的现实政策,即最低限价政策做出全面阐述,将理论与实践结合,既做到了基于本专业课程内容及特点,又做到了关注国内、国际形势及要闻,贯彻党的重要思想方针、政策,引导学生培养爱国爱党、改革创新的精神,将课程思政以润物细无声的方式融入课程专业知识教学。

在课前准备中,教师可以就案例内容提出三个思考题,这三个问题按照一定的逻辑铺排,能够有效地锻炼学生的逻辑思维能力,使学生对本节课的专业知识有更为清晰的了解。

在教学过程中,教师秉持师生互动的原则,在明确经济学供求理论的基础上,就"为什么农民在丰年反而会遭受损失"的问题展开具体教学,结合图文,通过生动的案例分析,讲述从古至今需求弹性对人们日常生活产生影响的具体途径,从而使学生认识到将本学科专业知识运用于具体实践的重要性。这在无形中引导了学生的价值观,增强了学生的社会责任感。

在进一步教学中,教师应将教学重点从现实依据转向政策依据,在充实案例的同时,加深学生对现代社会一般经济规律的理解,引导学生运用经济学方法对发生在身边的一些现象进行思考;帮助学生在充分认识人类社会发展的一般规律的基础上,理解当代我国社会的大转型和未来国家的发展方向,尤其是我国经济进入新常态的背景下,要更好地把握人民至上的原则,更好地领悟党和国家的经济方针、政策。

本节课在教学过程中采用案例导入、问题讨论、案例分析等方式,将教师讲授与学生研读相结合，力求融知、德、情于一体，充分调动学生对专业知识学习的积极性，并加深其对社会的思考，以及对中国特色社会主义市场经济的认知。

参考文献

［1］韩荆州. 微观经济学案例分析（第三章）［EB/OL］.（2020-10-31）［2022-03-01］.https：//blog.csdn.net/EHorizen/article/details/109407082.

［2］新华社. 中共中央　国务院关于做好2022年全面推进乡村振兴重点工作的意见［EB/OL］.（2022-02-22）［2022-03-01］.http：www.gov.cn/xinwen/2022-02/22/content_5675035.htm.

［3］人民论坛"特别策划"组. 粮食安全：一场输不起的战争［EB/OL］.（2019-12-06）［2022-03-01］.http：//www.fx361.com/page/2019/1206/6097228.shtml.

［4］李娟."谷贱伤农"怎么办？怎样才能掌握大豆定价权？［EB/OL］.（2021-12-07）［2022-03-01］.https：//www.mbachina.com/html/cau/197001/390046.html.

［5］张红宇. 农民收入：实现共同富裕目标的路径选择［EB/OL］.（2021-12-04）［2022-03-01］.https：//theory.gmw.cn/2021-12/04/content_35358851.htm.

［6］徐祥临. 从中央一号文件展望农民走向共同富裕［EB/OL］.（2022-03-02）［2022-03-08］.http：//www.crtv.org.cn/djbd/2022/0302/26708.html.

案例参与人：江泽丰、郑妍、赵梅江、杨树苗、赵璐

双轮驱动，有效破解毒品犯罪的新思路
——以供给与需求的价格弹性理论为视角的分析

一、案例正文

毒品具有严重的危害性，对于个人来说，一旦沾染上毒品，会严重危害吸食者的身心健康；对于国家来说，毒品会破坏国家的政治安全、经济安全和生态环境安全。近年来，习近平总书记高度重视禁毒工作，多次对禁毒工作做出重要指示："毒品一日不除，禁毒斗争就一日不能松懈"。同时，站在人类命运共同体的角度，习近平总书记更是在多个国际重要场合，倡导合作开展国际禁毒行动。

毒品犯罪防控在经济学理论逻辑上存在一个"悖论"，即"越打击越严重"，加大毒品犯罪打击力度，毒品价格上升，但吸毒者的需求不会减少，高利润的引诱会吸引更多的毒品犯罪者进入毒品犯罪市场，还可能衍生其他与毒品相关的犯罪。为什么会出现这一"悖论"呢？

为了回答这个问题，著名经济学家曼昆在20世纪90年代提出："考虑吸毒者为购买毒品所支付的总货币量，由于受毒品价格上升的影响而根除自己吸毒习惯的瘾君子很少，所以，毒品的需求缺乏弹性。如果需求是缺乏弹性的，那么，毒品价格上升就会使毒品市场的总收益增加。这就是说，由于禁毒引起的毒品价格提高的比例大于毒品使用减少的比例，因此增加了吸毒者为毒品支出的总货币量，那些已经以行窃来维持吸毒习惯的瘾君子为了更快地得到钱，会变本加厉地犯罪。因此，禁毒会增加与毒品相关的犯罪。"

我国是如何打破经济学理论逻辑上"毒品犯罪越打击越严重"这一"悖论"的呢？从我国的禁毒实践看，全国禁毒部门深入贯彻习近平总书记关于禁毒工作的系列重要指示精神，持之以恒地开展禁毒人民战争，锲而不舍地推进毒品问题治理，推动禁毒工作取得了历史性成就。2013—2018年，全国共破获毒品犯罪案件86万起，抓获犯罪嫌疑人100万名，摧毁制毒窝点2700多个，缴获毒品459吨；强制隔离戒毒175万人次，设立762个戒毒药物维持治疗门诊，戒断三年未发现复吸人员达到168万名；全国共有22万所学校2亿多名学生接受禁毒教育。2022年，全国共破获毒品犯罪案件45.1万起，抓获犯罪嫌疑人58.8万名，缴获毒品305吨。毒品案件由2017年14万起降至2021年的5.4万起，连续5年年均降幅达20%以上。由于长期坚持对毒品犯罪的严厉打击，并采取强制戒毒、禁毒教育等多种举措，我国的毒品犯罪得到了有效控制，在一定程度上打破了这一经济学理论逻辑上的"悖论"。

二、案例的思政元素

（一）走中国特色的毒品问题治理之路，是中国共产党"立党为公，执政为民"的生动体现

"立党为公，执政为民"是中国共产党的执政理念。现阶段，中国共产党最大的"公"就是实现社会主义现代化和中华民族的伟大复兴。"立党为公"指的是党的理论路线和方针政策及全部工作都要反映我国先进生产力的发展要求、我国先进文化的前进方向，体现国家和民族的共同利益及全体人民的共同理想。"执政为民"是指中华人民共和国的政权是人民的政权，权力是人民赋予的，党的理论路线和方针政策及全部工作，必须以广大人民的利益为根本出发点和落脚点，做到"权为民所用、情为民所系、利为民所谋"。

毒品是人类社会的公害，禁毒工作事关国家安危、民族兴衰、人民福祉。正是由于深受过毒品的危害，因此从新中国成立伊始，我国一直坚持对毒品的打击和禁止政策，对禁毒工作给予高度的关注和支持。习近平总书记就禁毒工作做出重要指示，强调加强党的领导，充分发挥政治优势和制度优势，完善治理体系，压实工作责任，广泛发动群众，走中国特色的毒品问题治理之路，坚决打赢新时代禁毒人民战争，时时刻刻以人民群众的根本利益为中心。这是中国共产党"立党为公，执政为民"的生动体现。

（二）锲而不舍推进毒品问题治理，是中国政府全心全意为人民服务的宗旨彰显

习近平总书记指出："始终坚持全心全意为人民服务的根本宗旨，是我们党始终得到人民拥护和爱戴的根本原因，对于充分发挥党密切联系群众的优势至关重要。我们任何时候都必须把人民利益放在第一位，把实现好、维护好、发展好最广大人民根本利益作为一切工作的出发点和落脚点。"

2019年以来，我国禁毒部门在党中央、国务院的领导下，按照国家禁毒委员会统一部署，全面贯彻党的十九大和十九届二中、三中、四中、五中、六中全会精神，认真贯彻习近平总书记关于禁毒工作重要指示精神，深入推进"禁毒2019两打两控"专项行动、禁毒重点整治和示范城市创建等重点工作，推动禁毒人民战争取得新成效。2020年以来，我国禁毒部门统筹推进疫情防控和毒品治理，持续开展"净边""平安关爱"等专项行动，全面推进重点整治、示范创建和禁毒扶贫工作，禁毒工作取得明显成效，呈现出吸毒人数减少、规模化制毒活动减少、制毒物品流失减少和外流贩毒人数减少等"四个减少"的积极变化。在禁毒工作中，各部门捍卫了人民的利益，体现了中国共产党全心全意为人民服务的宗旨。

（三）推进禁毒人民战争，是实现中华民族伟大复兴的必要条件

习近平总书记在阐述新时代中国共产党的历史使命时提出，实现中华民族伟大复兴是近代以来中华民族最伟大的梦想。中国共产党成立后，始终把实现共产主义作为党的最高理想和最终目标，义无反顾地肩负起实现中华民族伟大复兴的历史使命，团结带领人民进行了艰苦卓绝的斗争，谱写了气吞山河的壮丽史诗。

要实现中华民族伟大复兴的中国梦，必须正确认识毒品危害，主动防范毒品传播，这不仅是践行社会主义的本质要求，更寄托着中国共产党对人民的深切牵挂，对实现中华民族伟大复兴的中国梦有着深远意义。可以说，我国社会的稳定和发展与禁毒工作的成功实践密不可分，打赢新时期的禁毒人民战争、禁毒"法律战"，对国家发展、社会和谐、民族复兴有着十分重要的意义。

三、案例使用说明

（一）教学用途与教学目标

1. 教学用途

本案例可用于"经济学原理"课程中"需求的价格弹性"相关理论教学。

2. 教学目标

（1）知识目标。

① 理解概念：供给与需求一般理论、供给与需求的价格弹性理论。

② 掌握理论：供求理论、影响需求价格弹性的因素。

（2）能力目标。

① 举一反三能力。通过案例的学习，帮助学生拓宽思维能力、思考能力。通过介绍犯罪经济学中的经典案例，使学生了解需求弹性的相关知识，掌握供求理论知识点，使其能够根据相关的经济学理论分析其他类似的经济学现象。

② 理论运用能力。使学生经过学习案例中需求弹性的相关知识，并与身边生活中的经济现象相结合，了解需求价格弹性在实际经济生活中是如何体现和运用的，掌握影响价格需求弹性的相关因素，进而提高对专业知识的运用能力。

③ 小组合作探究能力。通过小组展示环节，培养学生的团队意识，增强小组合作、协调能力。引导学生对经典案例进行合作探究，发现案例中蕴含的经济学知识，培养其主动思考的能力，并能够对案例抽丝剥茧，抽象出专业理论知识，从而加深对相关知识理论的理解。

（3）素质目标。

通过对本案例的学习，学生对社会主义体制下经济学理论运用的思考得以加深，用党的创新理论成果指导专业知识的学习，在学习专业知识过程中，形成正确的禁毒观念，提高自身的思想政治素质，包括思想道德素质、科学素质、身心素质、专业素质等，进而成长为德智体美劳全面发展的新青年。

（二）案例讨论的准备工作

（1）教师要求学生预习"供求的一般理论"的相关知识点，对供给与需求一般理论及供给与需求的价格弹性等相关知识点的概念、含义、形式等有初步了解。

（2）教师在正式授课前，将案例及相关思考题材料以复印件的形式分发到学生手中，让学生有初步的了解和分析；引导学生查阅相关背景资料，并按照分组形成总结报告，以便融入课堂案例进行分析。

（3）教师对学生进行分组。学生通过运用供给与需求一般理论的相关知识，分别对案例材料进行分组讨论与解析，完成小组内部的案例分析，并做好正式展示前的准备工作。

（三）案例分析要点

1. 启发思考题

（1）结合供给与需求的一般理论和供给与需求的价格弹性理论，说明毒品为何会出现"越打击越严重"的现象。

（2）利用需求的价格弹性理论，分析为什么短期禁毒会出现"悖论"，而长期禁毒却不会。

（3）结合我国实际情况，谈谈禁毒工作的具体做法。

2. 分析思路与参考答案

（1）结合供给与需求的一般理论和供给与需求的价格弹性理论，说明毒品为何会出现"越打击越严重"的现象。

① 供给与需求的一般理论和供给与需求的价格弹性理论。

供给与需求的一般理论是指微观经济学中关于商品的供给与需求关系如何影响商品的价格和销量的理论，主要包括需求定理、供给定理和供求定理。图5是供给与需求的一般需求理论图，横轴代表毒品数量，纵轴代表毒品价格，曲线 D 代表毒品的需求曲线，曲线 S 代表毒品的供给曲线，需求曲线与供给曲线的交叉点是平衡点。需求定理认为：商品的价格与需求量成反比例函数关系，在其他条件不变时，价格上涨，需求量由 B_1 点移动到 B_2 点，市场对该商品的需求量会减少；反之，对该商品的需求量会增加。供给定理描述了市场的另一方（即卖者）的行为：在其他条件不变时，一种商品价格上涨，该商品的供给量增加；反之，价格下降，供给量减少。将供给与需求结合起来，可得到供求定理，即任何一种物品的价格都会自发调整，使该物品的供给与需求达到平衡。

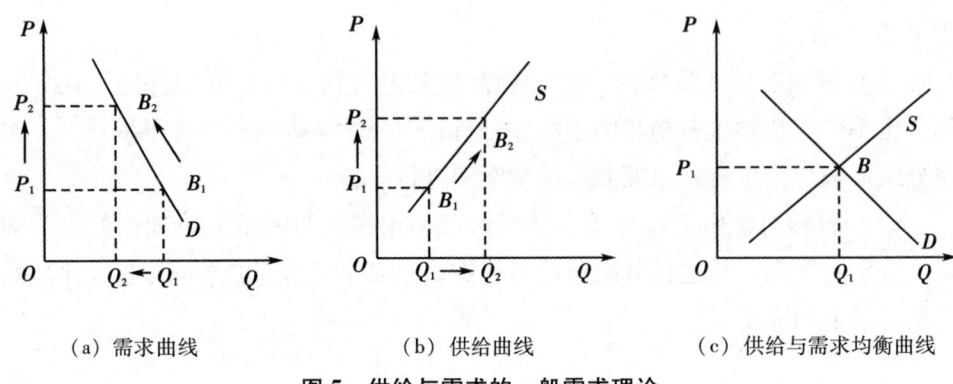

（a）需求曲线　　　　　　（b）供给曲线　　　　　（c）供给与需求均衡曲线

图 5　供给与需求的一般需求理论

供给与需求的价格弹性理论是指衡量一种物品的需求量对其价格变动反应程度的理论。在一般的需求定理下，人们发现，不同商品的价格与需求量变化同步程度是不同的，于是，经济学家创造了能对商品的需求量与价格之间变化程度进行定量比较的指标——需求价格弹性系数，其计算公式如下：

$$E_p = \left| \frac{\frac{\Delta Q}{Q}}{\frac{\Delta P}{P}} \right| = \left| \frac{\Delta Q}{\Delta P} \cdot \frac{P}{Q} \right|$$

其中，E_p 是某商品的需求价格弹性系数，ΔP 是该商品的价格变化量，$\Delta P = P_2 - P_1$，$P = \frac{P_1 + P_2}{2}$，ΔQ 是该商品的需求变化量。

由此，利用上述公式可以定量地表示出不同商品的需求价格弹性系数。上述公式可以理解成价格与需求的比值，E_p 越小，该种商品的需求量对价格的变化越不敏感，即缺乏弹性，如粮食、住房，价格上涨时，人们对它们的需求量不会大幅减少；E_p 越大，该种商品的需求量对价格的变化越敏感，即富有弹性，如家电、奢侈品，每逢打折促销活动，这类商品便会销量激增。将图1与上述公式结合起来分析，当 $E_p = 1$ 时，每单位的价格变化对应等量的需求量变化，曲线 D 为等轴曲线；当 $E_p < 1$ 时，每单位的价格变化对应较少量的需求量变化，曲线 D 更接近于 P 轴，为斜率较大的曲线；当 $E_p > 1$ 时，每单位的价格变化对应更多量的需求量变化，曲线 D 更接近于 Q 轴，为斜率较小的曲线。

② 供需理论与需求价格弹性理论下该"悖论"产生的逻辑分析。

开展打击毒品犯罪行动之后，得到如图 6 所示的毒品的均衡曲线，曲线 D 代表毒品的需求曲线，曲线 S 代表毒品的供给曲线，需求曲线与供给曲线的平衡点是 B 点，对毒品的打击会使市场平衡点由 B 点转移到 B′点，毒品的需求量出现一定的减少，价格出现一定的上涨，符合一般商品的价格需求定理。

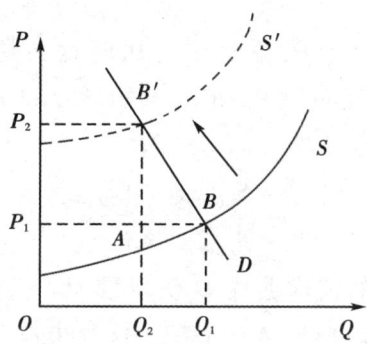

图 6　毒品的均衡曲线

从犯罪经济学视角看，毒品犯罪的本质是一种非法的经济行为。毒品是一种特殊的商品，符合一般商品的生产、流通、分配、消费的规律。从供给与需求的弹性理论分析，毒品作为一种商品，一旦形成市场需求，在短时间内降低需求十分困难，因此是一种 $E_p<1$ 的商品，这意味着毒品市场的参与者具有较强的保持买卖双方之间现有交易水平的能力。

基于毒品是一种 $E_p<1$ 的特殊商品的判断，当开展打击毒品专项行动后，制毒贩毒窝点被打掉，毒贩被抓获，大量毒品被缴获，但这仅仅是打击了毒品的供给市场，而毒品的消费市场依然存在，这就导致图 6 中的需求曲线 D 保持不变。毒品的供给市场因为缉毒部门的打击行动而出现萎缩，毒品的市场供给量减少，根据需求定理，此时毒品的价格会上涨，因此供给曲线 S 会向上移动到 S′，两条曲线的平衡点也会由 B 点转移到 B′点。

在微观经济学中，供给市场的前后变化可用总收益来衡量，其公式如下：

$$TR = Q \cdot P$$

其中，TR 表示毒品市场的总收益，Q 为毒品的数量，P 是毒品的价格。

当毒品市场从 B 点转移到 B′点，总收益的变化可表示为

$$\Delta TR = TR_{B'} = TR_B$$

$$= Q_2 \cdot P_2 - Q_1 \cdot P_1$$
$$= Q_2 \cdot (P_1 + \Delta P) - (Q_2 + \Delta Q) \cdot P_1$$
$$= \Delta P \cdot Q_2 - \Delta Q \cdot P_1$$

引入需求价格弹性系数进行推导，因为 $E_p < 1$，$\dfrac{\Delta Q}{\Delta P} \cdot \dfrac{P}{Q} < 1$，所以，$\Delta P \cdot Q_2 > \Delta Q \cdot P_1$，$\Delta P \cdot Q_2 - \Delta Q \cdot P_1 > 0$，$\Delta TR > 0$。其中，$P$ 与 P_1，Q 与 Q_2 都十分接近。

同时，由图6可知，总收益变化的几何意义是矩形 $OQ_2B'P_2$ 与矩形 OQ_1BP_1 的面积之差，也是矩形 $P_1AB'P_2$ 与矩形 Q_2Q_1BA 的面积之差：

$$\Delta TR = TR_{B'} - TR_B$$
$$= S_{OQ_2B'P_2} - S_{OQ_1BP_1}$$
$$= S_{P_1AB'P_2} - S_{Q_2Q_1BA}$$

图6中，由于毒品的需求曲线 D 斜率较大，更接近于 P 轴，所以矩形 $P_1AB'P_2$ 的面积大于矩形 Q_2Q_1BA 的面积，这意味着，对毒品犯罪而言，历次禁毒部门对供给端的打击，使得整个毒品市场的总收益不降反升。究其根本，是因为毒品这种特殊商品缺乏弹性，当需求市场十分稳固而供给市场因受到打击出现动荡时，市场总收益的增加对供给端的毒品犯罪分子是巨大的利好，导致出现"越打击越严重"的情况。当然，这并非否定了开展禁毒专项斗争的必要性和作用，禁毒专项斗争仍具有十分重要的意义。

（2）利用需求价格弹性理论，分析为什么短期禁毒会出现"悖论"，而长期禁毒却不会。

会出现这种情况，是因为这项政策的长期效应与短期效应是不同的，因为需求弹性取决于时间的长短。在短期，毒品需求也许是缺乏弹性的，因为高价格对已有的瘾君子没有实质性影响。但在长期，毒品需求也许是较富有弹性的，因为高价格会限制年轻人尝试吸毒的想法，从而随着时间的推移，会使瘾君子的数量减少。在这种情况下，禁毒工作在短期增加了与毒品相关的犯罪的数量，而在长期会减少这种犯罪的数量。

从我国打击毒品犯罪的实践可以看出，我国能打破这一"悖论"，正是长期坚持严厉打击以减少供给的结果。

（3）结合我国实际情况，谈谈禁毒工作的具体做法。

① 坚持对毒品犯罪采取"严厉"打击不松懈。我国的基本刑事政策是"宽严相济"。在打击毒品犯罪方面，要以"宽严相济"刑事政策为指导，坚

持"严"的一面不动摇。所谓"严",并不是单纯的严厉,而应是严格和严密。在立法层面,完善对毒品犯罪的规制,严密刑法网;在司法层面,严格追究毒品犯罪的刑事责任,加大对毒品犯罪的打击力度,增加惩罚概率,这样才能有效地减少毒品犯罪。我国针对毒品犯罪经常开展禁毒专项行动,这种专项行动虽然是短期行动,却是在对毒品犯罪长期严厉打击的刑事政策之下开展的,因而不可否定其意义。但考虑到毒品犯罪背后的经济学原理,因而要理性认识专项行动所能起到的作用——短期禁毒既可能造成"悖论",又可能提高毒品市场价格,阻止潜在毒品消费者入场,遏制毒品蔓延,争取时间用于戒除毒品消费者成瘾性,萎缩毒品市场。我国正是通过长期坚持严厉打击毒品犯罪,同时在此基础上开展专项斗争,从而减少既有的毒品供给者。

② 深化全社会禁毒教育,倡导全民禁毒。禁毒是一场人民战争,需要全民的共同参与,发挥社会控制的作用,减少吸毒者的复吸概率,从而减少存量需求者。创建无毒社区需要调动全民参与禁毒的积极性。全民禁毒要以城乡社区为单位,按照属地管理原则,由社区党政组织统一领导,把禁吸、禁贩、禁种、禁制各方面的工作分解量化,分阶段提出明确的目标任务和落实措施,建立覆盖整个辖区的禁毒管理机制和工作责任机制,层层签订责任书,定期进行检查评比(如苏州市禁毒委开展的年度创建"无毒社区"考评),努力实现"四无"目标,最终达到"无毒社区"。实践中,深圳、珠海等城市的社区充分发挥社区警务室的作用,形成居委会、企业、公安、居民"四位一体"的群防群治体系,密切关注吸、贩毒人员的情况,开展吸毒人员帮教和禁毒宣传等,取得了禁毒工作的进步和社区治安环境的改善。

在禁毒教育上,要针对不同人群采取多种宣传教育方式,在各个领域、各个方面深化宣传教育,减少潜在的毒品消费者。我国一直以来都十分重视禁毒教育,各中小学都有定期的禁毒教育和参观禁毒展等活动,如北京市朝阳区于2020年成立了区中小学禁毒教育联盟,依托联盟推广普及禁毒教育读本、学生禁毒主题教育月活动案例、学校教师优秀案例,并通过总结评优活动辐射全区学校;广西壮族自治区崇左市宁明县政法部门、教育部门注重对全县中小学生开展禁毒教育宣传活动,并将禁毒教育列入课堂教育的重要内容,做到每个学期每个班级都要开展一次以上禁毒教育课,由政法干警、法律工作者教会学生预防毒品侵害的方法和措施;新型冠状病毒肺炎疫情之下,四川省各市检察机关及时调整宣讲模式,充分利用钉钉、微信群等网络平台,面向中小学生推出禁毒法制教育"云课堂"。由此可见，我国相关部门通过坚持不懈地进行全方位的禁毒教育，不断加强青少年对毒品由此可见危害的认识，旨在从根源上杜绝青少年接触毒品的可能。

四、教学组织形式

本案例的教学组织形式如表2所列。

表2 "双轮驱动，有效破解毒品犯罪的新思路"案例的教学组织形式

学习阶段	学习内容	时间	学习目标
课前	教师设立学习小组。学生以小组为单位进行课本知识的预习，了解什么是需求弹性、影响需求价格弹性的因素有哪些等知识点。教师提前布置案例阅读和相关的查询任务	提前3 d	让学生初步了解和学习需求弹性的相关知识，为案例探究分析做准备
课中	教师播放PPT，讲解需求弹性、影响价格需求弹性的因素等知识点	15 min	结合课本知识及相关理论进行探究，使学生掌握相关理论，促进学生思考，拓宽学生探究思路
课中	教师进行案例导入，展示案例内容和相关问题。学生再次阅读案例	5 min	让学生熟悉案例和相关社会背景，明确探究方向
课中	学生根据所读案例和所学知识进行小组讨论，深入分析案例，并撰写案例分析报告	20 min	让学生能够运用理论分析问题，提高合作探究和主动思考的能力。将案例分析报告成绩计入平时成绩考核
课中	教师随机选择3~4个小组，让小组成员就探究结果进行发言，分享探究成果，提出意见和建议	30 min	让学生运用所学知识对案例进行分析，提高学生的知识运用能力。通过分享自己的观点，倾听别人的分析，发现自我思考的遗漏和缺陷，提高探究能力
课中	教师对各个小组成员的发言分别进行点评，引导学生进行思考，最终结合思政元素和经济学理论进行归纳总结	15 min	总结要点，启发学生思考问题，并将理论知识运用到实际生活中

表2(续)

学习阶段	学习内容	时间	学习目标
课后	各小组完善案例分析报告并在下节课前提交。学生在课后对本节课所学知识进行复习。教师要在下节课上进行抽检提问	—	让学生复习知识,进一步巩固理论

五、总结

本节课通过引入"越打击越严重"的毒品防控"悖论",紧密结合生活、时事和最新政策动向,从思想政治教育和专业知识教育两方面入手,使学生掌握微观经济学中供求理论章节的"需求弹性"知识,并以此探讨在禁毒工作中人们应该怎么做,将理论与实践结合,既做到了基于本专业课程的内容及特点,又做到了关注国内、国际形势及要闻,贯彻党的重要思想方针,将思政内容润物细无声地融入课堂的专业知识教学。

在课前准备中,教师可就案例内容提出三个思考题,这三个思考题按照一定的逻辑铺排,能够有效地锻炼学生的逻辑思维能力,使学生对本节课的专业知识有更为清晰的了解。

在教学过程中,教师应秉持师生互动的原则,在明确经济学供求理论的基础上,结合图文,通过生动的案例分析来讲述禁毒工作的历史与艰难性,使学生认识到将本学科专业知识运用于具体实践的重要性,这在无形中引导了学生的价值观,增强了学生的社会责任感。

本节课在教学过程中采用案例导入、问题讨论、案例分析等方式,将教师讲授与学生研读相结合,力求融知、德、情于一体,充分调动学生对专业知识学习的积极性,帮助学生树立正确的世界观、人生观、价值观。

参考文献

[1] 曼昆. 经济学原理微观经济学分册 [M]. 梁小民,梁砾,译. 7版. 北京:北京大学出版社, 2015:113-114.

[2] 王宏玉,潘振生. 犯罪经济学视角下的毒品犯罪防控"悖论"解析

[J]. 中国人民公安大学学报（社会科学版），2020，36（6）：1-11.

[3] 孙榕. 北京市朝阳区将禁毒教育融入行为习惯养成教育，中小学生远离毒品［N］. 中国禁毒报，2021-10-22（3）.

[4] 胥倩. 精品课程上云端，禁毒教育不掉线［N］. 中国禁毒报，2020-04-03（3）.

[5] 陈蕾. 广西青少年法治教育的现实困境及改革路径［D］. 南宁：南宁师范大学，2021.

[6] 吕爱玲. 苏州市禁毒委开展2019年度禁毒工作暨创建"无毒社区"考评［EB/OL］.（2020-01-07）［2022-03-10］. http://www.nncc626.com/202001/07/c_1210428.htm.

[7] 深圳宝安：深入创建无毒社区，促进精神文明建设［EB/OL］.（2020-08-25）［2022-03-10］. http://www.nncc626.com/202008/25/c_1210769476.htm.

案例参与人：王浩宇、刘铮

促绿色消费，助低碳转型

——从消费行为理论角度探讨绿色消费

一、案例正文

2016年2月17日，国家发展和改革委员会、中宣部、科技部等部门联合印发《关于促进绿色消费的指导意见》，提出要积极引导居民践行绿色生活方式和消费模式，鼓励绿色产品消费，扩大绿色消费市场。在国家的大力倡导下，绿色消费、低碳生活的理念越来越受到年轻人的重视。四川省成都市某"90后"消费者在选购家电时表示："绿色节能是我购买家电时的一项重要考量指标，之所以选择这款洗衣机，就是因为它可以节水省电，并且不仅是我，身边的朋友在选购商品时都会更加在意节能、环保、绿色等产品特性。"可见，绿色消费越来越成为众多年轻人的"新宠"。我国的绿色消费有以下四个特点。

（1）居民对于绿色消费观念的认知有所提高，但不够科学和全面。以大学生为例，调查结果发现，81.08%的调查对象认为自己对绿色消费有大致的概念，6.76%的调查对象表示了解绿色消费，这说明大学生对绿色消费已经有了一定的认识。但同时，调查结果发现，调查对象对绿色消费普遍缺乏深入了解，绝大部分调查对象对于绿色消费没有确切的概念，不知道绿色消费从何做起，只有极少数调查对象对绿色消费有深入了解。

（2）居民的绿色消费意愿增强，对于可持续发展观念的认同度提高。《家庭低碳生活与低碳消费行为的调研报告》显示：认为低碳可以减少浪费、有助于可持续发展、可以减少空气污染、可以使生活更健康更愉悦的受访者所占比例分别为41%，33%，32%，33%。最被广为接受的低碳消费行为发生在家用电器领域，表现为受访者对节能家电有明显偏好，其在使用和处置过程中也有明显的低碳偏好。

（3）居民对绿色消费持支持态度，但是绿色产品购买行为比例却不高。肖亚东2019年对大学生"是否注重自己的消费行为对环境的影响"的调查结果显示，只有7.14%的大学生表示不关注，但根据随后的关于"大学生绿色产品消费频率"的调查结果，只有21.43%的人会进行经常性消费。从以上数据可以窥见，我国大学生大多停留在意识层面，并没有养成购买绿色产品的习惯。

（4）疫情引发生产和绿色消费的新特点、新业态。在新型冠状病毒肺炎疫情影响下，居民的消费模式和生活方式发生了巨大的变化，"宅消费"应运而生，新型消费业态发展迅速。在移动互联网技术支撑下，绿色产品及相关产业也逐渐向"线上+线下"零售的融合模式转变，电子商务、移动支付、共享经济等成为引领消费的新潮流。

除了以上特点，我国的绿色消费在发展过程中也存在着一些问题。

（1）绿色低碳消费意识还比较薄弱。其主要体现在两方面：一方面是人们对于绿色消费的含义认知程度不够，存在误解；另一方面是非理性消费行为依旧存在。非理性消费行为包括攀比、过度消费、奢侈浪费等，所谓由俭入奢易、由奢入俭难，不良消费习惯在一定程度上影响消费者养成健康、环保、适度的消费行为。可见，增强群众的绿色消费意识，让全社会践行低碳生活理念依旧任重而道远。

（2）绿色低碳产品的有效供给和需求不足。无论是绿色食品、节能环保产品、绿色建筑、公共交通还是环境标志产品，都尚未成为人们衣食住行的必需品。如何扩大绿色消费市场，鼓励消费者的绿色产品消费行为已经成为建设可持续性发展社会的关键问题。

（3）有关绿色消费的立法不完善。我国的绿色消费是以政策引导、自上而下推动的，目前尚未出台过专门的绿色消费法。日本、韩国等国家都出台过有关绿色消费的法律法规，如《低碳投资促进法》《韩国绿色低碳增长基本法》等。而我国的现有法律法规，如《中华人民共和国环境保护法》《中华人民共和国消费者权益保护法》等，其内容都缺乏对绿色低碳消费的明确规定，对知识产权保护力度不够，影响了绿色消费社会氛围的形式和弘扬。

二、案例的思政元素

（一）培育绿色理念，促进绿色消费，是推动经济高质量发展的内在要求，对实现碳达峰、碳中和目标具有重大意义

习近平总书记在党的十八届五中全会第二次全体会议中首次提出包含创新、协调、绿色、开放、共享的新发展理念，并在之后的中国共产党第十九次全国代表大会上再度做了强调，新发展理念从此被纳入新时代坚持和发展中国特色社会主义的基本方略。其中，创新发展、协调发展、绿色发展、开放发展、共享发展是永续发展的必要条件，是人民对美好生活追求的重要体现，也是社会主义生态文明建设的基本原则。绿色发展注重的是解决人与自然和谐共生的问题，必须实现经济社会发展和生态环境保护协同共进，为人民群众创造良好的生产生活环境。培育绿色理念，促进绿色消费，是推动经济高质量发展的内在要求，对实现碳达峰、碳中和目标具有重大意义。

传统消费模式本质上是一种资源耗竭型的消费模式，随着人口的增多及人们生活水平的提高，消费规模日益扩大，废弃物不断增多，造成资源的耗减和环境的恶化，不仅对社会造成巨大的经济损失，而且危害人们的健康和生命安全。发展绿色消费，构建绿色消费模式，可以在一定程度上抵制破坏生态环境的行为，促使生产者放弃粗放型生产模式，减少对环境的污染和资源的浪费，逐步形成可持续生产模式。这样，不仅有利于合理利用资源，提高资源利用率，而且能在一定程度上缓解我国人口、资源及生态环境的巨大压力。

消费是我国经济增长的第一拉动力。绿色消费是促进消费高质量发展的重要方向和新的增长点。近年来，有关部门和地方出台各项政策，从扩大绿色低碳消费产品有效供给、完善废旧家电回收处理体系到鼓励"互联网+回收"等新业态新模式等多环节入手，全方位助推绿色消费发展升级。尤其是在"双碳"目标引领各行业转型升级的背景下，我国绿色消费市场快速发展。2022年1月21日出台的《促进绿色消费实施方案》更是提出具体目标：到2025年，消费理念深入人心，奢侈浪费得到有效遏制，绿色低碳产品市场占有率大幅提升，重点领域消费绿色转型取得明显成效，绿色消费方式得到普遍推行，绿色低碳循环发展的消费体系初步形成；到2030年，绿色消费方式成为公众

自觉选择，绿色低碳产品成为市场主流，重点领域消费绿色低碳发展模式基本形成，绿色消费制度政策体系和体制机制基本健全。

目前，我国的绿色消费已进入加快推进实施阶段。下一步，商务部将指导各地商务部门和商贸流通企业结合方案贯彻落实，大力倡导简约适度、绿色低碳文明健康的生活方式，推动绿色商场创建，高质量发展二手商品流通，引导电商企业绿色发展，加强商务领域塑料污染治理，构建新型再生资源回收体系，全面促进消费绿色低碳转型升级。

（二）绿色消费既是一种行为选择，也是一种消费理念，更是一种未来的消费趋势

近年来，国家大力倡导绿色消费，积极引导居民践行绿色生活方式和消费模式，绿色生活越来越成为我国居民的"新宠"。习近平总书记明确指出："倡导简约适度、绿色低碳的生活方式，反对奢侈浪费和不合理消费，开展创建节约型机关、绿色家庭、绿色学校、绿色社区和绿色出行等行动。"习近平总书记的此番讲话，除了强调绿色生活方式的重要性，还强调合理适度消费的重要性，推进生态文明建设离不开绿色消费模式的建立。

长期以来，我国居民对于绿色消费观念的认知有所提高，绿色消费意愿也不断增强。尽管我国目前已在推动绿色发展，促进人与自然和谐共生、绿色消费方面取得明显成效，但一些领域内依然存在浪费和不合理消费的现象，公众的绿色消费意识和责任感不强，讲排场、比阔气的铺张浪费现象仍然存在，这些行为严重制约着生态文明建设和绿色生产生活方式的形成。

绿色消费不仅是消费领域的一场深刻变革，而且是生产生活方式的全面绿色转型。要推动绿色消费成为全社会共同的消费理念和自觉的消费方式，需要从政策体系、产品供给、移风易俗等多方面着手，全面促进消费绿色低碳转型升级。一方面，要从供给侧发力，扩大绿色低碳产品的供给和消费；另一方面，要大力宣传、普及绿色低碳消费理念，采取多种措施激发全社会生产和消费绿色低碳产品的内生动力。同时，要加快建立健全绿色消费制度保障体系，如制定和完善促进绿色生产和绿色消费的法律法规，促进形成激励机制；进一步优化完善标准认证体系，让消费者更容易分辨出绿色产品和服务，让生产者能够从绿色发展中获得高认可度和收益，营造鼓励绿色消费的便利市场环境。

绿色消费注重所消费物品的质量和再循环利用程度，在满足人们合理的消

费需要的基础上，将生态环保考虑在内。它并不是简单地要求减少和克制消费，而是提倡人们在追求生活舒适的同时，提升文明素养，改变不利于身心健康的消费习惯，使消费与现阶段生产力水平与家庭收入水平相适应、与生态环境承载力相适应，从这点来看，绿色消费不仅蕴含着现代文明理念，而且是加强生态文明建设的重要途径。

三、案例使用说明

（一）教学用途与教学目标

1. 教学用途

本案例可用于"经济学原理"课程中"消费者行为"相关理论教学。

2. 教学目标

（1）知识目标。

① 理解概念：效用、边际效用、无差异曲线、预算线、消费者均衡。

② 掌握理论：边际效用递减、效用最大化原则、收入和价格变化对消费的影响。

（2）能力目标。

① 举一反三能力。通过介绍"国内绿色消费现状"这一经济学中的案例，帮助学生学习、了解并掌握边际效用原理的相关知识，并且使其能够运用相关的经济学理论分析其他类似的经济学现象。

② 理论运用能力。经过学习案例中边际效用原理的相关知识，让学生结合身边的经济现象，了解边际效用原理在实际经济生活中是如何体现和运用的，帮助其掌握影响消费者消费的相关因素，从而提高对专业知识的运用能力，将理论知识运用到现实生活。

（3）素质目标。

通过对案例的分析，体会凯恩斯的消费理论对我国经济发展的重要作用；使学生意识到经济学知识与社会生活息息相关，引导学生关注时事，并从中体会经济学的乐趣。

（二）案例讨论的准备工作

（1）教师要求学生预习"消费理论"章节的相关知识点，对边际效用、国内绿色消费的现状有大致的了解。

（2）教师在课前发布"国内绿色消费现状"案例及相关思考题，引导学生查阅相关背景资料，并按照分组形成总结报告，以便融入课堂案例进行分析。

（3）教师依据教学目标确定好案例的重难点，分配好课堂时间。

（三）案例分析要点

1. 启发思考题

（1）结合案例及所学的"收入和价格变化对消费的影响"相关知识，分析影响绿色消费水平的因素。

（2）结合案例与所学的边际效用原理的相关知识，思考促进我国绿色产品消费的方法。

2. 分析思路与参考答案

（1）结合案例及所学的"收入和价格变化对消费的影响"相关知识，分析影响绿色消费水平的因素。

理论知识：收入和价格变化对消费的影响。

① 无差异曲线。无差异曲线是微观经济学中用来研究消费者如何实现收入的有效配置问题常用的工具。这种曲线表示消费者在一定的偏好、一定的技术条件和一定的资源条件下选择商品时，对不同组合商品的满足程度是没有区别的。

假定有一名消费者，按照既定的价格购买 X 和 Y 两种商品，如果3个单位的 X 商品和2个单位的 Y 商品（两种商品的一种组合方式）与2个单位的 X 商品和3个单位的 Y 商品（两种商品的另一种组合方式）给消费者带来的满足程度不相上下，那么，这两种组合中的任一种对消费者来说，满足程度是无差异的。当然，这种无差异的配合，不仅有上述两种，也可能有许多种。如图7所示，横坐标代表 X 商品的数量，纵坐标代表 Y 商品的数量。实际上，在这条曲线上的任意一点都代表一种不同的组合，每一种组合都给消费者带来同样的满足。

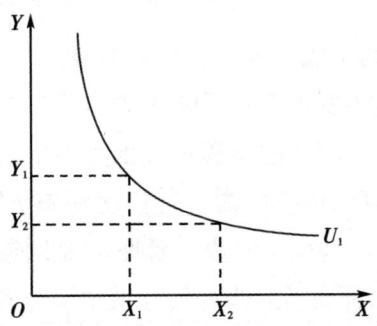

图7 不同组合商品的无差异曲线

② 预算线。预算线表示消费者在一定的个人收入和商品价格的条件下，可能买到的商品数量的界限。假定消费者购买 X, Y 两种商品，X 商品的单价为 P_1，Y 商品的单价为 P_2。假设消费者收入为 I，他可以全部购买 X 商品或 Y 商品，也可以任意组合二者购买。消费者预算线如图8所示。图8中，横坐标代表甲商品的数量，纵坐标代表乙商品的数量。消费者预算线 AB 以外的任何一点，如 C 点，是消费者利用全部收入不可能实现的商品购买组合；AB 以内的区域中的任何一点，如 D 点，表示消费者的全部收入购买该点的商品组合以后还有剩余；AB 上的任何一点才是消费者的全部收入刚好花完所能购买到的商品组合点。

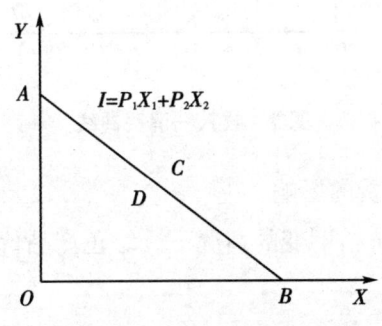

图8 消费者预算线

③ 收入的高低对消费的影响。从本案例可以看到，居民对于绿色消费的意愿大多较强，但是实际的绿色消费行为占比却不高，其中居民的收入对其有较大的影响。

图9中,在消费者原有收入不变时,无差异曲线 U 和预算约束线 IC 相切于 E 点,消费者对 X 商品和 Y 商品的购买量分别为 OX_1 和 OY_1。现假定消费者的收入提高,则预算约束线向外平行移动到 $M'N'$,与另一条更高的无差异曲线 U' 相切于 E' 点,这表明消费者因收入增加而获得的效用增加到 E' 点。此时,消费者对 X 商品和 Y 商品的购买量分别为 OX_2 和 OY_2。相反,若假定消费者的收入下降,则预算约束线向内平行移动到 $M''N''$,与一条水平更低的无差异曲线 U'' 相切于 E'' 点。这表明消费者因收入减少使获得的效用减少到 E'' 点,此时,消费者对 X,Y 两种商品的购买量分别减少为 OX_3 和 OY_3。因此可以得出,在价格不变的条件下,收入愈多,均衡点的位置离原点愈远,这表明消费者能获得更高水平的消费满足,或者说消费者能消费更多的商品,这就是收入对消费的影响作用。结合本案例来说,在绿色产品价格不变并且消费者有绿色消费意愿的前提下,居民的收入越高,对于绿色产品的消费越多;反之则越少。

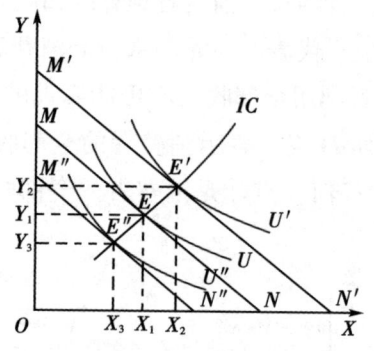

图9 收入—消费曲线

④ 价格的变化对消费的影响。

第一,在其他商品价格不变的情况下,绿色产品价格降低,可以增加绿色产品消费量。

如图10所示,有 X_1,X_2 两种商品,假定 X_2 商品价格不变,当 X_1 商品价格上升,购买该商品的数量就减少,预算线与横轴的交点由 B_0 移至 B_1;当 X_1 商品价格下降,购买该商品的数量就增加,预算线与横轴的交点由 B_0 移至 B_2。

因此,降低绿色产品价格,在消费者收入不变的情况下,可以增加对绿色产品的消费数量。

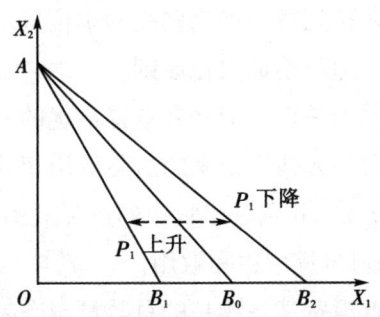

图 10　价格变化对预算线的影响曲线

第二，如果一种商品价格不变，另一种商品价格变化使预算线发生变化，那么消费均衡点也会发生相应变化，如图 11 所示。变化的预算线与无差异曲线相交的点就是消费者在不同价格条件下的消费均衡点，表明消费者在不同价格水平下，对商品购买量的最佳选择。

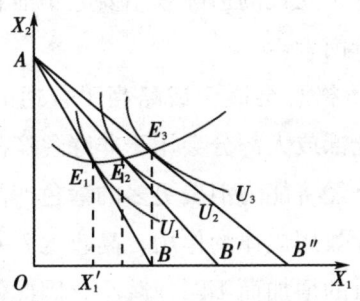

图 11　价格—消费曲线

（2）结合本案例与所学的边际效用原理的相关知识，思考促进我国绿色产品消费的方法。

总体思路：通过税收手段，根据货币边际效用递减规律调节收入和增加绿色消费本身效用，来增加全社会对绿色产品的消费量。

① 效用与边际效用。

• 效用。所谓效用，是指消费者从商品消费中所获得的满足，是消费者对商品的主观偏好和评价。

• 边际效用。所谓边际效用，是指最后增加的一个单位商品或劳动所具有的效用。

• 效用最大化原则。当消费者最为满足的时候，效用达到最大化。消费者对若干消费品的选择，在达到每一种消费品的单位货币支付所得的边际效用相等时，实现最大总效用，即效用最大化原则。

消费者效用最大化原则是表示消费者选择最优的一种商品组合，使得自己花费在各种商品上的最后 1 元钱所带来的边际效用相等（即购买的各种商品的边际效用与价格之比相等），并且等于货币的边际效用的一种现象。

② 边际效用递减法则与货币边际效用。

一般而言，当消费者消费某一物品的总数量越来越多时，其新增加的最后一单位物品的消费所获得的效用（即边际效用）通常会呈现越来越少的现象，这被称为边际效用递减法则，又叫戈森第一法则。由于货币也是一种特殊的商品，因此它也具有效用和边际效用，当然，其边际效用也是递减的。例如，一名年收入为 1 万元的消费者一定比年收入为 1000 元的消费者的生活状况要好得多。但是，当消费者有 1 万元时，1 元钱的重要性是否与他拥有 1000 元时相同呢？毫无疑问，后者 1 元钱的边际效用要大于前者，即后者每消费 1 元钱所获得的满足程度要大于前者。

③ 由于绿色产品的价格总会高于或略高于普通的非绿色产品，因此对于低收入者来说，收入的全部或大部分会用于非绿色产品的消费，即其偏好于非绿色消费；而高收入者有经济能力消费更多的绿色产品和绿色服务，即其偏好于绿色消费。但由于边际效用规律的作用，高收入者对绿色产品的满足程度会随着其消费绿色产品数量的增加而不断地减小，因此依据货币边际效用递减规律，通过税收手段对高收入者征税，使低收入者获得补贴，有助于刺激低收入者对绿色产品的消费需求，提高生活质量，促进绿色企业的发展，并达到货币资源的优化配置。具体分析如图 12 所示。

图 12 中，M_uM 为货币的边际效用曲线。可以看出，随着收入的增加，每一单位货币的效用是递减的。OM_1 为低收入者的货币收入，OM_2' 为高收入者的货币收入。若将高收入者的收入通过征税减少 $M_2'M_2$，转移给低收入者，使低收入者的收入增加到 OM_1'（$M_2'M_2 = M_1M_1'$），高收入者收入减少到 OM_2，那么就可以发现，增加的 M_1M_1' 的货币收入所带来总效用（图 a 的面积）显然大于减少 $M_2'M_2$ 的货币收入所损失的总效用（图 b 的面积），即低收入者增加的效用要大于高收入者损失的效用。所以，通过这样的变化可以增加全社会的总效用和经济福利，达到增加绿色产品消费量的目的。

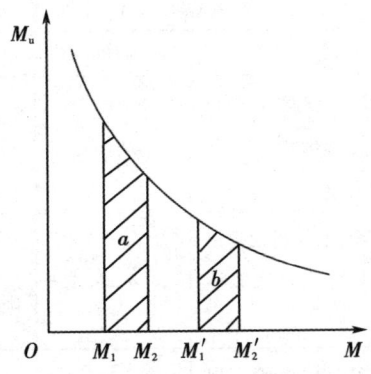

图12 税后效用变化

④ 从提高绿色消费品边际效用的角度,增加消费者消费一单位绿色商品的满足程度有利于其增加消费,是因为效用是一种主观心理感觉。按照经济学家萨缪尔森所提出的幸福公式(幸福=效用/欲望),也就是说,效用等于幸福与欲望的乘积,两者与效用正相关,同向变动。因此,增加消费者进行绿色消费的幸福感和欲望可以达到增加效用的目的。而绿色商品的公关宣传无疑能增加消费者消费时的幸福感和欲望,增加消费者对绿色商品的了解,提高绿色商品的品牌内涵和价格。厂商可以在广告中重点宣传绿色商品的优良品质和其有利于可持续发展的社会价值,契合人类热爱自然健康的天性。同时,可以对绿色商品外观包装进行形象设计,提高消费者的购买欲望,形成和发展绿色消费文化。

四、教学组织形式

本案例的教学组织形式如表3所列。

表3 "促绿色消费,助低碳转型"案例的教学组织形式

学习阶段	学习内容	时间	学习目标
课前	教师围绕消费者行为理论提前布置好案例研究内容,并提前划分好学习小组	提前5 d	让学生初步了解和学习消费行为的相关知识,为案例分析做准备

表3(续)

学习阶段	学习内容	时间	学习目标
课中	教师播放 PPT, 讲解消费行为、影响消费行为的因素等知识点	20 min	帮助学生掌握案例相关的基础知识,并应用于案例分析,加深对知识的理解和掌握
	教师展示案例内容,再次提出相关问题,引导学生再次阅读案例	5 min	让学生熟悉案例背景内容,明确探究目的
	学生根据所读案例和所学知识进行讨论,深入分析案例,并撰写案例分析报告	20 min	结合案例进行分析和思考,让学生更加深入地理解相关知识点
	教师随机选择 3~4 个小组,让小组成员就探究结果进行发言,分享探究成果,提出意见和建议	30 min	提高学生理论联系实际的能力和知识运用能力。帮助学生发现自我思考的遗漏和缺陷,提高合作探究能力
	教师对各个小组成员的发言分别进行点评,引导全班学生思考,最终结合思政元素和经济学理论进行归纳总结	15 min	对本节课内容进行总结,拓展学生思考问题的思路,让学生学会在经济学的理论和概念中发现思政元素,并进行有效的自我反思和提升
课后	教师布置课后研究内容,引导学生对本节课内容进行复习,并布置相关文字任务	—	让学生巩固知识,增强记忆

五、总结

通过本案例的学习,首先可以了解到目前我国绿色消费呈现出的特点,即总体来说,我国居民,尤其是大学生的绿色消费观念认知有所提升,绿色消费意愿逐渐增强,并且自新型冠状病毒肺炎疫情出现以来,绿色消费和绿色生产呈现出新业态和新特点。但是,我国的绿色消费也存在不足之处,即居民的绿色消费观念存在不科学和不全面的问题,并且绿色产品购买比例不高。其次,我国在绿色发展方面也存在一系列问题,即绿色产品有效需求和供给不足,绿色发展的立法仍然不够完善。

　　针对本节课内容，深入挖掘其思政元素，可总结为：首先，培养绿色理念，促进绿色消费，是推动经济高质量发展的内在要求，对于实现"双碳"目标具有重要意义；其次，大力促进绿色消费是消费者的一种行为选择，也是一种健康科学的消费理念，更是未来的消费趋势，需要集中各方力量推进。

　　通过课前的探究预习，学生可了解到以下概念：效用、边际效用、无差异曲线、预算线、消费者均衡，并可掌握边际效用递减法则、效用最大化原则、收入和价格变化对消费的影响等理论知识。教师可于课前发布"国内绿色消费现状"案例及相关思考题：

　　（1）结合案例及所学的收入和价格变化对消费的影响的相关知识，思考影响绿色消费水平的因素。

　　（2）结合案例与所学的边际效用相关知识，思考促进我国绿色产品消费的方法。

　　在教学过程中，教师可通过与学生在课堂上的互动，使学生了解边际效用原理在实际生活中是如何运用和体现的，以引导学生运用经济学方法对身边的经济现象进行思考，同时使其从我国发展现状出发，了解我国新发展理念的更深层次内涵及意义，更好地理解党和国家的系列经济方针与政策。

　　在国家层面上，教师可结合时政热点，如碳达峰、碳中和目标等，向学生传递培育绿色消费理念、促进绿色消费是推动经济高质量发展的内在要求、绿色消费是经济高质量发展的重要增长点等相关观念；在个人层面上，教师可引导学生树立绿色消费、理性消费的消费观，认识到绿色消费是消费者的一种行为选择，也是一种健康的消费理念，更是一种未来的消费趋势，从而引导其从生活点滴做起，养成戒奢以俭、低碳消费、适度消费的观念，摒弃挥霍奢侈、铺张浪费的消费行为。

　　本课程在教学方法上采取案例研究的方式，通过案例导入内容、提出问题并引发学生思考，同时结合经济学知识，对案例进行深刻的分析，将教师讲解与学生自主探究相结合，能有效调动学生学习的自主性和积极性，能在一定程度上提高学生自主学习的能力；结合思政元素，加深学生对社会主义市场经济的理解，培养其观察生活、理解和把握社会现象的能力，为建设美丽中国贡献应有的力量。

参考文献

[1] 周宏春,史作廷. 双碳导向下的绿色消费：内涵、传导机制和对策建议[J]. 中国科学院院刊,2022,37(2)：188-196.

[2] 王宁,李莉. 绿色产品消费的边际效用分析[J]. 内蒙古科技与经济,2003(2)：24-25.

[3] 谢长青,翟印礼. 假冒低劣食品与绿色食品消费的效用理论分析[J]. 上海商学院学报,2005,6(2)：25-27.

[4] 肖亚东,大学生绿色消费现状的调查研究[J]. 经济师,2019(11)：215-216.

[5] 董敏. 大学生绿色消费现状与引导策略研究[J]. 法制与社会,2020(26)：126-127.

[6] 宋豪新,肖家鑫. 绿色消费新观察：让居住消费绿意更浓[N]. 人民日报,2022-04-06(19).

[7] 冯华. 让绿色消费蔚然成风[N/OL]. 人民日报.(2022-03-18)[2022-05-12].http://baijiahao.baidu.com/s?id=1727592411594513793&wfr=spider&for=pc.

案例参与人：欧阳媛、杨洁、杨婷婷、李梓娴、曾晨芳

发展农业适度规模经营，促进乡村振兴

——基于规模经济理论视角的分析

一、案例正文

党的十九大报告中指出："要构建现代农业产业体系、生产体系、经营体系，完善农业支持保护制度，发展多种形式的适度规模经营，培育新型农业经营主体，健全农业社会化服务体系，实现小农户和现代农业发展有机衔接。"

关于我国的农业发展，有两个重要的情况。

第一个重要的情况：我国人多地少，长期处在分散经营的状态。从总体上看，我国人口众多，人均耕地少，长期以来，农民被束缚在小块土地上劳作，形成了一种对土地的特殊依赖。我国农村土地存在细碎化问题，特别是在南方山区，这种问题更为突出。在这种情况下，农业经营规模的扩大需要经历循序渐进的过程，应该随着农民观念、习惯和行为方式的变化，以及农民的土地流转总面积的增加而逐步扩大农业经营规模。

第二个重要的情况：农村目前实行的家庭联产承包责任制，已经为广大农民认同。改革开放以来实行的家庭联产承包责任制，调动了农民生产积极性，促进了农民增产和增收。正因如此，党的十九大报告中提出："保持土地承包关系稳定并长期不变，第二轮土地承包到期后再延长三十年。"农业生产体制的变化，应该以农村人口向城市的转移为前提，只有在农村人口大量向城市转移并且真正市民化的基础上，才能加快农村土地流转的步伐。如果流转的速度超出现实的条件，不顾农民的意愿而人为地垒大户，就有可能影响农民和农村的稳定。

伴随我国现代化、城镇化发展进程的不断加快，特别是农业市场化程度的不断提高，当前农村经济运作模式下，小规模、细碎化分散经营的弊端日益显现。新时代如何实现农业适度规模经营，更好地解决"三农"问题，是当前学术理论界关注的重要课题，也是执政党高度关注的一个重要问题。党的十九大报告为新时代农业适度规模经营提出了要求，指明了方向和路径。

农业适度规模经营的理论基础之一是西方的规模经济理论，运用到农业生产领域，就形成了农业规模经济理论。农业适度规模经营是20世纪80年代提出的具有中国特色的农业经营概念。新时代农业适度规模经营是指在全面认识和把握我国现阶段基本国情的基础上，立足于现有的社会经济发展条件，实现农村土地、劳动力和资本等生产要素的最优组合和合理配置，进而实现规模适中、资源节约、产出高效的农业发展模式。规模农业能适应现代农业后期越来越突出的溢出价值诉求，是对当前复杂农业形态的整合，是新型农业发展的必然取向，在乡村振兴、产业兴旺中能较好地适应农业经济振兴的目标。

发展适度规模经营，关键是把握好不同条件下的合理区间。由于各地资源禀赋条件、经济社会发展水平及农业社会化服务和机械化水平等差异较大，因此，适度的经营规模应该是一个区间概念。对于这个区间，要特别把握好三个关键值，即适度规模的最大值、最小值和目标值。在实际工作中，各地可以以适度规模的最大值作为控制线，防止土地过度集中和产生社会不公；以土地适度规模的最小值为工作的出发点，防止土地撂荒；以适度规模的目标值作为发展方向，引导粮食生产朝着规模化和专业化方向发展。

在适度规模经营实践中，应把握好以下四条原则。

① 要充分认识实现土地规模经营的长期性和复杂性，积极稳妥发展多种形式的适度规模经营。

② 要发挥好市场的决定性作用和政府的服务引导作用。

③ 要处理好中央和地方的关系，形成共同推进的合力。

④ 要加快推进农民工市民化，为适度规模经营创造有利环境。

目前，我国很多地方都在积极探索农业适度规模经营，一些农村地区有一些发展良好的家庭农场和专业合作社，也积累了土地流转、规模经营的经验。但目前来看，农业适度规模经营局限于学者研究，虽然国家屡屡出台的政策支持，但在基层，无论是从形式上，还是在内容上，都没有形成大气候。农业规模经营基本处于一种自发的状态，农民普遍参与意识不强，存在一些问题。

二、案例的思政元素

（一）在深刻认识我国国情的基础上，确定农业规模经营之"度"，不仅是现实的要求，而且是对客观规律的遵循

适度是指事物保持其质和量的限度，是质和量的统一，任何事物都是质和量的统一体，认识事物的度才能准确认识事物的质，才能在实践中掌握适度的原则。只有在一定的范围内，事物才能保持它自身的存在，超过特定的范围，就会向对立面转化。农业适度规模经营对推动农业现代化、促进乡村振兴具有重要意义。我国耕地资源稀缺，耕地细碎化程度高，土地集中经营较为困难，大多数地区难以实现最优经营规模，只能退而求其次地寻求较小的经营规模，也就是农业适度规模经营。

我国农业规模经营必须适度，是因为效益与农户的耕地面积或经营规模并不成正比。根据规模报酬理论，在生产规模较小时扩大规模，产量增加的比例要大于投入要素增加的比例，产生规模报酬递增的现象，就形成了规模经济；规模达到一定水平后，产量会与规模同比例增加，规模报酬保持不变；但如果规模再继续扩大，产量增加的比例会小于投入要素增加的比例，导致规模报酬递减，也就是规模不经济。

若要把握规模经营之"度"，必须深刻地认识我国国情。目前，我国人多地少，土地长期处于分散经营状态，且农村普遍实行家庭联产承包责任制，并且该责任制已为广大农民所认同。显然，发展农业适度规模经营，适度规模的客观标准应该以我国农业发展的客观现实状况为依据，需要在我国国情变化和现有经营体制逐步完善的条件下有序推进。此外，应当把握世界农业发展的普遍规律。国际现代农业的发展经验表明，发展农业适度规模经营既不能保守，也不能一蹴而就、操之过急，需重视农业科技，合理配置土地、资本、劳动力等生产要素。只有将普遍规律和我国特点有机地结合起来，才能把握好农业规模经营最适宜之"度"。

(二)农业适度规模经营的路径选择,是适合我国国情的农业发展战略,更需要因地制宜的政策支持体系

坚持一切从实际出发,是人们想问题、作决策、办事情的出发点和落脚点。发展农业适度规模经营,是一项涉及组织领导、引导调整相关政策、依法规范土地流转市场、发扬典型带头示范、培养高素质农业适度规模经营主体等诸多制度和政策内容的系统工程,必须根据我国各地实际情况,完善相关扶持政策。

农业适度规模经营的路径选择一定要与各地资源禀赋、经济水平、要素构成和政策环境等实际情况相契合,在确保粮食安全、农民社会权益和兼顾公平效率的基础上有序推进。同时,要在满足不同生产经营主体基本利益诉求的基础上,形成因地制宜、分类施策的多层次、多形式和动态演变的农业适度规模经营格局。

政策支持体系的构建和完善需要因地制宜地进行试点探索,一切从实际出发,合理确定经营规模,不贪大求全。应当以家庭联产承包责任经营为基础,推进家庭经营、集体经营、合作经营、企业经营等多种经营方式共同发展,并鼓励多种形式的试点探索。总体而言,农业适度规模经营是一个甚为宽泛的概念,不存在普适性路径。政策支持体系应当加强引导,充分发挥综合开发的优势,以加强创新为驱动力,提高政策实施实效。

(三)稳步发展农业适度规模经营,需着力培育新型农业主体,助力乡村振兴

我国农业的出路在于现代化,发展现代农业涉及千家万户,只有稳步发展农业适度规模经营,着力培育新型农业经营主体,进一步带动广大农民,现代农业才能有抓手。

农业经营主体指直接或间接从事与农业生产、农产品加工、销售和服务等相关活动的个体或组织。新型农业经营主体则是相对于传统的小规模家庭经营农户而言,随着我国农业现代化进程的推进,最终将成为以承包农户、种养大户和家庭农场为基础,以农民合作社、龙头企业和各类经营性服务组织为支撑的多种生产经营组织体系。它已经逐步成为推动我国农业现代化发展的核心力

量,有助于乡村振兴。

三、案例使用说明

(一)教学用途与教学目标

1. 教学用途

本案例可用于"经济学原理"课程中"生产者行为"相关理论教学。

2. 教学目标

(1) 知识目标。

① 理解概念:规模经济、规模不经济。

② 掌握理论:规模经济的含义及产生原因、适度规模的原则、确定适度规模的因素。

(2) 能力目标。

① 举一反三能力。通过对本案例的学习,使学生对于农业规模经济理论及其发展演变有更深刻的理解,充分认识到农业规模经济理论对于我国新时代乡村振兴的巨大作用;培养学生的思辨精神和独立思考能力,引导其学会辩证看待问题,并能够运用相关的经济学理论分析其他类似的经济学现象。

② 理论运用能力。增强学生对农业适度规模经营及我国相关政策的分析、判断及决策能力,提高其在新时代对新知识、新技能的应变能力和创新能力,以及对于专业知识理论的运用能力,从而更好地将理论与实践相结合。

(3) 素质目标。

通过对本案例的学习,提高学生的全面素质,包括思想道德素质、科学素质、文化素质、身心素质,全面提高学生的社会责任感。提高思想道德素质,是指牢固树立学生的爱国主义情怀和共同富裕伟大目标;提高科学素质,是指引导学生辩证、全面、系统地看待农业规模经济理论对我国乡村振兴的作用及实践路径,提高学生独立思考、自主创新的能力;提高文化素质,是指引导学生不断学习新发展理念和中国特色社会主义理论知识;提高身心素质,是指引导学生进一步树立科学的实践观,自觉积极地投身实践,坚持将学习到的知识与生活实践相结合。

（二）案例讨论的准备工作

（1）教师要求学生预习相关章节的知识点，使其对农业适度规模经营有初步了解。

（2）教师在课前发布简短案例，要求学生查阅相关背景资料，将其融入课堂案例进行分析。

（3）教师引导学生分析农业适度规模经营的发展和演变，使其更好地理解相关的政策和制度，并且思考农业适度规模经营对于我国乡村振兴的意义。

（三）案例分析要点

1. 启发思考题

（1）结合案例，分析我国农业适度规模经营的实现方式。

（2）结合案例，分析我国农业适度规模经营的判断标准。

2. 分析思路与参考答案

（1）结合案例，分析我国农业适度规模经营的实现方式。

针对我国当前农业生产经营的实践情况，农业适度规模经营应结合规模经济与范围经济两种理论综合解析。规模经济是指在一定时期内，企业所生产的产品或劳务的绝对量增加时，其单位成本趋于下降；范围经济是指企业通过扩大经营范围，增加产品种类，生产两种或两种以上的产品而引起的单位成本的降低。农业规模经济效益体现在通过适度扩大相对稀缺性资源以提升要素配置效率，或提升分工专业化和合作组织化水平来降低单位农业生产经营成本以实现规模效益；农业范围经济效益体现在把农产品生产拓展到其他关联产品的生产领域，或将农业产业与其他关联产业有机融合，促成外部市场内部化，生产过程中要素资源共享、成本互补与分摊，实现一体化经营效应。

农业规模经济效益可以通过以下两种方式实现。一是促成农业内部规模经济，多体现在农业生产环节。通过对农业内部各生产要素（如土地、劳动力、资金、技术等）投入量的优化配置，实现农业产出规模或效益的提升。例如，针对我国农业土地经营规模偏小的现实农情，可积极探索土地入股、土地托管、地块互换等方式促进土地有序流转，提高土地产出率；针对当前单位土地承载劳动力过密的问题，可通过持续推动农村剩余劳动力向非农产业转移，提升农业劳动生产率；针对当前农业发展资金供给短缺的难题，可进一步加大财政支农力度和撬动社会化资本入农积极性，以提升资本产出率；针对当前农业技术推广能力弱的问题，可通过强化政策扶持力度，激励和支持农业科技人员进村入户、深入田头开展科技服务，打通农技推广"最后一公里"。二是促成农业外部规模经济，多体现在农业产前与产后环节。基于农业社会化服务体系的不断完善，通过契约、激励等制度安排，推动农业分工专业化和合作组织化，以实现农业经营效率的有效提升。例如，针对农村劳动力非农就业比重高、雇工成本高等现实境况，可借助农业社会化服务组织实现物资采购、农机耕种、病虫害统防统治等方面的规模化服务，或通过农村经济合作组织促成农产品加工和销售等环节的规模化经营；又如，依托龙头企业，通过"龙头企业+基地+农户""龙头企业+合作社+基地+农户""龙头企业+合作社+农户"等运作模式打通产供销（生产—加工—物流—销售）全产业链，促成产业分工、协作和利益的有机联结。

农业范围经济效益的实现，主要是通过关联农产品的联合生产和农业多功能属性的拓展，包括促成农业内部范围经济和促成农业外部范围经济两种方式。一是促成农业内部范围经济，多表现为农业内部产业发展的纵向一体化，如依靠小规模的"菜—果种植""粮—经种植""粮—渔复合""果—牧结合"等，以及发展立体农业和循环农业等模式，避免单一农产品生产的周期性障碍和生产要素资源的闲置，促成生产成本的互补与分摊，有效抵御市场风险和增加产业附加值。二是促成农业外部范围经济，多表现为推动农业与第二、三产业的融合互动，如以农工融合、农商融合和农旅融合渗透和交叉重组为路径，以产业链延伸、产业范围拓展和产业功能转型为表征，促进农业资源、技术、人才、资金市场等相关要素在"三产"之间创新重组，带动形成新技术、新业态、新商业模式。例如，以农产品生产为依托，向农产品加工业、农村服务业及乡村旅游业顺向融合；也可以依托农村加工业或服务业发展基础向农产品原料基地、农产品批发市场逆向融合。同时，要不拘一格地推动农业"六次产业化"的实施路径，拓展农业文化、科技、旅游、生态等多元化功能与价值属性，为现代农业转型发展注入新动能。

（2）结合本案例，分析我国农业适度规模经营的判断标准。

农业适度规模经营的客观标准应该以我国农业发展的客观情况为依据，农业适度规模经营需要在我国国情的变化和现有经营体制逐步完善的条件下有序地推进。目前，各界对于农业适度规模经营中的"适度"规模面积尚未形成共识，而技术规模和经济规模是土地流转"适度"的标准。

① 技术上"可行"的标准。习近平总书记指出："农业现代化关键在科技进步。我们必须比以往任何时候都更加重视和依靠农业科技进步，走内涵式发展道路。"习近平总书记多次强调科技在"三农"工作中的特点，要求给农业插上科技的翅膀，加快构建适应高产、优质、生态、安全农业发展要求的技术体系。农业经营规模要同农业科技应用的需求相适应，与农业生产手段的改进程度相适应，特别是以工业化装备农业现代化，更是对农业的经营规模提出了客观要求，如果不能满足这种规模的要求，农业科技，特别是设备的采用就无法产生效益，因此，应该从技术的角度选择适应规模，从而获得最佳技术效率和效益。同时，要考虑使用什么样的农业技术能够更有利于农民的增收和农业的发展，更适合当前我国农民的素质和技能。总之，要让农业经营有效益，让农业成为有奔头的产业，让农民成为体面的职业，让农村成为安居乐业的美丽家园。

② 经济上"可行"的标准。所谓农业适度规模经营，就是基于"规模经济"的条件，适度扩大生产经营单位的规模，使土地、资本、劳动力等生产要素的配置趋向合理，从而获得最佳经营效益。然而，由于不同的利益相关者获得的经济利益具有差异性，这便导致他们对适度规模的判断也可能有所不同，应该主要从经营者的角度来考虑这个问题。目前，我国的粮食、棉花、油料等农产品成本利润率和单位面积利润等经济指标已经达到或接近世界先进水平，但是由于经营规模过小，导致农民的积极性受到挫伤，如果适度扩大经营规模，无疑会使经营者获得更多的经济效益，当然，也要综合考虑扩大到什么程度将使单位面积利润下降，以及下降到什么程度将会影响整个国家的农业生产效益等问题。

我国疆域辽阔，各区域农业资源禀赋、经济发展程度、技术应用能力、政府规划等存在差别，因而对于农业的适度经营规模不可"一刀切"，应根据各个区域的差异实行差异化策略。例如，对于主要粮食产区和平原地区，可参照美国及欧洲等国家的农业经营模式，在进行土地规模化的同时，达到大型农业机械替代人工耕作的技术规模；对于四川、贵州等山地丘陵地区，不可盲目扩大农业经营规模，特别是耕地规模，因为这些地区的地形不适宜大型农业机械作业，可视地形情况借鉴日本、韩国的发展模式，利用丘陵、洼地等相对较平坦的土地资源，以小型农机农具耕作为主。总之，可通过土地规模化、技术规模化和服务规模化等多途径发展农业规模经营，实现要素的充分利用，促进农村就业。

农业适度规模经营是一个长期演变的过程，需遵循农业经济发展的基本规律和进程适时推进。同时，要立足各区域的农业资源禀赋，综合工业化、城镇化的发展水平和农业人口的转移程度，尊重民众的意愿，因地制宜、相机而动地提高农业生产效率和实现农村社会的可持续发展。

四、教学组织形式

本案例的教学组织形式如表4所列。

表4 "发展农业适度规模经营，促进乡村振兴"案例的教学组织形式

学习阶段	学习内容	时间	学习目标
课前	教师提前布置案例阅读并设立学习小组，让学生以小组为单位预习课本知识，了解规模经济的概念、作用等相关知识，以及规模经济的作用及规模不经济的原因	提前2 d	让学生初步了解和学习规模经济的相关知识，为案例分析做准备
课中	教师进行案例导入，利用多媒体展示案例内容，并设计提问，让学生带着问题再次阅读案例	5 min	让学生熟悉案例及案例提出的社会背景
课中	各小组成员针对问题进行交流，并派代表回答	5 min	将自学内容与案例相结合，提高学生的自主学习能力
课中	教师结合案例中蕴含的相关知识和思政元素来讲解规模不经济的具体概念，讲解结束后再次设计提问	10 min	让学生进一步明确农业适度规模经营的相关知识点，并结合案例进行进一步的思考与分析
课中	小组合作讨论问题，让学生结合所学知识进行案例分析，并撰写案例分析报告	20 min	让学生能够运用理论分析问题，培养自身实践能力。案例分析报告成绩计入平时成绩考核

表4(续)

学习阶段	学习内容	时间	学习目标
课中	选择2个自愿发言的小组的成员进行发言,并随机抽取1个小组的发言,讲解报告内容,提出建议和见解	每组约5 min,总用时不超过20 min	锻炼学生的归纳总结能力、表达能力及解决问题的能力
	教师对各小组成员的发言分别进行点评,引发全班学生进一步讨论,最后进行归纳总结。要注意思政元素和经济学理论的结合	20 min	让学生学会运用思政相关的理论去剖析经济学的理论和概念,并反思自己在案例分析中的不足和需要改进之处。
课后	各组成员完善案例分析报告,在下节课前提交,同时对本节课所学的知识进行复习。教师要在下节课上进行抽检提问	—	让学生巩固知识,增强记忆

五、总结

本案例以"发展农业适度规模经营,促进乡村振兴"为题。在本案例讲解中,教师紧密结合最新政策动向和时事要点,从思想政治教育与专业知识教育两个方面,让学生掌握相关的经济学知识。

(1)农业适度规模化经营中的问题。适度规模经营是农业现代化改革的基础和主要方向,但是农业现代化改革在具体执行中还面临着诸多的不确定性。推进农业现代化改革、逐渐改善农业发展的实际情况,需要了解农业适度规模经营中存在的问题,并在梳理问题的基础上,提出针对性的解决办法。上述解决措施也为教师的日常教学提供了启示,教师在教学中要正确认识学生的特点,把握好育人的任务和方向,因材施教。

(2)适度规模的农村土地流转还存在难度。当前农村土地种植的效益低、农民从小规模生产中获取的收益小,而且一些地方还存在着种田难、无人种地的问题。从大背景来看,农村土地流转的基础和要素是成熟的,但事实上,农村土地流转并不顺利,还有诸多实际的困难。高素质的规模化经营主体是解决农业问题的重要主体，对于化解农业问题至关重要。农业方面的问题仅仅依靠农民去解决是不够的，也不能够解决其所面对的实际困难。要想化解农业方面的问题，还必须有更多高素质的规模化经营主体的参与。因此，教师要引导学生把握理论和现实的联系，坚持运用情、理、实相结合的教学方法。

（3）农业的规模化发展还需要市场力量的参与。没有市场的力量、没有市场的参与，农业规模化建设是难以有好的成效的。农业适度规模经营的目的应该是获得更大的经济效益，更多地为农民增收而做准备，但是目前，农业适度规模经营存在的问题是为规模化经营而规模化经营，这样不利于长远发展。推广农业适度规模经营，对农民、农业，甚至整个国民经济的发展都有着极大的推进作用。一方面，其可提高农业的发展水平，推动农业的快速发展。农业适度规模经营可以改善以往粗放的经营模式，提高土地的生产力，降低生产成本，增强农业的抗风险能力，促进农产品的商业化水平，提高市场上农产品的销售数量，满足工农业及服务业的需求。另一方面，其可增加农民收入，缩小贫富差距。通过农业适度规模经营，经营者可以通过大规模的农业经营获取更高的利润，而农民可以获得土地租金及年底分红等收入，还可以利用多余时间去参加工作，获得更高、更稳定的收入；同时，可以使农民开阔视野，在一定程度上能够提高城镇化水平。

由于这部分的知识较难理解，因此应采用问题情境教学法，激发学生的学习兴趣并活跃课堂气氛。问题情境教学法是指教师在课堂教学中运用生活中发生的某一有争议的事例，引起学生讨论，从而提高其认识能力与水平的一种方法。其通常包括带问题的情境和存在争议问题的情境。但是值得注意的是，一些有争论性的问题是不能使用这种方法的。

参考文献

[1] 习近平. 决胜全面建成小康社会 夺取新时代中国特色社会主义伟大胜利：在中国共产党第十九次全国代表大会上的报告 [M]. 北京：人民出版社, 中国盲文出版社, 2017.

[2] 赵颖文, 吕火明, 刘宗敏. 关于推进我国农业适度规模经营的几点思考 [J]. 农业现代化研究, 2017, 38（6）：938-945.

[3] 张红宇. 我国农业规模经营的两种路径选择 [J]. 农村经营管理, 2015（10）：1.

［4］赵颖文，吕火明.关于农地适度规模经营"度"的经济学理论解析［J］.农业经济与管理，2015（4）：13-20.

［5］殷林飞.新时代农业适度规模经营的现实问题与化解路径［J］.新西部，2020（15）：50-52.

［6］钱克明.规模很重要，适度是关键［EB/OL］.（2015-04-07）［2022-03-12］.http://china.chinadaily.com.cn/2015-04/07/content_20015374.htm.

案例参与人：管捡英、曾嘉瑜、杨尚文、张可妮、杨珊珊

中国制造有"韧性",灵活发展御风险
——基于制造业成本变化的分析

》》一、案例正文

近年来,我国制造业技术水平和综合竞争力持续提升,同时出现了原材料、劳动力、环境保护、税费等成本快速上涨的现象。伴随西方发达国家制造业回流、新兴经济体和发展中国家加大力度吸引制造业投资的现象,我国过去主要依靠廉价劳动力而形成的制造业竞争优势开始逐步消失。

国际对比:我国制造业低成本竞争优势正发生改变。

(1) 我国制度性成本处于较高水平,制造业营商环境有待进一步改善。党的十八大以来,党中央、国务院大力推进"放管服"改革,优化营商环境,在降低制度性交易成本和增强创新型服务方面"双向发力",促使各地方政府积极探索、因地制宜降低制度性成本。世界银行2016—2018年发布的《营商环境报告》数据显示,我国的制度性成本低于印度、巴西和越南,但高于德国、韩国、美国、日本、马来西亚等国家。

(2) 我国劳动成本仍具优势,但受到新兴经济体的挤压。受我国人口结构的变化、劳动者权益有效保障等因素影响,劳动力供求关系发生较大变化,国内劳动力成本增幅较大。《营商环境报告》数据显示,2008—2016年,我国制造业工资从24192元/年增加到59470元/年,年均增长率达到11.9%,这一增速不仅快于美国、德国等发达经济体,而且快于印度、巴西、马来西亚等新兴经济体。2016年,我国制造业人均工资为772美元/月,远低于美国、德国、日本、韩国等国家的制造业人均工资,与马来西亚、巴西两国相差不大,但却是印度的5.63倍和越南的3.23倍。

(3) 我国融资成本处于较高水平,企业贷款利率仍处于高位。近年来,针对"融资难、融资贵"问题,我国出台了多项措施,在降低企业融资成本方面取得了一定成效。世界银行数据显示,2011—2016年,我国总体贷款利率呈下降趋势,从6.56%降至4.35%。通过国际对比分析发现,2011—2016年,巴西融资成本最高,融资成本同样呈上升趋势的还有德国与马来西亚,均由低于转为高于我国贷款利率水平;印度、越南两国尽管融资成本呈下降趋势,但其总体水平一直高于我国;美国、日本、韩国等国家的融资成本近年来均一直低于我国的融资成本。

(4)我国税负成本较高,制造业总税率处于世界前列。我国现行以企业为主体税源、以增值税等间接税为主体税种的税制结构,多重叠加的非税收入在一定程度上抬高了总税率。世界银行数据显示,近年来,我国制造业总税率整体呈现下降趋势,2017年较2005年降低了12.7个百分点。但通过国际对比分析发现,除了巴西自2006年起总税率高于我国,我国制造业总税率均高于其他国家,尤其高于韩国、越南与马来西亚三国。因此,我国仍需进一步加大税费改革力度与幅度,增强制造强国建设的"软实力"。

(5)我国能源成本较高,工业用电价格仍有下降空间。我国工业用电价格低于德国、日本、巴西等国家,高于美国、韩国、马来西亚、越南等国家。能源价格相对较高,对我国制造业竞争力产生抑制作用。此外,国外居民平均电价要高于工业电价,而我国恰恰相反,2017年,全国工业电价为居民平均电价的1.03~1.51倍。其中,一般工商业电价为居民电价的1.43~1.50倍,大工业电价为居民电价的1.03~1.13倍。

(6)我国物流成本较高,制造业企业承担较大的物流成本压力。目前,我国物流成本居于高位的局面尚未得到根本性改变,制造业企业仍需承担较大的物流成本压力。中国物流与采购联合会发布的数据显示,2008—2016年,我国物流总费用占GDP比重从18.1%降至14.9%,降低了3.2个百分点,但仍高于全球平均水平2.9个百分点。

(7)我国企业用地成本明显提高,增加了制造业企业负担。随着我国城镇化的快速推进,土地价格不断上涨。从全国主要城市土地出让监测价格来看,尽管2012年以来涨势有所放缓,但是土地出让价格仍然呈现上升趋势。从国际对标来看,我国工业用地价格适中。当前,我国主要城市的工业用地平均价格为126.15美元/米^2,与德国、韩国、印度等国家地价水平相当,但远高于美国、马来西亚等国家的平均价格,且我国工业用地资源相较上述国家也愈加紧缺。

通过国际对比分析可以发现，我国制度性去产能、去库存、去杠杆、降成本、补短板，仅有劳动力成本相对较低。其中，美国、德国、日本、韩国等发达国家在劳动力成本方面远高于我国，但在其他方面却低于我国或与我国相当；印度、巴西等新兴经济体在融资成本与税负成本方面虽然也面临巨大压力，但其劳动力成本与我国相比具有优势；马来西亚、越南等国家在物流成本方面远高于我国，但其他方面则低于我国或相差不大。

国内变化：制造业环保成本、原材料成本总体呈刚性上升趋势。

党的十八大以来，围绕深入推进生态文明建设，我国环境污染治理力度持续加大。与此同时，制造业环保成本整体呈刚性上升趋势。环保成本上升是阵痛，也是高质量发展的必然要求。

环保成本上升主要表现在以下四个方面。

一是生态环境治理投入加大。企业为满足严格的污染物排放标准和监督管理要求，在大气、水和固体废物污染治理，以及生态建设与保护等方面加强基础设施建设并运行维护的投入日益增加。

二是清洁技术更新改造成本增加。为推动供给侧结构性改革，满足环境标准和政策要求，制造企业为此在生产设备、生产工艺的技术上加大了清洁更新改造投入。

三是环境管理成本增加。主要包括企业自行开展环境监测的各种设施支出、环保机构管理支出等。

四是环保税费增加。包括环境保护税、生态修复基金、评审费、排污权取得费、罚款支出、诉讼和赔偿支出等。

》 二、案例的思政元素

（一）制造业环保成本上升是阵痛，也是高质量发展的必然要求

实施"上大压小"策略继续淘汰落后产能、加强技术革新，在短期内将给一些企业带来阵痛；但从长期来看，以先进节能、清洁生产工艺替代老旧高耗能、高污染生产工艺，有利于降低资源能源消耗和污染物排放，有利于提升企业竞争力、优化产业结构、提高经济效率，最终提升整体经济增长的质量。

通过加严环境法规标准对经济产生影响，即企业在增加成本的同时，带来了潜在竞争利益。环境标准的提高为企业的环境技术创新提供了内在动力，不断积累的技术创新还会激发新的生产技术、出现新的产业。新兴产业的发展壮大会促进产业结构的优化升级，推进产业结构朝着高级化方向发展。同时，通过加强环境保护、提高产品环境标准、克服绿色贸易壁垒，能保证我国企业和产品在国际贸易中处于不败之地。

从经济学角度看，提高环境标准、加强环境监管肯定会增加企业的环保成本。但是，过去很多企业没有达到生态环境保护的要求，通过偷排、超排等违法行为获得的收益，都是不合理的收益和利润。因此，要正确看待企业的环保成本与过去相比增加的情况。长期以来，我国经济增长没有将环境要素充分考虑进去，许多排放不达标企业是靠牺牲环境来实现盈利的，一旦将环境治理成本计算进去，企业可能就要亏损。在经济下行压力加大的情况下，如果因环保对经济施加压力而放松环保力度，将不利于经济高质量发展。

（二）中国制造有"韧性"，能够灵活应对原材料价格的潮涨潮落

我国制造业的强大"韧性"来自坚实的制造基础、完整的工业体系、不断健全的产业链、丰富的人力资源及持续提升的创新能力。特别是制造强国战略的持续推进充分凝聚了各方共识，有效动员了全社会力量向制造业集聚。

（1）积极应对国内外多重严峻挑战，实现市场快速响应，提高对各类生产要素的强大动员组织能力。例如，面对新型冠状病毒肺炎，全国人民上下一心，积极调配物资，统筹各方面力量支持疫情防控，在全球主要国家中，我国较早地实现了全面有序复工复产，努力把疫情对制造业造成的影响降到最低，取得了疫情防控和经济社会发展双胜利。

（2）产业体系完整，产品门类齐全，不断深度融入全球产业链各个环节。目前，我国是全世界唯一拥有联合国产业分类中所列全部工业门类（即41个工业大类207个工业中类666个工业小类）的国家，形成了门类齐全、具有相当规模和较高水平的产业体系，500种主要工业产品中，有40%以上产品的产量居世界第一，可以说，任何一个国家都不可能完全不依赖中国而发展。

（3）我国制造业发展虽然受制于一些主客观原因出现了波动，但总体趋势稳中向好，取得了阶段性成果。从具体指标来看，2015—2020年，我国制

造业增加值由 20.03 万亿元增长到 26.60 万亿元，年均增速 5.84%；制造业增加值占全球比重由 26.29% 提高到 28.61%，在世界各主要经济体中位居首位；2009—2020 年，我国连续 11 年成为全球货物贸易第一大出口国，制造业出口占全球比重由 18.45% 提升至 18.70%，特别是 2020 年，我国首次超过德国成为世界最大的机械设备出口国，制造大国地位得到进一步巩固。

三、案例使用说明

（一）教学用途与教学目标

1. 教学用途

本案例可用于"经济学原理"课程中"成本与利润最大化"相关理论教学。

2. 教学目标

（1）知识目标。

① 理解概念：机会成本、生产成本、利润、厂商利润最大化原则。

② 掌握内容：能够正确理解与分析制造业各类成本内容。

（2）能力目标。

① 举一反三能力。通过对制造业各类成本的学习，使学生了解并区分制造业制度性成本、融资成本、税负成本、能源成本等成本类型的变化趋势，并能正确分析其他成本类型的发展趋势及与他国的比较差异。让学生在了解制造业环保成本、原材料成本如何向好发展的前提下，能够进行自主思考，探讨这类成本的进一步发展方向。

② 理论运用能力。通过案例学习，扩展学生的知识视野，提高学生对专业理论知识的探索能力，培养学生对相关曲线的阐述分析能力，提升学生解决实际问题的能力。在学习过程中，让学生了解环保成本在制造业发展过程中的重要性，推动"双碳"目标落实，培养其保护生态环境的理念；培养学生的专业技能，为社会发展输送人才；通过对我国制造业劳动力成本当前实际情况的分析，帮助学生树立提高自身技能、增强自身竞争力的观念。

（3）素质目标。

制造业的不断自我革新、向好发展，不仅助推国家经济健康成长，提升人民生活水平质量，而且给上下游产业链带来经济发展潜力，给人才带来就业和发展机会，能够为学生的发展提供更多的机会。同时，通过案例讲解，能增强学生的专业知识技能，培养其养成积极进取、低碳环保、生态和谐的观念。这种教学方式符合学生的认知规律，贴近学生的认知曲线，使思政教育更加润物细无声。

（二）案例讨论的准备工作

（1）教师要求学生预习相关知识点，对成本、收益、利润等概念有初步了解。

（2）教师在课前发布简短案例，让学生查阅相关背景资料，将其融入课堂案例进行分析。

（3）教师提前准备视频资源，并提出问题为课堂讨论做准备，并对学生进行分组。

（4）教师引导学生分析理解各类成本曲线，逐一分析制造业各类成本。

（三）案例分析要点

1. 启发思考题

（1）如何实现经济发展和生态保护的双赢？

（2）如何应对我国制造业低成本竞争优势正在减弱的新趋势？

2. 分析思路与参考答案

（1）如何实现经济发展和生态保护的双赢？

党的十八大以来，习近平总书记多次强调"绿水青山就是金山银山"。这既阐明了经济发展和生态环境保护的关系，又揭示了保护生态环境就是保护生产力、改善生态环境就是发展生产力的道理。虽然保护环境在短期内会增加生产经营成本，但从长期看，其将使各种自然资源得到更充分和持久的利用，使生产力得到更好的保护和发展，有利于社会的长远发展。

① 促进产业结构升级和产业布局优化。严格执行"谁破坏谁修复、谁排污谁付费"的原则，坚决遏制高耗能、高排放、低水平项目盲目发展。与此

同时，先进制造业、高新技术产业、服务业和有利于资源节约、环境保护的产业将获得有利的发展机遇，实现快速发展。来自市场竞争的压力使得市场主体更加自觉地推动绿色发展，促进人与自然和谐共生循环发展、低碳发展，进而推动产业结构升级、产业布局优化，市场主体的核心竞争力也会进一步提升，这些将为生产力发展提供稳定持久的动力。

② 拓展新的市场空间。淘汰落后产能、建设环保新项目及生态环境治理，是长期而艰巨的任务。同时，改善生态环境将为新能源、节能环保等新兴产业提供广阔的发展空间。要通过积极发展环保装备制造业、加快发展环保服务业、支持各类企业参与污染治理，促进环保产业发展，培育一批有实力、有竞争力的环保企业和企业集团，使环保产业成为具有良好经济效益和社会效益的新兴支柱产业。

③ 促进科技创新。目前，水、大气、土壤等污染比较严重，发达国家上百年工业化过程中分阶段出现的环境问题，在我国已经集中出现。因此，全面改善生态环境是一项艰巨而庞大的系统工程，必须依靠科技创新而不断推进。保护和改善生态环境涉及生物、材料、电子等众多高科技行业，需要企业、高校、科研机构等多个组织通力合作，集中力量组织攻关。在保护生态环境、解决环保问题过程中，许多新型专利、应用技术将被创造出来，这些科技创新成果又会被应用到国民经济的各个方面，引领高科技产业发展，并带动科技发展和经济繁荣，为提高社会生产力和综合国力提供有力支撑。

（2）如何应对我国制造业低成本竞争优势正在减弱的新趋势？

要深化改革，加大减税降费力度，培育新的竞争优势。在此背景下，要加快培育新的竞争优势，需要进一步深化改革，重点深化税费改革，促使我国制造业迈向全球价值链中高端。

① 加强动态实时监测与舆论引导。建立健全制造业企业经营情况运行动态实时监测追踪机制，打破"信息孤岛"，打造工信、能源、交通、国土、统计、税收、人力资源、海关等多部门"信息共享"模式，实时关注国内外涉及制造业企业的去产能、去库存、去杠杆、降成本、补短板等变化趋势，掌握国内外制造业成本变化趋势主动权，及时给予有理有据的研判分析，引导国内制造业企业提出应对之策。

② 优化制造业税费融资成本结构。加快推进税收立法进程，以法律形式固定征税范围、税基、税率、减免税政策等税收要素，促使税收征管法制度创

新的规则设计更科学；适度调整优化制造业企业还需缴纳的资源税、消费税、关税及"五险一金"等其他附加税费；下调制造业下游批发零售业相关税率或增加相关进项抵扣额；扩大研发费用抵扣范围，将贷款利息等纳入抵扣范围；对国家重点扶持的集成电路、高端装备等产业加大财税优惠政策扶持，推动制造业质量变革、效率变革、动力变革。

③ 降低能源、土地、物流等方面的成本。深化电力市场化改革，合理设计电力市场，有序推进价格竞争，全面实施输配电价改革，科学核定输配电价，尽快形成煤电联动的市场价格，有序推进重点电力用户和发电企业直接交易试点，进一步降低制造业企业用电价格。强化土地利用总体规划，规定中长期内工业用地占比要求并严格落实，安排增量用地指标，奖励制造业发展较好的省（自治区、直辖市）。鼓励采取长期租赁、先租后让、租让结合、弹性出让等方式供应土地，降低工业用地企业初次取得土地使用权的成本。加快物流运输组织模式创新，鼓励支持多式联运、物流信息化和物流设备标准化，完善社会化、专业化的物流服务体系。适当降低高速公路收费标准，鼓励实行分时段差异化收费。

④ 引导制造业企业通过转型升级应对成本变化。推动制造业高质量发展，大力培育新动能，重点培育高端装备、新材料、新一代信息技术、生物医药等先进制造业集群，提升制造业附加值。加快推进制造企业优化升级，支持企业发展技术或知识密集型的高附加值产业，继续支持制造业关键核心技术攻关、重大兼并重组、颠覆性成果转化等，培育一批具有创新能力的龙头企业，推动企业产品向中高端迈进。支持制造业企业开展数字化、网络化、智能化、绿色化技术改造，重点推进智能制造，通过信息化与智能化降低能源消耗和生产成本，提高劳动生产率。

四、教学组织形式

本案例的教学组织形式如表5所列。

表5 "中国制造有'韧性',灵活发展御风险"案例的教学组织形式

学习阶段	学习内容	时间安排	学习目标
课前	让学生预习教材内容,初步了解成本、利润的概念和分类,了解各类成本曲线;认真阅读教师发布的课程案例,设立学习小组,以小组为单位对案例进行讨论,并收集身边制造业的相关案例	提前2 d	让学生初步了解成本和利润的基本知识,为案例探究分析做准备
课中	教师首先带领学生回顾生产理论和消费理论,引出成本和利润的相关概念。通过播放介绍我国制造业发展历程的视频进行案例导入	15 min	让学生熟悉案例及案例相关的社会发展背景
课中	教师讲解案例中蕴含的相关知识的重点及难点,强调思政元素,将成本理论与新发展理念相联系	15 min	让学生明确相关知识点,并结合案例进行深刻思考与专业分析
课中	通过小组合作讨论,让学生根据案例介绍和所学知识进行沟通交流,并分享各自收集的制造业案例	20 min	让学生能够运用所学理论知识进行案例分析,培养其发现和分析问题的能力。案例分析报告成绩计入平时成绩考核
课中	随机选择2个小组,让小组成员进行案例分析展示	每组10 min,共计20 min	锻炼学生团队的合作能力、逻辑思维能力和语言表达能力
课中	教师对小组成员的展示进行点评,并启发全班学生进行深度交流,最后结合思政元素与经济学理论进行归纳总结	20 min	让学生体会案例中的思政元素,反思案例分析中存在的问题,积极关注与思考社会经济现象
课后	各小组撰写案例分析报告和心得体会,对所学知识进行复习	—	让学生巩固知识,增强记忆

五、总结

自改革开放以来，我国经济发展逐步迈入新常态，国家政策随社会实践变化灵活调整，助推我国经济健康向上发展。我国制造业的发展虽然历经挑战但仍稳步向前。在对制造业各类成本的国际、国内比较中，可以从具体内容出发，依据实际情况，对我国制造业成本的相关内容做出改进。

通过本案例的学习，让学生了解机会成本与生产成本是成本的主要种类，以及目前我国各类成本的发展趋势，深入理解成本的相关概念及含义；同时，学生可依据制造业历年成本数据，绘制各类成本曲线，如边际成本曲线、总成本曲线等，直观感受制造业成本的发展变化情况，将课堂所学知识与方法进行实际运用。

在教学手段上，通过翻转课堂教学模式，能充分发挥学生的主观能动性。课前要求学生以小组为单位对制造业发展情况进行简单了解，引导学生积极思考。通过提问、案例讨论，促进师生、生生之间的交流，提高学生的自主探究能力，以进一步开阔视野、锻炼思维、提升思想政治素质。

在课程思政教学上，通过分析制造业环保成本上升所带来的阵痛及长期发展利益，引导学生形成辩证的思维方式，理性看待环保成本上升对我国制造业的影响，同时培养学生与自然环境和谐相处的思想观念，以达到"保护生态环境从身边小事做起"的效果。同时，在教学过程中，通过分析我国制造业的"韧性"所在，引导学生探究我国制造业顽强发展背后所蕴含的理念，如持续提升的创新能力、不断完善的工业体系，不断健全的产业链、丰富的人力资源及持续推进的制造强国战略等，培养学生为国家制造业的进步及经济的健康发展而努力学习的热情与动力。

总而言之，通过本案例的教学，可以让学生在轻松的学习氛围中掌握知识、加深记忆；在小组讨论交流过程中培养团结合作的态度；在记录学习心得的过程中提高写作能力、增强写作思维；在专业知识的学习与运用中领悟思想政治教育理念，使学生无形地浸润于思政教育氛围。

参考文献

[1] 韩建飞，张淑翠. 制造业如何应对成本变化[EB/OL].(2019-08-18)[2022-06-03].http://theory.people.com.cn/n1/2019/0118/c40531-30575561.html.

[2] 生态环境部环境规划院. 制造业环保成本上升是阵痛也是高质量发展必然要求[EB/OL].(2019-02-13)[2022-06-03].http://env.people.com.cn/n1/2019/0213/c1010-30641928.html.

[3] 中国工程院战略咨询中心. 院士解读何谓制造业的"韧性"：《2021中国制造强国发展指数报告》发布[EB/OL].(2022-01-04)[2022-06-03].https://www.aisoutu.com/a/1384625.html.

案例参与人：金志敏、李婧源、刘诗宇、吴炳丽、李丹

缩小收入差距，迈向共同富裕
——基于基尼系数的分析与认识

》》一、案例正文

2021年9月28日，国务院新闻办公室发表《中国的全面小康》白皮书，并举行新闻发布会，国家发展和改革委员会党组成员、副主任兼国家统计局党组书记、局长宁吉喆出席，介绍白皮书有关情况并答记者问。

会上，彭博新闻社记者问："中国的贫富差距现在有多大？国家会怎样控制、缩小贫富差距？税务方面的政策会不会起大的作用？"

宁吉喆答："这是个很重要的问题。可以说，我国全面建成小康社会的进程，是贫困现象不断减少的过程，也是人民日益富裕起来的进程。党的十八大以来，我国经济实力持续跃升，人民生活水平全面提高，居民收入分配格局逐步改善。虽然存在贫富差距，但城乡、地区和不同群体居民收入差距总体上趋于缩小。"

宁吉喆介绍，一是城乡之间居民收入差距持续缩小。随着国家脱贫攻坚和农业农村改革发展的深入推进，农村居民收入增速明显快于城镇居民，城乡居民相对收入差距持续缩小。从收入增长上看，2011—2020年，农村居民人均可支配收入年均名义增长10.60%，高出城镇居民人均可支配收入年均增长1.8个百分点。从城乡居民收入比看，城乡居民人均可支配收入比逐年下降，从2010年的2.99%下降到2020年的2.56%，累计下降0.43%。2020年，城乡居民人均可支配收入比与2019年相比下降0.08%，是党的十八大以来下降最快的一年。

二是地区之间居民收入差距逐年下降。在区域协调发展战略和区域重大战略实施作用下，地区收入差距随地区发展差距缩小而缩小。2011—2020年，收入最高省份与最低省份间居民人均可支配收入相对差距逐年下降，收入比由

2011年的4.62%（上海与西藏居民收入之比）降低到2020年的3.55%（上海与甘肃居民收入之比），是进入新世纪以来的最低水平。2020年，东部与西部、中部与西部、东北与西部地区的收入之比分别为1.62%，1.07%，1.11%，分别比2013年下降0.08%，0.03%，0.18%。

三是不同群体之间居民收入差距总体缩小。基尼系数是衡量居民收入差距的常用指标。基尼系数通常用居民收入来计算，也可用消费支出来计算，世界银行对这两种指标都进行了计算。按照居民收入计算，近十几年，我国基尼系数总体呈波动下降态势。全国居民人均可支配收入基尼系数在2008年达到最高点0.491后，2009年至今呈现波动下降态势，2020年降至0.468，累计下降0.023。同时居民收入分配调节在加大。"十三五"时期，全国居民人均转移净收入年均增长10.1%，快于居民总体收入的增长。同时，在世界银行数据库中，2016年我国消费基尼系数为0.385，比当年收入基尼系数0.465低0.080，而消费的数据更直接地反映了居民实际生活水平。

宁吉喆指出，"十四五"时期，进一步控制和缩小贫富差距，既要"做大蛋糕"，又要"分好蛋糕"。要坚持发展是第一要务，通过发展经济、辛勤劳动、扩大就业增加居民收入。同时，坚持按劳分配为主体、多种分配方式并存，提高劳动报酬在初次分配中的比重，健全工资合理增长机制，着力提高低收入群体的收入，扩大中等收入群体；完善按要素分配政策制度，增加中低收入群体的要素收入；完善再分配机制，加大税收、社保、转移支付等调节力度和精准性；发挥第三次分配作用，发展慈善事业；构建初次分配、再分配、三次分配协调配套的基础性制度安排，促进社会公平正义，促进人的全面发展，朝全体人民共同富裕的目标扎实迈进。

▶▶ 二、案例的思政元素

（一）了解党的十八大以来我国的脱贫成效，增强学生对党的扶贫政策的认同

党的十八大以来，在以习近平同志为核心的党中央领导下，在全国人民的艰苦奋斗下，我国的脱贫攻坚战取得了最终胜利，完成了消除贫困、全面建成小康社会这一伟大而又艰巨的任务。在全面建成小康社会进程中，我国经济实

力持续跃升，人民生活水平全面提高，居民收入差距缩小。党的十八大以来，平均每年超 1000 万人脱贫，其中农村脱贫人口占大多数。农村贫困人口的不断下降是衡量扶贫和脱贫效果最显著的现象之一，也是全面建成小康社会所奋力追求的目标和任务。

党的十八大以来，党和政府不断推出新举措，通过产业扶贫、生态扶贫、教育扶贫、人才扶贫等举措，使得贫困地区的经济社会有了显著的发展，整体面貌发生了根本性的转变，减小了与其他县市之间的差距，贫困地区的经济发展水平有了大幅度的提升，基础设施建设趋于完善。

基尼系数是衡量居民收入差距的重要指标，2009 年至今，我国的基尼系数呈波动下降态势，扶贫工作取得了令世人瞩目的成绩，这与党的十八大以来的扶贫政策是分不开的。正是在党中央的坚定有力的扶贫政策的支持和广大扶贫干部的努力之下，贫困居民的收入不断增长、生活水平不断得到改善，城乡收入差距逐渐缩小，不同地区的收入差距也得以逐渐缩小。

（二）加深对社会主义本质的认识，增强对社会主义本质的认同

社会主义的本质是解放生产力，发展生产力，消灭剥削，消除两极分化，最终达到共同富裕。其中，根本任务是解放生产力和发展生产力，根本方向是消灭剥削、消除两极分化，根本目标是共同富裕。党的十八大以来，习近平总书记进一步提出共同富裕是社会主义的本质要求，从整体上以解放、发展生产力为根本手段；以消灭剥削、消除两极分化为根本前提，凸显最终达到共同富裕的本质要求。因此，实现全体人民共同富裕正是中国共产党的执政初心，是中国特色社会主义的题中之义。

中国特色社会主义进入新时代，我国社会主要矛盾已转化为人民日益增长的美好生活需要和不平衡不充分的发展之间的矛盾，基于此，以习近平同志为核心的党中央把实现共同富裕摆在更加重要、更加突出的位置，坚持发展生产力，坚持改革开放，落实精准扶贫，采取有力措施保障和改善民生，在广大扶贫干部的共同努力下，打赢了脱贫攻坚战，全面建成了小康社会。

通过城乡之间、地区之间、不同群体之间收入差距不断缩小的相关数据及基尼系数的变化的对比可以看出，党的十八大以来，我国经济稳步增长，城乡居民收入显著提高，居民生活水平不断提高，居民收入差距逐渐缩小，坚定地朝着实现共同富裕的目标不断迈进，这也正是中国共产党不忘初心的生动体

现，也是对社会主义本质的深刻诠释。

（三）把握"共享"发展理念的内涵，认识"共享"发展理念对于实现共同富裕的重要性，使学生自觉践行新发展理念

党的十九届五中全会提出"坚定不移贯彻创新、协调、绿色、开放、共享的新发展理念的终极目标，继承并创新了马克思主义发展理念"。

共享发展理念以推进社会公平正义为前提，以推进扶贫脱贫、缩小收入差距为抓手，以推进区域、城乡基本公共服务均等化为保障，以推进共同富裕为目标，即共享是全民共享，这是就共享的覆盖面而言的；共享发展是人人享有、各得其所，不是少数人共享、一部分人共享，即共享是全面共享，这是就共享的内容而言的；共享发展就要共享国家经济、政治、文化、社会、生态各方面建设成果，全面保障人民在各方面的合法权益，即共享是共建共享，这是就共享的实现途径而言的；共建才能共享，共建的过程也是共享的过程。要充分发扬民主，广泛汇聚民智，最大激发民力，形成人人参与、人人尽力、人人都有成就感的生动局面，即共享是渐进共享，这是就共享发展的推进进程而言的。

2020年，我国完成了全面脱贫攻坚的目标，全面建成小康社会，但2020年我国的基尼系数为0.568，高于国际警戒线，这说明我国的收入差距依然较大，实现共同富裕的目标任重道远。因此，应以立足新发展阶段、贯彻新发展理念、构建新发展格局为指导，深化我国收入分配制度改革，建立缩小收入差距的长期有效机制，这样才能有效促进社会公平正义，逐步实现共同发展、共同富裕。

三、案例使用说明

（一）教学用途与教学目标

1. 教学用途

本案例可用于"经济学原理"课程中"分配理论"教学。

2. 教学目标

（1）知识目标。

① 理解概念：基尼系数。

② 掌握理论：基尼系数的概念、对基尼系数的正确评价。

（2）能力目标。

① 举一反三能力。通过本案例的学习，使学生对基尼系数这一概念有更深刻的理解，充分认识到基尼系数是衡量居民收入差距的重要指标之一，并能够运用相关的经济学理论分析其他类似的经济学现象。

② 理论运用能力。教师通过讲解案例中蕴含的经济学理论知识，使学生了解到基尼系数并不是越小越好，而是要和每个国家的实际情况相联系，将其控制在一个合理的区间内。要让学生更好地将理论与实践相结合，并科学合理地运用到实践中。

（3）素质目标。

通过对本案例的学习，可以提高学生的全面素质，包括思想道德素质、科学素质、文化素质、身心素质，全面提高其社会责任感。提高思想道德素质，是指牢固树立学生的爱国主义情怀和共同富裕伟大目标；提高科学素质，是指引导学生辩证、全面、系统地看待基尼系数及我国的收入差距问题，提高其独立思考、自主创新的能力；提高文化素质，是指引导学生不断学习新发展理念和中国特色社会主义理论知识；提高身心素质，是指引导学生进一步树立科学的实践观，自觉积极地投身于实践，坚持将学习到的知识与生活实践相结合。

（二）案例讨论的准备工作

（1）教师要求学生预习相关知识，对于基尼系数有初步的了解。

（2）教师在课前发布简短案例，引导学生查找相关背景资料，将其融入课堂案例进行分析。

（3）教师要充分发挥学生的主体能动性，引导学生分析如何用基尼系数水平来衡量收入差距，以便更好地理解基尼系数的概念，并思考如何缩小我国的收入分配差距，逐步实现共同富裕。

(三)案例分析要点

1. 启发思考题

(1) 结合案例与所学经济学理论,分析并评价我国当年的基尼系数水平(以 2020 的基尼系数 0.468 为例)。

(2) 结合案例,分析并讨论我国缩小收入差距、实现共同富裕的现实路径。

(3) 结合案例,分析基尼系数是否越小越好。

2. 分析思路与参考答案

(1) 结合案例与所学经济学理论,分析并评价我国当今的基尼系数水平(以 2020 年的基尼系数 0.468 为例)。

涉及的理论知识:基尼系数的概念、基尼系数国际警戒线、基尼系数的适用性。

① 基尼系数由意大利统计学家基尼根据洛伦兹曲线提出。它是一个比例数值,在 0 和 1 之间,是国际上用来综合考察居民内部收入分配差异状况的一项重要分析指标。按照国际惯例,将基尼系数在 0.2 以下视为收入绝对平均;0.2~0.3 视为收入比较平均;0.3~0.4 视为收入相对合理;0.4~0.5 视为收入差距较大;当基尼系数达到 0.5 以上时,则表示收入差距悬殊。

② 从国际惯例来看,基尼系数超过 0.4 就是收入差距较大。我国基尼系数多年超过 0.45,2020 年为 0.468,表明我国的居民收入差距较大,因此我国必须重视收入差距问题,要完善分配制度,加大再分配调节力度,加快形成合理的收入分配格局,贯彻落实新发展理念,坚持以人民为中心的发展思想,推动人的全面发展、全体人民共同富裕取得更为明显的实质性进展。

③ 2003 年至今,虽然我国基尼系数已连续多年超过 0.45,根据国际上通行惯例,它警示社会有动荡的可能,但 2003 年以来,我国经济形势依然是稳中向好,社会依然和谐稳定,这表明基尼系数并不完全适用于我国。这是因为我国的基尼系数反映的是横向对比的情况。从横向对比来看,城乡居民收入差距大,东部地区与中西部地区收入差距大,西部地区的农村与东部发达地区的城市之间收入差距更大。但是,中国人的幸福感还来自纵向对比。中国人习惯于自己跟自己对比、将今天的生活同过去的生活对比,收入更多,家庭有更好

的发展，就会感觉到生活在变得更美好，也就感觉日子过得更幸福。从纵向对比角度来看，与过去相比，绝大多数中国人可以说过得十分幸福。由此可以看出，中国人幸福感的增强，不因我国的基尼系数而减弱。

改革开放以来，特别是党的十八大以来，居民的收入差距逐渐缩小，人民生活水平不断提升，人民的幸福感不断增强。总之，当前我国的基尼系数虽然较高，反映出我国收入差距大的现实情况，但是基尼系数并不能完全反映人民的幸福指数。

（2）结合案例，分析并讨论我国缩小收入差距、实现共同富裕的现实路径。

① 夯实共同富裕的生产力物质基础。"做大蛋糕"是"分好蛋糕"的前提和基础，为此，要大力发展生产力。历史经验表明，当遵循生产力发展规律时，经济往往会取得较大的发展；而当违背生产力发展规律时，经济发展就会出现一系列问题。因此，要遵循生产力的发展规律，贯彻新发展理念，在高质量发展中推动共同富裕取得实质性进展。

② 正确处理公平与效率的关系。在初次分配时，要统筹好公平与效率的关系，既要坚持按劳分配为主、多种分配方式并存的分配制度，尊重和鼓励公平的收入差距，充分调动生产要素参与的积极性，提高生产的效率；又要对一些领域资本的野蛮增长、灰色收入等带来不公平的收入差距等坚决地制止。

③ 要充分发挥再分配对收入分配的调节作用，通过加快推进房产税和遗产税、推进基础教育均等化、优化税制结构、健全社会保险制度、向低收入群体倾斜等政策措施，调整我国收入分配格局，协调配套的基础性制度安排，合理调节高收入，取缔非法收入，逐步形成"中间大、两头小"的橄榄型分配结构，促进社会公平正义，促进人的全面发展，扎实推进共同富裕取得实质性进展。

（3）结合案例，分析基尼系数是否越小越好。

涉及的理论知识：基尼系数的局限性。

基尼系数不是越小越好。首先，不同地域不同发展阶段的基尼系数理想水平不一样。与面积或人口较小的国家相比，地域辽阔、人口众多和自然环境差异较大国家的基尼系数会高一些；经济处于起步阶段或工业化前期的国家，基尼系数要大一些，而发达经济体，特别是实施高福利政策国家的基尼系数要小一些。

其次，基尼系数只是反映居民的收入差距水平，并不能反映居民的真实生活水平和幸福指数。一个经济落后的国家，收入差距可能很小，基尼系数可能很小，但国民的生活水平不一定高，因此，基尼系数越小并不意味着共同富裕，也可能意味着共同贫穷。

总之，不同的国家要根据自身国情，使基尼系数保持在一个合理的区间内，既不能过小，也不能过大，这样才能促进经济平稳健康发展和人民生活水平的不断提高。

四、教学组织形式

本案例的教学组织形式如表 6 所列。

表 6 "缩小收入差距，迈入共同富裕"案例的教学组织形式

学习阶段	学习内容	时间	学习目标
课前	教师提前布置案例阅读，并设立学习小组，以小组为单位预习课本知识，了解基尼系数的概念、作用等相关知识	提前 2 d	让学生初步了解和学习基尼系数的相关知识，为案例分析做准备
课中	教师进行案例导入，展示案例内容。学生再次阅读案例	5 min	让学生熟悉案例及案例提出的相关社会背景
课中	教师讲解案例中蕴含的相关知识和思政元素	10 min	让学生明确相关知识点，并结合案例进行思考与分析
课中	小组合作讨论，学生根据所读案例和所学知识进行案例分析，并撰写案例分析报告	20 min	让学生能够运用理论分析问题，培养自身实践能力
课中	教师选择 2 个自愿发言的小组的成员进行发言，并随机选择 1 个小组的成员发言，讲解案例分析报告内容，提出建议和见解	每组约 10 min，总用时不超过 20 min	锻炼学生的归纳总结能力、表达能力及解决问题的能力
课中	教师对各小组成员的发言分别进行点评，引发学生的进一步讨论，最后结合思政元素和经济学理论	20 min	让学生学会运用思政相关的理论，并反思自己在案例分析中的不足和需要改进之处

表6(续)

学习阶段	学习内容	时间	学习目标
课后	各组完善案例分析报告，在下节课前提交，并对本节课所学的知识进行复习。教师要在下节课上进行抽检提问	—	让学生巩固知识，增强记忆

五、总结

通过本案例的学习，可以让学生了解到共同富裕与经济发展的密切联系，了解到党和国家在促进全体人民共同富裕方面做出了巨大努力并取得了显著的成果。党的十八大以来，我国经济实力持续跃升，人民生活水平不断提高，脱贫攻坚战取得全面胜利，如期实现了全面建成小康社会的宏伟目标。人民日益增长的美好生活需要和不平衡不充分的发展之间的矛盾是我国现今社会的主要矛盾，特别是发展不平衡的问题比较突出。

首先，通过课堂学习，可以让学生了解到基尼系数的概念等相关理论知识，认识到基尼系数的大小不是一概而论的，对一个国家基尼系数的评价需要多角度、辩证地、联系客观实际地去看待。2003年以来，我国基尼系数长期处于0.4之上，这的确反映了我国存在收入差距过大的问题及社会发展不平衡的问题，但是我国内在的国情与中国特色社会主义的发展道路决定着完全以量化的数据看待这一事实是不全面的。事实上，改革开放以来，特别是党的十八大以来，我国的收入差距逐步缩小，人民生活水平不断提升，社会幸福感不断增强。因此，需要客观、辩证、全面、系统地看待我国的基尼系数与经济发展的问题。

然后，学生在了解相关社会背景、学习相关经济学知识的前提下，在案例学习中，可以将理论用于实践，提高自身分析、总结和解决问题的能力。学生通过对社会发展背景与相关经济学知识的学习与分析，了解基尼系数的概念与基尼系数存在的不足，从而能够更理性地理解基尼系数、看待基尼系数、利用尼系数。同时，通过学习，有助于全面提高学生的综合素质，包括思想道德素质、科学素质、文化素质等，增强其社会责任感和爱国情怀。

最后，引导学生认真学习国家政策方针与发展理念，坚定中国特色社会主义道路自信、理论自信、制度自信、文化自信优势，理解国家推动分配制度改革的重要性与迫切性。敦促学生努力学习新发展理念中的共享理念，深刻把握其内涵，认识到共享理念对于社会发展，尤其是我国经济发展的重要性，对于国家经济发展中存在的问题，能够做到独立思考、辩证分析。

参考文献

［1］张劲松.基尼系数、农房与中西部地区乡村奔共同富裕［J］.广西社会科学，2022（1）：144-150.

［2］郭冠清.社会主义的分配理论与实现共同富裕的路径探索［J］.扬州大学学报，2022，26（1）：28-40.

案例参与人：王传智、胡立敏、张庚辰、王茜、刘恒

规制平台经济垄断，驱动经济社会健康发展
——基于市场结构理论的分析

▶▶ 一、案例正文

大数据、云计算及人工智能等信息技术的兴起和发展改变了现代企业的组织运营范式和技术创新模式，以数据为中心的互联网平台企业（如阿里巴巴、腾讯、京东、美团等）构建起了新型的经济组织和商业模式。互联网平台的发展犹如一把双刃剑：一方面，互联网平台经济优化了资源配置，推动了经济发展，也给人们的生活提供了便利；另一方面，伴随互联网平台的扩张，一些平台企业利用自身的市场实力和信息不对称开展自我优待、强制"二选一"、滥用市场地位等垄断行为，严重破坏了市场竞争秩序，损害了消费者合法权益。

2020年12月16—18日，中央经济工作会议提出要强化反垄断和防止资本无序扩张。2021年2月7日，国务院反垄断委员会印发并实施《关于平台经济领域的反垄断指南》（以下简称《指南》）。市场监督总局先后对阿里巴巴和美团实施"二选一"垄断行为立案调查，并分别处罚182.28亿元和34.42亿元。此次处罚，是监管部门强化反垄断和防止资本无序扩张的具体举措，是对平台企业违法违规行为的有效规范，但并不意味着否定平台经济在经济社会发展全局中的重要作用，也并不意味着国家支持平台经济发展的态度有所改变，而是要坚持发展和规范并重，把握平台经济发展规律，建立健全平台经济治理体系，推动平台经济规范健康持续发展。

回顾整个处罚过程，无论是违法行为的认定，还是罚款金额的确定，都体现了我国依法治国的基本要求，于法有据、于理应当。2015年以来，阿里巴巴集团为阻碍其他竞争性平台发展，维持、巩固自身市场地位，获取不当竞争

优势，实施"二选一"垄断行为，限定商家只能与其进行交易，违反了《中华人民共和国反垄断法》（以下简称《反垄断法》）中关于"没有正当理由，限定交易相对人只能与其进行交易"的规定，构成滥用市场支配地位行为。根据《反垄断法》，对实施滥用市场支配地位行为的经营者，应处上一年度销售额1%以上、10%以下的罚款。监管部门综合考虑阿里巴巴集团违法行为的性质、程度和持续时间等因素，对其处以2019年销售额4%的罚款，有力维护了法律的权威，是对平台内的商家和广大消费者合法权益的切实保护，也是对平台经济发展秩序的有效规范。

垄断是市场经济的大敌，平台经济的规范、健康与持续发展，尤其离不开公平竞争的环境。滥用市场支配地位的垄断行为，排除、限制了相关市场竞争，不仅侵害了平台内商家的合法权益，而且阻碍了平台经济创新发展和生产要素自由流动，更损害了消费者权益。没有公平竞争的良好生态环境，平台经济就会失去创新发展的强大活力。2020年12月16—18日，中央经济工作会议在北京举行。会议强调强化反垄断和防止资本无序扩张。2021年3月15日召开的中央财经委员会第九次会议也强调"促进公平竞争，反对垄断，防止资本无序扩张"，得到社会热烈反响和广泛支持。监管部门落实中央精神，一手完善规则，推动《反垄断法》加快修订；另一手严格规范执法，查处多起互联网领域垄断案件，取得良好效果。

从平台经济长远健康发展角度看，依法规范与支持发展并不矛盾，而是相辅相成、相互促进的。唯有在鼓励创新的同时进行有效监管，才能推动平台经济规范健康持续发展。放眼全球范围内的平台经济发展，依法规范，不仅不会带来行业的凋零，反而会促进其更有活力、更高质量发展。发达国家对苹果、亚马逊等平台经济巨头的反垄断监管，并没有让这些企业失去核心竞争力，反而促使其积极做强核心业务，实现长远健康发展。同时，反垄断监管在一定程度上助力互联网新锐诞生和成长，并为整个行业带来强劲活力。加强反垄断执法，正是以法治手段规制平台经济领域的垄断行为，给众多小企业、小平台带来良性竞争、茁壮成长的机会，使整个行业能持续创新、活力常在。从这种意义上说，依法规范，正是对平台经济发展的有力支持。

近年来，我国平台经济快速发展，在经济社会发展全局中的地位和作用日益凸显。平台经济有利于提高全社会资源配置效率，推动技术和产业变革朝着信息化、数字化、智能化方向加速演进，有助于贯通国民经济循环各环节，也有利于提高国家治理的智能化、全域化、个性化、精细化水平。推动平台经济规范健康持续发展，就要不断营造良好的法治环境和营商环境，让民营经济创新源泉充分涌流、创造活力充分迸发。

我国平台经济发展正处在关键时期，要着眼长远、兼顾当前，补齐短板、强化弱项，营造创新环境，解决突出矛盾和问题，推动平台经济规范健康持续发展。此次监管部门处罚阿里巴巴集团，对企业发展是一次规范扶正，对行业环境是一次清理净化，对公平竞争的市场秩序是一次有力维护。规范是为了更好发展，"扯袖子"也是一种爱护。相信，随着治理体系的不断健全，平台经济必将迎来更大发展机遇，更好地为高质量发展和高品质生活服务。

二、案例的思政元素

（一）良法善治是推动平台经济规范健康持续发展的必然要求

近年来，我国平台经济快速发展，在经济社会发展全局中的地位和作用日益凸显。然而，随着平台企业竞争加剧、业务触角不断拓展、用户数据高度集聚，平台强制"二选一"、大数据杀熟、劳动保障缺位、资本无序扩张等乱象时有发生，侵害了消费者合法权益和社会公共利益。

随着平台经济从"野蛮生长"步入"激烈竞争"，法律法规建设与监管治理也必须跟上脚步，步入更为规范、科学、高效的法治新阶段。于平台企业而言，唯有依法合规经营，强化自我净化、自我完善、自我革新、自我提高管理，才能走上高质量发展的可持续道路；于政府而言，对平台经济的监管应始终以法治为根本遵循，在以法治促公平、以监管促发展的道路上稳步推进，积极推动运用信息化技术手段赋能监管工作，利用数字化手段整合监管资源，建立一支高素质、专业化、可靠放心的专业技术"国家队"，以良法善治推动平台经济规范健康持续发展。

（二）统筹安全与发展，是平台经济监管的指导思想

习近平总书记指出："安全是发展的前提，发展是安全的保障。"前进道路上，既要善于运用发展成果夯实国家安全的实力基础，又要善于塑造有利于

经济社会发展的安全环境，实现发展和安全互为条件、彼此支撑。

跨界扩张、数据高度集中、新模式新业态层出不穷、技术创新与滥用相伴而生等，已成为平台经济高速发展过程中的显著特征。面对这种新趋势，政府在监管中应该坚持总体国家安全观，统筹兼顾发展与安全。一方面，政府有关部门需要加强顶层设计，做大、做强、做优电子商务产业，更好地赋能经济社会数字化转型；另一方面，要完善适应电子商务发展的法规制度和行业标准，加强电商诚信体系建设，推动多元共治格局，努力营造公平竞争的市场环境。

总之，对平台企业的监管，应坚持发展和规范并重的原则，在发展中逐步规范，在规范过程中持续发展。同时，继续采取积极有效的政策措施，支持鼓励促进电子商务的发展，使之成为高质量发展的新动力、新动能。

（三）激发平台经济更好赋能产业，让人民共享数字红利

平台经济有利于上游的生产商和供应商、中游的渠道商与下游的产业链整合，在生产、经营和销售的各环节都能起到促进产业结构升级的作用。将平台经济融入生产线上的各个环节，很大程度上能够促进资源的有效利用，提升产业工作效率与产品的精准度，从而提高产品质量，使产品由低附加值向高附加值转变，推动产业朝着数字化和智能化方向发展。在经营和销售环节，平台经济可以减少无效的沟通，利用数字平台节省时间成本，促进高效交流，人们可以以更低的成本获得更高质量的产品，进而提升人们的获得感和幸福感。然而，如果互联网大平台向"收租平台"转变，那么平台的创新价值也会大打折扣；如果由少量互联网平台抢占绝大多数流量，一旦缺乏有效规制，其难免会因逐利而滥用市场优势地位，强行制定交易规则。在这种背景下，小微企业的议价能力非常有限，企业利益也很容易受到损失，不利于产业创新与转型升级，也不利于人民生活水平的提高。

在平台经济壮大的同时，有必要提高平台参与方的获得感。对平台经营者来说，必须强化用户意识，善用规模效应，不能滥用市场优势；对于政府来说，应加强平台经济领域的反垄断监管，让更多市场主体共享数字经济发展红利。加强反垄断监管，可以有效降低市场进入壁垒，形成开放包容的发展环境，从而激发包括平台企业在内的多种市场主体的创新创造活力。

三、案例使用说明

（一）教学用途与教学目标

1. 教学用途

本案例可用于"经济学原理"课程中"市场结构"相关理论教学。

2. 教学目标

（1）知识目标。

① 理解概念：平台经济。

② 掌握理论：平台经济的概念、优点，平台经济垄断的特征、弊端。

（2）能力目标。

① 举一反三能力。通过教师对本案例的讲解，让学生对平台经济这一概念有更深刻的了解，认识到充分发挥平台经济的优势是转变经济发展方式的必然要求，以及治理平台经济的垄断是经济健康发展的必由之路，并能够运用经济学理论分析其他类似的经济现象。

② 理论运用能力。通过教师对本案例的讲解，让学生了解平台经济不仅仅是一个学术概念，更是与日常生活息息相关，从而将理论与实践更好地结合。

（3）素质目标。

通过教师对本案例讲解，提高学生的全面素质，并着力促进学生的全面发展。让学生将理论与实践相结合，不仅能够培养其探索精神，而且能吸引其关注身边的经济学元素，并从中体会经济学的乐趣。

（二）案例讨论的准备工作

（1）教师要求学生预习相关知识点，对平台经济垄断有初步了解。

（2）教师在课前发布简短案例，引导学生查找相关背景资料，将其融入课堂案例进行分析。

（3）教师引导学生分析平台经济的利弊，使其更深入理解平台经济垄断的现状，并且思考改善的对策。

（三）案例分析要点

1. 启发思考题

（1）平台经济垄断行为的新特征及影响。

（2）如何有效治理平台经济垄断行为。

2. 分析思路与参考答案

（1）平台经济垄断行为的新特征及影响。

① 平台经济垄断行为的新特征，即平台经济技术特性和需求特性带来的新变化，不仅影响着竞争行为与行业利润，而且对市场结构产生颠覆性影响。平台经济往往具有双边市场特征，与传统单边市场有着较大差异，具体表现在以下三个方面。

• 平台经济市场与传统单边市场的用户群体和异质性不同。传统单边市场主要针对具有同质化需求的一类客户群体，而平台经济市场往往面对具有多样化需求或者互补需求的双边用户。平台经济不仅需要协调企业与用户之间的关系，而且需要协调如双边用户等不同类型用户之间的关系。

• 平台经济中企业定价模式与传统经济存在较大差异。传统经济中，企业以生产成本为依据，根据产品的供求关系制定价格，主要通过调整价格水平实现企业利润最大化；而平台经济中，企业定价需要依据双边市场不同的需求价格弹性，对其实行差别定价，企业或平台更注重价格结构的合理性，通过价格结构非中性策略，保留并开拓更大的用户基数，在交叉网络外部性作用下，提高平台用户规模的稳定性，推动销量的上升和利润的提高。

• 平台经济与传统经济中企业的竞争关系发生转变。传统经济中，当大多数行业出现具有垄断地位的企业时，企业会利用其市场势力进行价格加成，以获得超额垄断利润；而平台经济中，由于进入壁垒相对较低，即便出现了具有垄断地位的平台，垄断平台也不容易利用其垄断地位进行加价，行业内的竞争活力也不会因为垄断平台的市场势力而降低。

② 平台经济垄断的影响。

- 阻碍创新。一方面，互联网平台发展初期具有较强的创新能力，但随着平台企业大量积累用户数据信息、算法、技术等资源，其市场份额越来越大，从而形成较强的市场影响力和垄断势力。虽然平台企业可以通过超额利润进一步鼓励创新来降低成本，但也可通过垄断势力来获得超额利润，这便导致平台企业的创新动力不足。另一方面，大型平台企业可能会通过并购一些拥有较强创新能力的中小企业阻碍创新。大型平台企业实现对中小企业的并购后，往往会采取补贴的方式挤出市场中的其他竞争者。互联网平台企业间的并购边界越来越模糊，且有些并购的企业已经涉及社交网络、餐饮平台、搜索引擎等行业，这都在一定程度上抑制了相关行业的创新，给整个行业的健康发展造成不利影响。

- 滥用市场支配地位。由于平台本身具有多归属性的特点，在位的优势企业仍有可能被迅速成长的企业超越。因此，平台企业滥用市场支配地位的行为逐渐增多，这种行为按照传统惯例可分为剥削性滥用和妨碍性滥用两种类型。剥削性滥用是指平台对用户规定不合理的价格。例如，平台针对消费者规定不合理价格，如多次见诸媒体的平台对消费者的歧视性定价策略——杀熟，即平台针对入驻的商家规定不合理价格。妨碍性滥用行为是指拥有市场支配地位的企业不正当地排挤竞争对手和潜在竞争对手。例如，平台利用市场支配能力排挤竞争对手，此种行为多发生在同一个平台企业所涉及的不同业务领域间，其鲜明的体现就是目前我国某些社交软件不能分享其竞争对手软件的正常链接。

互联网平台在为用户提供多种免费服务的同时，收集了大量的用户数据，数据的收集和使用为平台企业创造了远超用户收益的价值。大型互联网平台之所以能够取得市场支配地位甚至垄断地位，关键是其已经形成了以技术创新、商业模式创新及数据积累为基础的"护城河效应"，对其他企业的进入形成壁垒，其根源来自对用户数据的有效把控，更在于对用户数据的滥用及对隐私权益的侵犯。互联网平台数据滥用具有普遍性，这极易引发数据风险。互联网平台的数据滥用和数据隐私问题不仅关系到滥用市场支配地位，更可能关涉国家安全。

（2）如何有效治理平台经济垄断行为。

平台经济的基本特征决定强有力的政府监管是规制平台的较好方式。因此，加强政府监管，为平台经济建立专门的监管体系，以提高社会福利与保证社会公平为目标，综合运用法律和行政手段对平台企业进行规范和约束，是平台反垄断政策制定的正确方向。

① 在法律法规的制定上，应对传统的《反垄断法》适用范围进行合理调整，促进平台经济有效竞争。平台经济的垄断效应不同于传统的经济垄断、自然垄断和行政垄断，它是技术创新的结果，是错位竞争和消费者选择的结果。因此，功能型平台行业中出现的寡头竞争性垄断的市场结构并不意味着市场失灵，而是内生于市场竞争机制。也就是说，即使厂商形成了垄断，其优势地位也时刻受到新技术的挑战，为保证其垄断地位，平台依然有强大的动力不断创新。垄断与竞争是相互促进和转化的，有助于资源配置效率的不断提高。如果法律过于严苛，对行业内居于垄断地位的平台进行抑制，会挫伤厂商的积极性，反而会阻碍技术进步和创新。所以，对待平台经济应慎用传统的《反垄断法》进行规制。

② 在市场准入规制上，应做到张弛有度。一方面，应以"张"为主，严格行业准入，采取相应措施防止平台的过度进入和无序竞争；另一方面，应以"弛"为主，放松创新性优质平台的行业准入，注重保护平台经济的创新和优质平台发展。

③ 在市场结构的优化上，需要注重把握不同类型平台经济市场结构特征及其决定要素，重新审视垄断与市场效率之间的关系。在功能型平台行业，要正视垄断的积极作用，避免破坏稳定的竞争性垄断市场结构；在内容型平台行业，应重视技术特性和需求方特性的把握，扩大用户规模，培育用户黏性，增进社会福利。

④ 构建平台经济垄断的协同治理机制。在平台经济治理领域，应积极推动用户、行业协会与政府等多方主体有机结合，探索协同治理新机制，以降低治理成本，提升治理效率。这样，随着平台经济的日趋壮大，用户与平台将逐渐成为共生的体系。

四、教学组织形式

本案例的教学组织形式如表 7 所列。

表7 "规制平台经济垄断,驱动经济社会健康发展"案例的教学组织形式

学习阶段	学习内容	时间	学习目标
课前	教师提前布置案例阅读任务,并设立学习小组,让学生以小组为单位预习课本知识,了解平台经济的含义、作用等相关知识,以及平台经济不健康发展的影响及应对措施	提前2 d	让学生初步了解和学习平台经济的相关知识,为案例分析做准备
课中	教师进行案例导入,展示案例内容,学生再次阅读案例	5 min	让学生熟悉案例及案例提出的相关社会背景
课中	教师讲解案例中蕴含的相关知识和思政元素,以及平台经济的不健康发展行为	10 min	让学生明确相关知识点,并结合案例进行思考与分析
课中	通过小组合作讨论,让学生根据所读案例和所学知识进行案例分析,并撰写案例分析报告	20 min	让学生能够运用理论分析问题,培养其实践能力。案例分析报告成绩计入平时成绩考核
课中	教师选择2个自愿发言的小组的成员进行发言,并随机选择1个小组的成员发言,讲解报告内容,提出建议和见解	每组约10 min,总用时不超过20 min	锻炼学生的归纳总结能力、表达能力及解决问题的能力
课中	教师对各小组成员的发言分别进行点评,引发学生的进一步讨论,最后结合思政元素和经济学理论进行归纳总结	20 min	让学生学会运用思政相关的理论去剖析经济学的理论和概念,并反思自己在案例分析中的不足及需要改进处
课后	各组完善案例分析报告,在下节课前提交,并对本节课所学的知识进行复习。教师要在下节课上进行抽检提问	—	让学生巩固知识,增强记忆

五、总结

近年来，我国平台经济迅速发展，新业态、新模式层出不穷，对推动经济高质量发展发挥了重要作用。但与此同时，消费者关于平台经济领域经营者强制商家"二选一"、大数据杀熟、未依法申报实施经营者集中等涉嫌垄断问题的反映日益增加。2020年12月16—18日召开的中央经济工作会议，将强化反垄断和防止资本无序扩张作为2021年经济工作中的八项重点任务之一，要求健全数字规则，完善平台企业垄断认定等方面的法律规范，加强规制，提升监管能力，坚决反对垄断行为。传统的《反垄断法》生根并发展于工业经济时代，其规则体系和分析框架已经不能适应依托数字经济形成的新的社会关系，这也是出台《指南》及进行《反垄断法》修订的应有之义。在对平台经济模式及平台型企业进行垄断监管时，必须认真分析其垄断特征和本质，理性看待其垄断表现和属性，这样才能从根本上避免平台企业滥用市场支配地位而对消费者利益造成损害，同时能尊重市场发展规律和趋势，引导平台经济健康有序发展。

首先，通过课前与课堂学习，可以让学生了解平台经济的含义、发展现状及其给社会带来的影响，认识到平台经济具有一定的局限性，在发展过程中会出现一定的垄断；在平台发展到双边用户付费阶段，其可以在扩张和获取利润之间充分权衡，从而制定更高的价格。平台经济市场地位的逐渐增强，使其在市场份额和用户覆盖率方面占据较大优势，但其滥用行为的逐渐显现，使剥削性滥用行为和妨碍性滥用行为呈现愈演愈烈的趋势。

其次，在学生了解相关背景、学习相关微观经济学知识的前提下，在本案例学习中，可以将理论知识运用于实践，提高分析、总结和解决问题的能力。通过教师讲解，学生也能获得新的认识，了解有效治理平台经济反垄断行为，学会运用辩证唯物主义的立场和方法论去科学认识经济事物和经济现象，认识到平台经济的双面性。同时，通过学习，有助于全面提高学生的素质，包括思想道德素质、科学素质和文化素质等，增强其社会责任感和爱国情怀。

平台经济是一把双刃剑，在促进经济增长的同时，也带来了一系列新型的垄断和监管难题。平台经济在发展过程中之所以会出现一定的垄断，这与平台经济的自身属性及其竞争性垄断市场结构密切相关。为解决平台经济领域存在的垄断难题，我国先后出台了一系列反垄断法律法规，但目前在认定垄断协议、制止滥用市场支配行为等方面存在一些不足。因此，在平台经济反垄断治理过程中，应在适应经济发展形势变化的基础上，不断完善平台经济管制规则，明确平台经济管制范围，着力构建垄断管制协同治理机制，从而保障平台经济能够有序、健康、稳定地发展。

参考文献

［1］胡滨，杨涛，程炼，等. 大型互联网平台的特征与监管［J］. 金融评论，2021，13（3）：101-122.

［2］余晖，钱贵明. 平台经济垄断：基本表征、理论解释与管制治理［J］. 江海学刊，2021（2）：98-104.

［3］姜琪，王璐. 平台经济市场结构决定因素、最优形式与规制启示［J］. 上海经济研究，2019（11）：18-29.

［4］高琪. 发挥平台经济优势，带动更高质量就业［J］. 大数据时代，2020（7）：50-53.

［5］申佳平，章斐然. 平台经济步入良法善治监管新阶段［J］. 企业文化，2021（11）：15-16.

案例参与人：闫姝旭、陈滟清、曾雨琪、曹灿、田沧

探究政府与市场的"相处之道"
——基于市场失灵与政府职能的分析

一、案例正文

1979年诺贝尔经济学奖获得者阿瑟·刘易斯于1955年指出:"政府的失败既可能是由于他们做得太少,也可能是由于他们做得太多",即著名的"刘易斯转折点悖论"。

亚当·斯密在《国富论》中指出:"政府尽量远离经济活动和市场",即他著名的"守夜人"的观点。从亚当·斯密开始,西方国家的主流认识便是让政府尽可能远离经济活动,即政府越小,履行职能和所作所为越少,便是越好的政府。但是,世界经济史也表明,经济增长并不能自动、完美地调节自身,以至于经济危机和世界经济周期性波动层出不穷。这些事实证明,政府并不是做得越少就越好。

自英国经济学家凯恩斯于1936年发表的具有国家干预色彩的《就业、利息和货币理论》开始在西方经济学界占领统治地位之后,市场经济国家也接受了政府应该在必要的范围内影响经济活动的理念,甚至在一些国家形成了强调计划调节、实施产业干预政策、频繁推出宏观经济政策和建立高福利制度的倾向。这种倾向比较典型地体现在美国以大规模投资为特征的"罗斯福新政"和法国等国有经济比重颇高的经济计划。

然而,政府作用的增强不仅没有消除发达国家的经济周期现象,反而加重了经济波动的危害性(如在美国出现了经济衰退和通货膨胀并存的"滞涨"现象;欧洲国家计划失灵和市场失灵同时并存,高福利政策难以为继)。因此,高度推崇自由市场经济,反对政府干预的新自由主义经济理论再次兴起。但2008年国际金融危机之后,对新自由主义的反思又成为经济学的潮流。因此，从一定意义上说，一部市场经济理论史是一部争论政府和市场关系的历史。

党的十八届三中全会首次提出"使市场在资源配置中起决定性作用"的论断。党的十九届五中全会审议通过的"十四五"规划纲要，则强调推动有效市场和有为政府更好结合。2022年4月10日，《中共中央 国务院关于加快建设全国统一大市场的意见》发布，提出了"有效市场，有为政府"的工作原则，即充分发挥市场在资源配置中的决定性作用，更好地发挥政府作用。

那么，如何选择合适的政府干预方式并把这种干预控制在必要的限度内呢？习近平总书记指出："更好发挥政府作用，不是要更多发挥政府作用，而是要在保证市场发挥决定性作用的前提下，管好那些市场管不了或管不好的事情。"处理好政府和市场的关系，关键在于政府。在新常态下，应进一步划清政府和市场的边界，凡属市场能解决的，政府要简政放权、松绑支持，不要干预；凡属市场不能有效解决的，政府应当主动补位，该管的要坚决管、管到位、管出水平，避免出问题。

二、案例的思政元素

（一）用发展的眼光看问题，"市场和政府"的边界一直是发展社会主义市场经济的关键，也是不断调整的过程

世界是由运动着的物质构成的，一个事物的存在、发生条件是处于不断变化中的。随着外在条件的变化，旧的事物就会表现出"不适应"的特征，符合外在条件的新事物则脱胎于这个旧事物，新事物否定了旧事物中不合时宜的要素，肯定并保留了旧事物中合理的、可以适应新条件的要素，并发展出与旧事物完全不能兼容的新内容，从而从本质上区别于旧事物。人们要用发展的眼光看问题，一切事物都处于运动之中，没有任何事物是一成不变的，同一事物在不同的阶段具有不同的表现；要充分认识到运动变化的本质及规律，既要从运动的角度来考察事物的历史状态和预测未来形态，也要从静止的角度来审视质变之前量的积累；要把握"质"与"量"的辩证关系，或是防微杜渐，或是把握时机推动变革。同时要认识到，发展从来没有一帆风顺的，新事物和旧事物的交替过程中往往会出现反复，新事物的前途是光明的、道路是曲折的。

政府与市场的关系一直是各界讨论的经典命题。能否正确处理好市场和政府间的关系，一直是发展社会主义市场经济的关键，两者的边界在不断调整。党的十四大提出："要使市场在社会主义国家宏观调控下对资源配置起基础性作用。"党的十八届三中全会首次提出市场在资源配置中起"决定性作用"。从基础性作用升级到决定性作用，意味着市场作用的提升，其背后的潜台词是政府在资源配置中的功能减弱。党的十八大以来，党中央坚持社会主义市场经济改革方向，一个重要的工作正是减少政府对资源的直接配置，减少政府对微观经济活动的直接干预。

市场机制建立前期，政府介入的程度要深一点，这是由需求所决定的。因为一些市场的建立是需要基于基础设施、公共服务、制度建设等前期投入的。例如，我国的南水北调工程，预计将解决4.38亿人的用水问题，总投资将超过5000亿元。这类投入投资风险大、周期长，如果从纯市场化来看，并不符合以营利为目的的企业运行逻辑。在市场失灵的情况下，政府的作用不仅仅是计划和调控，甚至包括市场目标，即不仅要保证市场机制的运转和市场公平竞争的环境，而且要保证其他非市场的分配和福利目标。

建设统一大市场首先特别强调基础性的制度与规则统一，在理想的统一大市场中，政府的作用应该是制定、维护和完善规则。《中共中央 国务院关于加快建设全国统一大市场的意见》明确了产权保护、市场准入、公平竞争及社会信用等制度规制。在经济社会充分发展、制度完善的情况下，要充分给予市场主导权，即先把制度基石夯实了，然后改善基础设施、硬件条件。因此，政府要从生产型政府转型为服务型政府，应放尽放，应管尽管。

人们要用发展的眼光看问题，市场和政府的边界将会持续动态调整，因为再超前的制度，也会慢慢滞后于市场的发展和变化，如果是政府一直守住静态的边界，要素和资源流动一定还会产生不公平的现象。所以，有为政府需要保持警惕，随时根据市场变化重新修正市场与政府的关系。

（二）推动有效市场和有为政府更好地结合，是正确处理市场与政府关系的中国力量、中国精神、中国效率方案

"有效市场，有为政府"的组合方案，是我国对政府和市场关系实践探索的经验总结，是对马克思主义关于政府和市场关系理论的突破和对西方经济学关于政府和市场关系理论的超越，为不同经济体制下解决好政府和市场关系贡

献了中国力量、中国精神、中国效率方案。

市场与政府的最优关系应该是二者之间的优势互补关系。良好的经济运行既要以市场作用的发挥为前提,又要以政府功能的体现为条件,这就要求将二者优势结合,使彼此功能得到最大限度的发挥。市场机制在资源配置方面效率高,有着政府调节经济无法比拟的优点(如均衡微观经济、短期资源配置、传递市场信号、创新科学技术、驱动局部利益等)。政府作为干预和协调经济的另一种机制,为经济运行体系提供制度保障和政策法规,具有市场机制不可替代的优势(如稳定宏观经济、协调区域发展、监管规制市场、维持市场秩序与社会公平等)。市场优势的发挥离不开政府的扶持与维护,政府优势的发挥同样离不开市场营造高效的资源配置环境。将二者优势结合起来,协同发挥市场在资源配置方面的优势和政府在制度供给方面的长处,以实现资源最优配置、社会福利最大化及社会经济的健康稳定发展。我国经过四十多年社会主义市场经济的理论探索和实践发展,逐渐形成了市场与政府优势互补的"双引擎"模式。

"有效市场,有为政府"的组合方案为什么能够破解"市场失灵"?

一方面,"有效市场,有为政府"的组合方案强调要有一个坚强的领导核心。在社会化大生产时期,需要一个"乐队指挥",即要有一个领导核心对生产活动进行指挥,并对经济运行进行统一的统筹和协调。在我国社会主义市场经济条件下,坚持党的领导始终居于核心地位,可以说是"有效市场,有为政府"的组合方案的一个重要特征。

另一方面,"有效市场,有为政府"的组合方案强调要坚持"两点论"、辩证法。它针对我国社会主义市场经济发展中存在的束缚市场主体活力、阻碍市场和价值规律充分发挥作用的种种弊端,通过一系列举措,理顺了市场的秩序,解放了束缚市场主体活力发挥的关键。要想更好地发挥政府的作用,关键是转变政府职能,该放给市场和社会的权一定要放足、放到位,该政府管的事一定要管好、管到位。转变政府职能,关键是要明确往哪里转、怎么转。党的十八大提出:"要转变政府职能的总方向是创造良好发展环境、提供优质公共服务、维护社会公平正义。"这就明确了市场和政府配置资源的边界,为实现"有效市场,有为政府"的组合方案奠定了制度基础和实践基础。

三、案例使用说明

（一）教学用途与教学目标

1. 教学用途

本案例可用于"经济学原理"课程中"市场失灵"相关理论教学。

2. 教学目标

（1）知识目标。

① 理解概念：市场失灵、政府调控。

② 掌握理论：市场在资源配置中的决定性作用、政府职能的作用。

（2）能力目标。

① 举一反三能力。通过对市场与政府关系平衡点的探讨，使学生对已经学习的知识进行巩固，在此基础上获得更深刻的理解，培养其独立思考的能力，拓展其思维。

② 理论运用能力。让学生将从本案例中学习到的理论知识与自身周边的实际经济状况相结合，关注国家经济政策的调整与国家经济状况变化之间的联系，提高自身素质，将理论知识更好地与实践相结合，从生活中来，到生活中去。

（3）素质目标。

通过教师对本案例的详解，让学生在探索和思考市场与政府关系过程中培养理论思维。

（二）案例讨论的准备工作

（1）让学生对"经济学原理"中市场失灵的内容进行思考，了解政府在市场经济中应扮演的角色，以及如何扮演好这些角色。

（2）教师引导学生展开分析，对近年来出现的市场失灵的问题及政府相应的调控措施进行讨论。

（三）案例分析要点

1. 启发思考题

（1）如何推动有效市场和有为政府更好地结合？

（2）分析中国道路是怎样让有效市场和有为政府做到强强联合的。

2. 分析思路及参考答案

（1）如何推动有效市场和有为政府更好地结合？

有效市场是指市场能有效地调节资源的配置，它是发挥市场配置资源的决定性作用，构建高标准的市场体系建设及激发市场主体活力和内生动力；有为政府是指要更好地发挥政府作用，注意不是要更多地发挥政府作用，而是要在保证市场发挥决定性作用的前提下，管好那些市场管不了或管不好的事情。凡属市场能解决的，政府要简政放权、松绑支持，不要干预；凡属市场不能有效解决的，政府应当主动补位，该管的要坚决管、管到位、管出水平，避免出问题。

推动有效市场和有为政府更好地结合，首先要加快建设高标准市场体系。建设高标准市场体系，需要健全市场体系基础制度，坚持平等准入、公正监管、开放有序、诚信守法，形成高效规范、公平竞争的国内统一市场；全面完善产权保护制度，加大产权保护力度；全面实施市场准入负面清单制度，开展放宽市场准入试点；全面完善公平竞争制度，完善竞争政策框架，健全市场竞争状况评估制度，弘扬公平竞争文化，坚决维护公平竞争的市场环境；加快要素市场化配置改革，推进资源要素高效配置，健全土地、劳动力、资本、技术、数据等要素市场体系，形成统一开放的要素市场；加快完善现代化市场监管机制，创新监管方式，加强重点领域监管，加强事中事后监管，维护市场安全和稳定。

其次，要激发市场主体活力和内生动力。各类市场主体都是国家现代化的建设者，要一视同仁、平等对待。深入实施国有企业改革，激发国有企业活力；优化民营经济发展环境，毫不动摇地鼓励、支持、引导非公有制经济健康发展，促进中小微企业和个体工商户发展；构建亲清政商关系，建立透明的政企沟通渠道，破除制约民营企业发展的各种壁垒；弘扬企业家精神，引导企业家增强爱国情怀，勇于创新、诚信守法，承担社会责任；拓展国际视野，带动企业在更高水平的对外开放中实现更好发展。

最后，要完善宏观经济治理机制。财政政策和货币政策是加强宏观经济治理的主要手段，同时需要就业、产业、投资、消费、环保、区域等方面政策紧密配合、协同发力，以实现最佳政策效果。不断优化各项政策手段组合，根据各自目标合理分工，共同服务于宏观调控大局；完善宏观经济政策制定和执行机制，加强中央和地方、政府和市场主体之间的协调；重视和完善预期管理，主动引导和稳定市场预期；积极主动参与国际宏观经济政策协调，增强国际竞争力；加强宏观经济治理数据库等建设，提高宏观经济监测预警能力。

（2）分析中国道路是怎样让有效市场和有为政府做到强强联合的。

传统经济学无法解答到底怎样才可以让有效市场和有为政府做到强强联合。我国为了破解这一难题，已经在四十多年改革开放中查漏补缺，走出了属于中国人民自己的道路。

① 主动求变。我国的市场经济发展历程较为短暂，缺少积淀，相应的制度也不够完善，政府在慢慢地探索适合我国发展的市场经济。新中国成立之初，为了使经济能够持续稳定发展，主要依靠的是计划经济。随着改革开放的进行，我国开始逐步过渡到市场经济体制。在这一过程中，政府也在随着市场的变化而不断调整。改革开放以来，市场的每一次改变都与政府管理体制的变化息息相关。党的十一届三中全会作为转折点，首次将政府与企业的职能进行了划分，这样一来，使政府与市场各司其职。随后，党的十三大再次指出了政府对企业应以间接管理为主，党的十四大又明确了市场经济的改革目标。此后，我国政府以服务型政府的形象出现，与市场经济相配套。

② 强大的治理能力。有为政府的重要性不言而喻。有效市场离不开政府的支持，不同制度之下政府的宏观调控和调度能力是不同的。在我国，政府是公共利益的代表，而在资本主义国家，政府有可能是利益集团的代表。强大的治理能力源于制度的优势，市场的正常运转取决于社会的正常运转。社会主义市场经济体制在应对问题、挑战的时候，往往能迸发出惊人的能量。在全球治理方面，我国提出的"构建人类命运共同体"倡议在国际上也得到了支持与肯定。

③ 良好的导向和制度优势。市场经济向来是自由的，在分配方面通常不会考虑公平的问题。社会主义市场经济则在市场自由的基础上充分考虑了结果的公平性。资本主义国家的财富可能集中在少部分金字塔顶端的集团手里，而

消除贫富差距是社会主义的终极目标。本质上的不同使得我国政府在经济发展的道路选择及目标导向上与西方国家有着云泥之别。由于国家体制的原因,我国在政治和政策上遵循逻辑缜密性和一致性,这对于目标的实现尤为关键。回顾改革开放以来我国所取得的惊人成就,不难发现,社会主义的制度优势对于共同富裕的终极目标意义非凡。在社会主义初级阶段,效率就是生产力。因此,循序渐进并不是瞻前顾后,而是发展的规律和要求。

四、教学组织形式

本案例的教学组织形式如表 8 所列。

表 8 "探究政府与市场的'相处之道'"案例的教学组织形式

学习阶段	学习内容	时间	学习目标
课前	教师提前布置案例阅读和文献查找任务,并设立学习小组,以小组为单位,让学生了解宏观调控,了解政府与市场的关系	提前 2 d	让学生初步了解和学习政府和市场的关系,为课程做准备
课中	教师导入案例,展示案例内容;学生再次阅读案例	5 min	让学生熟悉案例及案例提出的相关社会背景
课中	教师讲解案例中蕴含的相关知识和思政元素,以及宏观调控的重要性和做法	15 min	让学生明确相关知识点,并结合案例进行思考和分析
课中	通过小组合作讨论,让学生根据案例和所学知识进行案例分析,并撰写案例分析报告	15 min	让学生能够运用理论分析问题,培养自身实践能力。案例分析报告成绩计入平时成绩考核
课中	教师随机选择 2 个小组的成员进行发言,讲解报告内容,提出建议和见解	每组约 10 min,总用时不超过 20 min	锻炼学生的总结归纳能力、语言表达能力及解决问题的能力
课中	教师对各小组成员的发言进行点评,引发学生的进一步讨论,最后结合思政元素和经济学原理进行归纳总结	20 min	让学生学会运用思政相关的理论去剖析经济学理论和概念,并反思自己在案例中的不足及需要改进之处

表8(续)

学习阶段	学习内容	时间	学习目标
课后	各组完善案例分析报告，在下节课前提交，并对本节课所学的知识进行复习。教师在下节课上进行随机提问	—	让学生巩固知识，增强记忆

五、总结

教师通过对本案例的讲解，让学生深刻了解政府与市场的关系是辩证统一的，是内生于不同社会制度并因时代、文化背景不同而有本质区别且动态变化的。政府的内生性作用是因应对市场失灵而派生的，在这一过程中，国家权力会以不同的形式嵌入市场，转化为经济基础的一部分，即在经济内部发挥作用。政府要在"市场失灵"的时候，弥补市场机制的缺陷或不足，优化资源配置，对市场进行干预和调控，用"看得见的手"来调节"看不见的手"，在公共政策系统中，充分发挥调控与分配作用，矫正外部性、维持有效竞争、调节收入分配、稳定经济等。在社会主义市场经济中，政府与市场呈现出一种相互补充、相互协调、相互促进的辩证统一关系。"使市场在资源配置中起决定性作用和更好发挥政府作用"的论断就是在强调政府与市场的有机统一。

同时，教师应让学生充分意识到经济社会的健康可持续发展依赖政府与市场的有机互补与协同，不能把二者割裂开来、对立起来，既不能用市场在资源配置中的决定性作用取代甚至否定政府作用，也不能用更好发挥政府作用取代甚至否定市场在资源配置中所起的决定性作用。一方面，没有有效市场，政府难以实现有效的治理，因此要把市场机制能有效调节的经济活动交给市场，把政府不该管的事交给市场，让市场在所有能够发挥作用的领域都充分发挥作用。另一方面，有效发挥政府的作用，是保障有效市场的根本前提。这就要求政府把该管的事一定要管好、管到位，该放的权一定要放足、放到位，坚决克服政府职能错位、越位、缺位现象。

中国特色社会主义市场经济的实践已经充分表明，政府与市场的关系并不是此消彼长、相互对立的零和博弈，而是一个共生共荣的命运共同体。在强调市场在资源配置中发挥决定性作用的同时，要强调市场不起全部作用，这不仅意味着在诸多领域需要发挥政府的主导作用,而且意味着即使是在资源配置领域,也不能完全忽视政府的作用。处理好政府与市场的关系、厘清政府与市场的活动范围是政府在公共政策管理系统有效发挥作用的重要因素,因此,不仅要坚持社会主义基本制度,而且要不断完善和改革市场的各项具体制度和机制,使之更加稳定成熟。只有顺应时代潮流,努力构建起一套系统完备、科学规范和运行有效的市场制度体系,才能有效应对中华民族伟大复兴前进征程上的各种风险挑战,推进中国特色社会主义事业发展迈入新起点、开辟新境界,书写出更新更美好的时代新篇章。

参考文献

[1] 张新宁. 有效市场和有为政府有机结合:破解"市场失灵"的中国方案[J]. 上海经济研究,2021(1):5-14.

[2] 刘儒,王媛. 市场与政府的互补关系[J]. 甘肃社会科学,2018(5):200-205.

[3] 王伟域. 推动有效市场和有为政府更好结合[N/OL]. 经济日报,2021-01-06[2022-05-08]. http://views.ce.cn/view/ent/202101/06/t20210106_36192693.shtml.

[4] 陈乐一. 推动有效市场和有为政府更好结合(专题深思)[EB/OL]. (2021-08-04)[2022-05-08]. http://opinion.people.com.cn/n1/2021/0804/c1003-32180407.html.

案例参与人:高婧、欧阳琦、陈熊燕、唐紫薇、范崇庆

重新认识GDP,以高质量发展迈向高收入国家
——GDP指标的缺陷与改进

一、案例正文

世界银行《东亚经济发展报告(2006)》中首次提出"中等收入陷阱"概念,用以描述这样一种现象:一些经济体进入中等收入阶段后,人均国民总收入水平未能持续提高甚至倒退,因而无法顺利而巩固地进入高收入经济体行列。

从1989年开始,世界银行以人均国民总收入为唯一依据,划定了一系列门槛数值,对国家的发展水平进行分类,即以1987年美元计价的人均国民总收入衡量,6000美元以上的为高收入经济体;1941~6000美元的为上中等收入经济体;481~1940美元的为下中等收入经济体;480美元及以下的为低收入经济体。由于物价水平有涨有跌,门槛线就有可能随着时间推移有升有降:如2012—2016年,高收入门槛线依次为12615美元、12745美元、12735美元、12475美元和12235美元;2017—2020年,高收入门槛线依次为12055美元、12375美元、12535美元和12695美元。

2010年,世界银行又进一步将"中等收入陷阱"阐述为:"几十年来,拉美和中东的很多经济体深陷'中等收入陷阱'而不能自拔;面对不断上升的工资成本,这些国家作为商品生产者始终挣扎在大规模和低成本的生产性竞争之中,不能提升价值链和开拓以知识创新产品与服务为主的高成长市场。"一些国家无法跨越"中等收入陷阱",有的是由于国家的经济增长在很大程度上依靠出口自然资源,而这些自然资源的价格波动很大,当价格较低的时候,增长就会放缓或停滞;有的是由于国家的经济主要依赖低成本劳动力发展制造业,这种低成本劳动力的优势随着收入的增加而消失,也会导致经济的衰退或

滑坡；有的是由于政治不稳定，国内社会矛盾突出，或与邻邦的冲突，导致经济停滞；还有的是由于政策失误，没有处理好金融危机或债务危机，出现了经济萧条。由此可见，"中等收入陷阱"即一个经济体从中等收入向高收入迈进的过程中，既不能重复又难以摆脱以往由低收入进入中等收入的发展模式，很容易出现经济增长的停滞和徘徊，人均国民收入难以突破1万美元。进入这个时期，经济快速发展积累的矛盾集中爆发，原有的增长机制和发展模式无法有效应对由此形成的系统性风险，经济增长容易出现大幅波动或陷入停滞。大部分国家长期在中等收入阶段徘徊，迟迟不能进入高收入国家行列。

"跨越'中等收入陷阱'、进入高收入国家行列"，从直观上看是一个经济胁迫问题。那么，从经济增长角度看，我国是如何摆脱贫困，又该如何跨越"中等收入陷阱"并迈向高收入国家行列呢？

1987年10月25日至11月1日，中国共产党第十三次全国代表大会在北京举行，大会提出"经济建设的战略部署大体分三步走"。第一步，1981—1990年，国内生产总值比1980年翻一番，解决人民的温饱问题；第二步，1991年到20世纪末，国内生产总值再增长一倍，人民生活总体达到小康水平；第三步，到21世纪中叶，基本实现现代化，人均国内生产总值达到中等发达国家水平，人民过上比较富裕的生活。"三步走"经济发展战略的确定，开启了我国围绕着国内生产总值（GDP）这一核心"指挥棒"，进入了经济高速增长的时代。也正是在这样一根"指挥棒"的带领下，我国在经济发展方面取得了巨大的成就，不但成功摆脱了贫困，而且成为世界第二大经济体。

综合考虑多种因素，保守预测，我国有可能在今后几年进入高收入国家行列。从2010年我国成为中上等收入国家算起，我国用时13~20年成为高收入国家，与过去30多年间先后成功进入高收入阶段的国家的经验是吻合的。由中等收入迈向高收入，从直观上看是经济胁迫问题，但实际上涉及一系列结构性问题。党的十九大报告中提出："中国特色社会主义进入新时代，我国社会主要矛盾已经转化为人民日益增长的美好生活需要和不平衡不充分的发展之间的矛盾。"具体就经济结构的矛盾来说，一方面，从需求侧来看，到了上中等收入阶段，不论是投资、出口还是消费，大多会从增长强劲逆转为需求疲软；另一方面，从供给侧来看，主要表现为宏观经济的成本大幅度上升。过去，我国供给侧的核心竞争力是要素成本低、劳动力廉价、原材料便宜、技术进步成本低等，但现在，上述几大要素都发生了变化。人口红利降低，土地、自然资源等要素的稀缺程度也将越来越严重。此外，还存在如环境的承载力越来越脆弱，自主研发成本高、风险大、周期长等问题。所以，在劳动力、土地、自然资源、环境和技术进步这几方面，成本系统性地大幅上升。

因此，只有解决好这一系列结构性问题，实现高质量发展，才能顺利地进入高收入国家行列。

二、案例中的思政元素

（一）跨越"中等收入陷阱"，要转变发展方式，推动产业结构优化升级

中国特色社会主义现代化建设进入一个新的阶段，要树立新的发展理念、转变发展方式、推动产业结构优化升级。我国过去主要追求GDP快速增长的模式，现在要脱胎换骨地改造，树立新的发展理念，依靠产业结构优化升级与人力资本投资，激励大众创业、万众创新，跨越"技术创新陷阱"。我国资本密集型产业的自主创新能力不足、缺乏核心的技术优势和竞争力，这是影响未来经济增长的稳定性和质量的关键因素。人力资源是技术创新活动的主体，多数中等收入国家都存在高技术人才短缺的问题，这就要求加强教育、培训等多方面的投入以培育人力资本。对于发达国家来说，产业结构升级是技术创新活动的结果，而中等收入国家可利用后发优势，从发达国家接受知识和技术转移，推动产业结构升级，成为技术创新的载体。这样，一方面能够实现技术水平的跨越式发展；另一方面能够通过"干中学、学中干"来培育高技术人才。

（二）跨越"社会危机陷阱"，要全面深化改革，推动实践创新、理论创新、制度创新

实现国家现代化发展战略目标，需要一系列的政策、制度安排。可通过全面深化改革，加大高质量新制度的生产和供给，促进持续提升全要素生产率，跨越"制度体制陷阱"。国内外实践经验表明，适应生产力水平和内外部发展环境与条件变化，持续推进市场导向型体制机制改革，能够通过改善要素配置、降低交易成本、激发创新动力有效提升全要素生产率，从而实现经济可持

续增长。党的十八大提出的全面深化改革为我国跨越"制度体制陷阱"指明了方向。户籍、社保等人口政策改革，解除了挟制人口流动的最后一道枷锁，使劳动资源的配置效率再次提高；加快致力于服务实体经济的金融体系和金融市场建设、加大监管体系和监管制度改革、加快发展资本市场等金融政策改革，能够促使资金利用效率提高，抑制高成本低收益产业的发展；加快推进土地制度改革，能够更好地发挥土地资源的使用效率，加快农业现代化生产，提高农民生活水平。

（三）跨越"社会危机陷阱"，要缩小社会差距，实现共同富裕

应贯彻"效率优先，兼顾公平"方针，适当缩小社会差距，跨越"社会危机陷阱"。社会主义的本质是共同富裕，在坚持效率优先、鼓励"做大蛋糕"的同时，需要兼顾公平、"分好蛋糕"。城乡居民收入差距、城镇贫富财产差距、地区差距的持续扩大，既不符合社会主义的本质要求，也违反社会公平原则，影响社会稳定。同时，社会差距的扩大制约了我国经济的可持续发展。我国人均收入水平进入中等国家水平后，主要的增长动力转为技术进步和居民消费。在这个阶段，经济增长将发生改变，从过度依赖于投资增长的传统方式转向依赖消费需求的释放。城乡居民收入差距、城镇贫富财产差异、地区差距的扩大或长期持续，将对扩大消费这一经济发展策略形成明显的约束。因此，缩小社会差距具有明显的帕累托改进效应，缩小一个点的差距可能比增加许多点的投资对经济的拉动作用更有效。

三、案例使用说明

（一）教学用途与教学目标

1. 教学用途

本案例可用于"经济学原理"课程中"国民收入分析"相关理论教学。

2. 教学目标

（1）知识目标。

① 理解概念：GDP。

② 掌握理论：GDP 基本概念的扩展，通过我国经济发展经验、中外对比进一步认识 GDP。

（2）能力目标。

① 举一反三能力。通过对"中等收入陷阱"这一案例的学习，使学生了解 GDP 对于我国经济增长与摆脱贫困的影响，对 GDP 这一概念有更深刻的认识，并学会运用经济学理论分析其他类似的经济现象。

② 理论运用能力。通过让学生学习本案例中包含的理论知识，并将其与身边的现实经济情况相结合，使其了解 GDP 在国际经济中的作用及其局限性，从而提高其对专业知识理论的运用能力，更好地将理论与实践相结合，并合理运用到实践中。

（3）素质目标。

通过对本案例的学习和分析，提高学生的全面素质，包括思想道德素质、科学素质、文化素质、身心素质等，并增强其社会责任感。提高思想道德素质，是指引导学生树立爱国主义情怀和宏伟志向；提高科学素质，是指指导学生学习宏观经济学 GDP 前沿理论知识，提高其科学钻研、独立思考的能力；提高文化素质，是指培养学生爱护环境的人文道德修养；提高身心素质，是指让学生明白经济学知识与社会生活息息相关，吸引其关注时事热点，从中体会经济学的乐趣。

（二）案例讨论的准备工作

（1）教师要求学生预习相关知识点，对 GDP 有初步了解。

（2）教师在课前发布简短案例，让学生查阅相关背景资料，并将其融入课堂案例及相关视频素材进行分析。

（3）教师引导学生分析用 GDP 衡量国民经济总值对贫困国家经济发展的促进作用、用 GDP 衡量国民经济总值的缺陷、GDP 在国际经济层面发挥的作用，使学生更好地理解 GDP，并且思考如何进一步改善、优化 GDP 这一衡量指标。

（三）案例分析要点

1. 启发思考题

（1）GDP 这一指标存在哪些缺陷？

(2) 我国如何以高质量发展迈向高收入国家？

2. 分析思路与参考答案

（1）GDP 这一指标存在哪些缺陷？

① GDP 强调产出的数量和规模，不注重产出的质量和结构。例如，在 1820 年前后，按照 GDP 方法计算统计，我国当时的 GDP 水平在全球排名前 30%，是世界第一经济强国。我国的经济结构质量以初级农产品为主，虽然美国、英国、德国、法国等西方国家的经济规模比我国小，但是其经济结构以材料工业、机械工业等一系列工业产品、工业化的结构为主。所以，在 1840 年第一次鸦片战争中，我国的经济结构很难与西方列强经济结构相抗衡，因而沦为半殖民地半封建社会。

② GDP 容易导致公共服务领域形成短板。GDP 是按照价格统计来核算的，只能核算经过市场交易的经济活动。实际上，人类社会中很多活动（如军队、警察、政府、医疗等领域的服务）是社会需要却无法用价格来核算的，尤其在医疗领域中，由于医生与患者之间信息的不对称性，这种行为很难用价格进行约束，而是需要政府、法律及各方面制度的监督来严格规范其行为。所以，如果仅仅以 GDP 为核心，那些市场调节容易失灵但社会又需要的领域的发展就可能被忽略，从而形成社会现代化的短板。

③ GDP 容易导致经济活动的目标短期化。GDP 的核算是以一年为时间期限的，所以，跨年度的财富积累不被计入 GDP，那么，以 GDP 为核心就可能使经济行为超短期化、年度化。例如，造桥工程，第一年造桥时，施工队、材料商、设计师都付出了劳动，创造的价值计入第一年的 GDP 中；第二年由于桥梁废旧等原因，施工队需要炸桥，炸药商、爆破队、施工队、运输商付出了劳动，创造的价值计入第二年的 GDP 中。如果如此循环往复，每一年修桥、炸桥都各计入一次 GDP，但最后修建桥的财富累积却是零。由此可见，我国经济进入新发展阶段，如果仍然强调 GDP 的年度核算，就会容易导致经济活动的短期化，不利于可持续发展。

④ GDP 难以衡量"绿色"和"幸福"这两个层面。GDP 核算的是产出，而这种产出的过程究竟是否以牺牲环境、资源为代价，GDP 都是无法衡量的，因此 GDP 无法衡量生产过程所产生的环境成本，难以体现"绿色"这一层面。

GDP 核算的是产出，幸福生活的构成不仅包括产出，而且与收入分配是否公平密切相关。"不患寡而患不均",收入分配是否公平是影响人们幸福感、获得感的一个重要因素。因此,GDP难以体现"幸福"这一层面。

(2) 我国如何以高质量发展迈向高收入国家?

① 认识社会主要矛盾,实行供给侧结构性改革。党的十九大报告中提出:"中国特色社会主义进入新时代,我国社会主要矛盾已经转化为人民日益增长的美好生活需要和不平衡不充分的发展之间的矛盾。"具体就经济方面来说,突出的变化在需求侧和供给侧两个方面。需求侧主要表现为投资、出口和消费等方面从增长强劲逆转为需求疲软,供给侧主要表现为宏观经济的成本大幅度提升。我国供给侧的核心竞争力是要素成本低,如劳动力成本低、原材料成本低、环境成本低。但是随着我国社会主要矛盾的转变,人口红利降低,土地、自然资源等要素的稀缺程度越来越严重,环境污染逐渐严重,环境的承载力越来越脆弱,自主研发成本高、风险大、周期长,所以,在劳动力、土地、自然资源、环境和技术进步等方面,成本呈现系统性地大幅上升。因此,要根据社会主要矛盾的转变及经济市场发展的实际情况,进行供给侧结构性改革。

② 树立新的发展理念,转变发展方式,推进可持续发展。党的十八届五中全会首次提出新发展理念,即坚定不移贯彻创新、协调、绿色、开放、共享的新发展理念,转变发展方式,要从过去主要依靠规模扩张、扩大要素投入量来驱动经济增长,转变为主要依靠效率、创新来带动经济增长,注重经济社会的高质量发展,顺利跨越"中等收入陷阱",实现现代化的战略目标。

③ 完善一系列与经济发展相配套的制度保障。首先,处理好市场与政府的关系。在发挥市场决定性作用的同时,更好地发挥政府宏观调控的作用,坚持以公有制为主体、多种所有制经济共同发展的基本经济制度。其次,加快推进法治化,实现国家山水林田湖草综合治理、系统治理、源头治理能力的现代化。习近平总书记强调"把权力关进制度的笼子里",所以,在法律上要保护私权,对公权进行约束和规范,充分调动市场主体的积极性,处理好效率与公平的关系,顺利跨越"中等收入陷阱",为新时代现代化征程提供制度保障。

④ 要发扬奋斗精神。党的十九大到二十大是我国实现"两个一百年"奋斗目标的历史交汇期,我国如期全面建成小康社会、实现第一个百年奋斗目标,并开启全面建设社会主义现代化国家新征程、向第二个百年奋斗目标进军。但是,有机遇就有挑战,奋斗是青春最亮丽的底色,大学生应该以青春之我、奋斗之我,为民族复兴铺路架桥,为祖国建设添砖加瓦。

四、教学组织形式

本案例的教学组织形式如表 9 所列。

表 9 "重新认识 GDP，以高质量发展迈向高收入国家"案例的教学组织形式

学习阶段	学习内容	时间	学习目标
课前	教师设立学习小组，让学生以小组为单位复习旧知识并预习新知识。学生提前阅读案例并查阅"中等收入陷阱"的概念及相关内容	提前 2 d	温故知新，提前做好知识储备和案例阅读，让学生为课堂教学和案例分析做好准备
课中	教师展示案例内容。学生阅读案例，进行案例分析和发言总结	5 min	让学生熟悉案例及案例提出的相关社会背景
课中	通过教师讲解，让学生了解 GDP 增长与摆脱贫困的关系	20 min	让学生了解 GDP 增长与我国摆脱贫困的关系；了解国家收入水平；总结我国发展经验，坚定道路自信
课中	教师带领学生进行中外对比，了解 GDP 的缺陷与"中等收入陷阱"的穿越	20 min	让学生了解典型的"中等收入陷阱"，进一步认识 GDP 的局限性，分析我国现阶段存在的问题
课中	教师带领学生进一步认识 GDP，了解我国已开启现代化新征程	20 min	集思广益，讨论开启现代化新征程的措施
课中	小组合作讨论汇总所有问题，让学生根据案例和所学知识对问题进行分析，并撰写案例分析报告	15 min	让学生能够运用理论分析问题，培养自身实践能力。案例分析报告成绩计入平时成绩考核
课中	教材随机选择 2 个小组的成员进行总结发言	15 min	锻炼学生的归纳总结能力、表达能力及解决问题的能力
课中	教师对各小组成员的发言分别进行点评，引导学生的进一步讨论，最后进行归纳总结	15 min	点题升华，总结归纳，引发学生的进一步思考

表9(续)

学习阶段	学习内容	时间	学习目标
课后	让学生复习课堂内容，调查所在地区的GDP与人均GDP，特别是绿色经济发展，并与其他省份学生的调查做比较，提出看法	—	让学生巩固知识，增强记忆

五、总结

通过对本案例的介绍，可以让学生了解GDP的相关理论，进一步认识到GDP的局限性（如非市场活动被忽视、强调产出的数量和规模及质量和结构），同时锻炼其归纳总结能力、表达能力、解决问题的能力、理论运用能力，全面提高其思想道德素质、科学和文化素质，增强其社会责任感和爱国情怀。

通过分析我国面临的问题和思考开启现代化新征程的措施，引导学生认真学习国家的政策方针和发展理念，并结合我国国情，深刻理解坚持科学发展观对于推动建设现代化经济体系的重要性和迫切性。

参考文献

[1] 林毅夫,刘培林. 探讨中国何以跨越"中等收入陷阱"[EB/OL]. (2018-01-14)[2022-06-11]. http://opinion.people.com.cn/n1/2018/0114/c1003-29763146.html.

[2] 王文. 中国有能力跨越"中等收入陷阱"[EB/OL]. (2018-07-26)[2022-06-12]. http://finance.people.com.cn/n1/2018/0726/c1004-30170516.html.

[3] 黄剑辉. 跨越"中等收入陷阱"可用五招[EB/OL]. (2015-06-06)[2022-06-12]. http://finance.sina.com.cn/roll/20150606/005322362533.shtml.

案例参与人：赵洁思、王静怡、赵颂、马辰茜、张玉燕

重塑钢铁产业高质量发展新格局
——GDP 指标的本质意义

▶▶ 一、案例正文

根据国家统计局数据显示，2020 年我国国内生产总值迈上百万亿元新台阶，按照可比价格计算，比上一年增长 2.3%，整体经济保持稳定恢复态势，与钢铁消费密切相关的经济指标持续好转。虽然我国 GDP 持续稳定增长，但受频繁的国际贸易摩擦及其他国家和地区钢铁产量持续快速增长的影响，钢铁行业仍然存在着产能严重过剩、粗放式生产等问题。

2021 年 12 月 29 日，工业和信息化部召开的《"十四五"原材料工业发展规划》（以下简称《规划》）新闻发布会上，工业和信息化部原材料工业司副司长常国武表示，"十四五"时期，我国钢铁工业仍然存在一些突出问题：受结构调整和利益驱动的影响，新增产能冲动、"地条钢"死灰复燃冲动仍然存在，亟待建立严禁新增产能和防范"地条钢"死灰复燃长效机制；环保工作与党中央、国务院的要求，与打赢蓝天保卫战的要求仍有一定差距，排放总量控制对一些区域的压力较大。同时，产品自主创新能力、部分关键核心技术突破方面与国外仍然存在着一定的差距，部分高端产品质量稳定性、一致性仍亟待提高，一些共性技术亟须解决。

为此，《规划》对钢铁等行业进一步推动供给侧结构性改革提出了具体要求，主要包括以下四个方面。

（1）继续巩固去产能成果，严禁新增产能，健全长效机制。严格执行环保、能耗、质量、安全、技术等法律法规，依法依规推动落后产能应去尽去。研究落实以碳排放、污染物排放、产能利用率等为依据的差别化调控政策。

（2）持续优化组织结构，推进兼并重组，做强做大龙头企业。鼓励龙头企业实施兼并重组，打造若干世界一流超大型钢铁企业集团。依托优势企业，在不锈钢、特殊钢等领域分别培育1~2家专业化领航企业。支持区域钢铁企业兼并重组，改变部分地区钢铁产业"小散乱"局面。

（3）持续提升供给质量，扩大高端产品供给，推进品种质量提档升级。建立健全产品质量评价体系，加快推动钢材产品提质升级，在航空航天、能源装备、先进轨道交通及汽车、高性能机械等领域推进质量分级分类评价，持续提高产品实物质量可靠性。鼓励企业牢固树立质量为先、品牌引领意识，提升产品和服务附加值。

（4）大力推进绿色低碳转型，落实碳达峰实施方案，统筹减污降碳协同治理。支持建立低碳冶金创新联盟，加快推进氢冶金、非高炉炼铁等低碳冶炼技术的研发应用。支持构建钢铁生产全过程碳管控监测体系，推进碳排放权市场化交易。开展工业节能诊断服务，支持企业提高绿色能源使用比例。全面推动钢铁行业超低排放改造，完善有利于绿色低碳发展的差别化电价政策。推动绿色消费，建立健全钢铁绿色设计产品评价体系，引导下游产业用钢升级，促进优质、高强、长寿命钢铁产品应用。

二、案例的思政元素

（一）充分认识保护生态环境、促进经济可持续发展的重要性

加强生态环境保护，是贯彻落实科学发展观的内在要求，是转变经济发展方式、促进经济高质量发展的必然要求，也是坚持以人为本、改善民生的现实要求。为促进经济社会协调、健康、可持续发展，需牢固树立环保优先的理念，摒弃急功近利、唯GDP论英雄的陈旧观念；需变过去粗放式的、依靠能源资源消耗增加经济总量的增长方式为高效节约、结构合理、实践创新、理论创新、制度创新、绿色环保的发展方式，以尽可能少的资源投入和污染排放实现经济增长；需加快新型工业发展，立足优化产业结构推动发展，提高新型工业技术水平，实现工业由弱变强。

环境状况是影响人们幸福程度和经济福利的主要因素，但GDP统计中无法正确反映这些因素。目前，我国钢铁年产量已突破10亿吨，为我国带来了巨大的经济效益。但世界范围内，钢铁产能过剩危机、环境污染严重等仍是现

存的主要问题，为此，我国钢铁行业大力推进绿色低碳转型，落实碳达峰实施方案，统筹减污降碳协同治理。同时，支持企业提高绿色能源使用比例，全面推动钢铁行业超低排放改造，实现高效节约、结构合理、绿色环保的经济增长方式，在确保生态环境良好的基础上促进经济可持续发展。

（二）落实创新驱动发展战略，以技术创新支撑钢铁行业绿色低碳发展

科技创新是提高社会生产力和综合国力的战略支撑，必须摆在国家发展全局的核心位置。把创新驱动发展作为面向未来的一项重大战略实施好，就能够推动以科技创新为核心的全面创新，对我国提高经济增长的质量和效益、加快转变经济发展方式具有现实意义。同时，其对降低资源能源消耗、改善生态环境、建设美丽中国具有长远意义。

与自然社会和谐友好共存是钢铁工业可持续发展的必要条件，低碳绿色发展是钢铁工业实现转型升级高质量发展的关键。为此，钢铁行业主动作为，以科技创新赋能绿色发展，重点开发应用了一批节能环保新技术、新设施，大力推进超低排放改造，取得显著成效。2020年底，重点统计钢铁企业平均吨钢综合能耗、吨钢二氧化硫排放量、吨钢烟粉尘排放量已明显下降。一些钢铁企业在污染物治理设施应用和单位排放强度方面已达到世界先进水平，涌现出一批绿色花园式工厂、清洁生产环境友好型工厂。

（三）深化供给侧结构性改革，以智能制造为钢铁业高质量发展助力

供给侧结构性改革，即从提高供给质量出发，用改革的办法推进结构调整，矫正要素配置扭曲，扩大有效供给，提高供给结构对需求变化的适应性和灵活性，提高全要素生产率，更好满足广大人民群众的需要，促进经济社会持续健康发展。着力加强供给侧结构性改革，提高供给体系质量和效率，对于增强经济持续增长动力、推动我国社会生产力水平实现整体跃升具有重要意义。我国钢铁业通过供给侧结构性改革，已经具备高质量发展的基础。产能过剩曾经是钢铁行业发展的一大顽疾，在供给侧结构性改革中，钢铁行业着力化解过剩产能，使行业供求矛盾得到巨大缓解，也为全行业的高质量发展奠定了良好

基础。

智能制造是推动传统制造业质量变革、效率变革、动力变革、实现高质量发展的重要引擎,将智能化融入钢铁制造和运营决策过程,做到精准、高效、优质、低耗、安全、环保,全面提升发展水平,实现钢铁业高质量发展已经成为共识。目前,钢铁业正在积极探索转型升级方案,加速布局智能化钢铁制造。在智能车间、智慧矿山、大规模定制等方面,钢铁业布局了多个智能制造试点示范和新模式项目,有效提高了生产效率、产品质量和企业经营管理水平。钢铁企业纷纷聚焦集控技术、智能装备技术、大数据技术、人工智能技术、移动物联网技术、工业网络安全技术、虚拟制造技术等技术的研究,并探索在研发、能源管控、质量控制、运行管理等方面的应用。

三、案例使用说明

(一)教学用途与教学目标

1. 教学用途

本案例可用于"经济学原理"课程中"国民收入核算"相关理论教学。

2. 教学目标

(1)知识目标。

① 理解概念:GDP。

② 掌握理论:GDP 的概念缺陷。

(2)能力目标。

① 举一反三能力。通过对本案例的学习和分析,让学生了解 GDP 是衡量国民经济总值的重要指标,对 GDP 这一概念有更深刻的认识,并学会运用经济学理论分析其他类似的经济现象。

② 理论运用能力。通过学习案例中包含的理论知识,并将其与身边的现实经济情况相结合,让学生了解到 GDP 并不是万能的,它在某些程度上有一定缺陷(如 GDP 无法衡量商品的质量和品质及其对环境的影响),从而提高其对于专业知识理论的运用能力,以便更好地将理论与实践相结合,并合理运用到实践中。

（3）素质目标。

通过对案例的学习和分析，提高学生的全面素质，包括思想道德素质、科学素质、文化素质、身心素质等，增强其社会责任感。提高思想道德素质，是指引导学生树立爱国主义情怀和宏伟志向；提高科学素质，是指指导学生学习宏观经济学前沿理论知识，提高其科学钻研、独立思考的能力；提高文化素质，是指培养学生爱护环境的绿色人文道德修养；提高身心素质，是指让学生明白经济学知识与社会生活息息相关，吸引其关注时事热点，并从中体会经济学的乐趣。

（二）案例讨论的准备工作

（1）教师要求学生预习相关知识点，对 GDP 有初步了解。

（2）教师在课前发布简短案例，让学生查阅相关背景资料，并将其融入课堂案例进行分析。

（3）教师引导学生分析并运用 GDP 衡量国民经济总值的利弊，更好地理解 GDP 的概念，并且思考对其进行改善的对策。

（三）案例分析要点

1. 启发思考题

（1）为什么不能把 GDP 增长简单等同于发展？

（2）谁能取代 GDP？

（3）如何重塑钢铁业高质量发展格局？

2. 分析思路及参考答案

（1）为什么不能把 GDP 增长简单等同于发展？

一些地区以 GDP 增速论英雄，一味追求过快的 GDP 增长速度，即把 GDP 增长简单等同于发展。从 GDP 指标的缺陷中可以看出，GDP 计算的是经济增长，而发展除了经济增长，还包括经济结构的优化、质量效益的提升、社会福利的改善等。增长是量的概念，发展是质的概念，有发展一定要有增长，但有增长不一定有发展。

（2）谁能取代 GDP？

20 世纪 70 年代以来，国际上对于 GDP 存在的各种缺陷逐渐有了深入的认识，不断有学者和机构提出正确衡量发展状况的新指标。

① 净经济福利指标。1972年，美国学者詹姆斯·托宾和威廉·诺德豪斯共同提出该指标。他们主张把城市中的污染、国防开支和交通堵塞等经济行为产生的社会成本从GDP中扣除，同时加入传统上被忽略的经济活动，如休闲、家政、社会义工等。

② 国内生产净值。1989年，以美国学者罗伯特·卢佩托为代表的研究人员提出国内生产净值的概念。他们主张将自然资源损耗成本从GDP中扣除。

③ 可持续经济福利指数。1989年，美国经济学家戴利与科布共同提出该指数。这套指数包含一些过去没有的内容。例如，它计算财富分配的状况，如果分配超出不公平的标准，必须被扣分；它还计算社会成本，如失业率、犯罪率；医疗支出等社会成本，也不能算成对经济有贡献。

④ 人类发展指数。人类发展指数于1990年由联合国开发计划署提出。这项指数最重要的突破是其认为国民所得在达到一定程度后，对人类带来的福祉、效益会逐渐递减；主张从人本观点出发，反对以GDP作为国家最终追求的目标。这项指数除了调整国民所得，还加了三项指标，即人口平均寿命、成人文盲比例、学龄儿童就学率。

⑤ 可持续发展指数。1995年，联合国环境署提出该指数。这套指数包含四大类：一是社会，二是经济，三是环境，四是政府组织、民间机构。综合这些方面可得出可持续发展指标的状况。

⑥ 绿色GDP。1997年，德国学者厄恩斯特·冯魏茨察克和美国学者艾默里·B.洛文斯及L.亨特·洛文斯共同提出了"在财富成倍增加的同时使资源消耗减半"的新理念，还提出了绿色经济和绿色GDP的新概念。

尽管目前对GDP指标的科学性存在广泛争议，但世界上的主要国家仍普遍习惯以GDP作为衡量一国经济发展情况的主要指标。

（3）如何重塑钢铁业高质量发展格局？

① 建立多元化原料供应体系，提高资源保障能力。稳定的原料保障体系是钢铁行业实现高质量发展的基石。要充分利用国内国际两个市场两种资源，建立稳定可靠的多元化原料供应体系。从国际看，要强化国内铁矿基础保障能力，应对供应风险。同时，扩大废钢替代产品利用，充分利用国际国内废钢资源，有利于减少对进口铁矿石的依赖度，同时减少能耗和碳排放，更好保障资源安全；从国际看，要加大海外矿产资源投资和开发力度，增加海外资源权益

比例，实现海外资源来源多元化，切实提高资源保障能力。

② 大力发展智能制造，培育产业竞争新优势。当前我国钢铁智能制造存在水平不一、标准待完善、软硬件供给质量不高等问题。因此，一方面，要加快构建钢铁行业工业互联网、5G 等新型基础设施体系，培育一批行业智能制造系统解决方案供应商；另一方面，要建设钢铁行业数据支撑平台，推动大数据在钢铁行业生产和经营中的应用，提高资源优化配置能力和智能决策水平。

③ 推进企业兼并重组，促进产业集中度提升。长期以来，产业集中度低、结构分散，导致钢铁工业在有序竞争、研发创新、节能降耗等问题上难以协同，制约了产业高质量发展。因此，从企业自身看，国有钢铁企业要结合自身发展战略，跨区域、跨所有制深度整合国内钢铁产业资源，努力打造世界一流超大型钢铁企业集团。同时，各细分领域的优势企业要在专业领域内实施兼并重组，打造专业化领航企业。从产业链看，要以钢铁企业为核心，与上游原材料供应商和下游客户建立跨行业、跨地区的联合重组，打造协同高效的产业生态圈。

四、教学组织形式

本案例的教学组织形式如表 10 所列。

表 10　"重塑钢铁产业高质量发展新格局"案例的教学组织形式

学习阶段	学习内容	时间安排	学习目标
课前	教师提前布置案例阅读任务，设立学习小组，让学生以小组为单位预习课本知识，了解 GDP 的概念、作用等相关知识，并了解 GDP 为什么不是万能的	提前 2 d	让学生初步了解 GDP 的相关知识，为案例分析做准备
课中	教师进行案例导入，利用多媒体展示案例内容，并设计提问，让学生带着问题再次阅读案例	5 min	让学生熟悉案例及案例提出的相关社会背景
	各小组针对问题进行交流，并派代表发言	5 min	将自学内容与案例相结合，提高学生自主学习能力

表10(续)

学习阶段	学习内容	时间安排	学习目标
课中	教师讲解案例中蕴含的相关知识和思政元素,说明GDP存在的缺陷,讲解结束后再次提问	10 min	让学生进一步明确相关知识点,并结合案例进行进一步思考与分析
	通过小组合作讨论,让学生根据案例和所学知识进行分析,并撰写案例分析报告	20 min	让学生运用理论分析问题,培养自身实践能力。案例分析报告成绩计入平时成绩考核
	教师随机选择2个自愿发言的小组的成员进行发言,并随机选择1个小组的成员发言,讲解报告内容,提出建议和见解	每组约5 min,总用时不超过20 min	锻炼学生的归纳总结能力、表达能力及解决问题的能力
	教师对各小组成员的发言分别进行点评,引发进一步讨论,最后结合思政元素和经济学理论进行归纳总结	20 min	让学生学会运用思政相关的理论去剖析经济学的理论和概念,并反思自己在案例分析中的不足及需要改进之处
课后	各组完善案例分析报告,在下节课前提交,对本节课所学的知识进行复习。教师在下节课上进行抽检提问	—	让学生巩固知识,增强记忆

五、总结

本案例可以让学生了解钢铁业与经济发展的密切联系。首先,通过课前与课堂学习,让学生理解GDP的概念、作用、核算方法等相关理论知识,了解GDP并不是万能的。例如,GDP按照市场价格计算,过分追求GDP,容易忽略产品的数量和质量;GDP根据一定时期内所生产而不是所售卖的最终产品核算,其反映存在缺陷;非市场活动不在GDP计算之列;创新能力、产业结构、资源利用效能、环境污染状况等难以被反映,容易造成粗放式发展。

其次,在了解相关社会背景、学习相关宏观经济学知识的前提下,在案例学习中，学生可以将理论知识运用于实践，提高分析、总结和解决问题的能力。通过学习和分析，学生也能获得新的认识，如了解绿色 GDP 的概念和 GDP 缺陷弥补的意义等；通过启发创新，让学生了解更好地发挥 GDP 的作用，能推动钢铁企业及其他企业的健康发展。通过学习，让学生能够更好地学会运用辩证唯物主义的立场和方法论去科学地认识经济事物和经济现象，认识到 GDP 存在缺陷。同时，在学习中能够全面提高学生的素质，包括思想道德素质、科学素质和文化素质，增强学生的社会责任感和爱国情怀。

最后，教师应敦促学生认真学习国家的政策方针和发展理念，深刻理解坚持科学发展观对于推动建设现代化经济体系的重要性和迫切性，使学生初步具备坚定不移贯彻创新、协调、绿色、开放、共享的新发展理念，认识到虽然要加快发展、加速发展，但不能低质量、破坏性、不可持续、不平衡、不和谐地盲目发展，要坚持可持续发展；树立建设美丽中国、人与自然和谐共生的基本理念，认识到实行最严格的环境保护政策、坚持绿色发展、加快生态文明体制改革对促进我国经济社会发展的重要意义。

参考文献

[1] 姜尚清.“十四五”钢铁工业科技创新方向：以绿色化和智能化为核心主题，瞄准关键短板发力[EB/OL].（2021-02-25）[2022-06-12].https://mp.zgkyb.com/m/news/31996.

[2] 钢铁业高质量发展有了路线图.[N].人民日报,2022-03-21(2).

案例参与人：赵洁思、王静怡、赵颂、马辰茜、张玉燕

正确认识凯恩斯消费理论,树立可持续消费观

——疫情背景下中国经济的复苏之路

一、案例正文

2022年是中华人民共和国成立73周年。改革开放40多年以来,中华民族实现了从站起来、富起来到强起来的惊人飞跃。各种消费数据突飞猛进的增长,见证了我国翻天覆地的消费变迁,具体体现在以下五个方面。

(1) 消费水平的变化。从20世纪60年代开始,老百姓的商品消费需求主要集中在购买"三大件"上,即自行车、手表、缝纫机;到20世纪80年代转变为购买家电、百货家具等;直至现在,商品房、高档汽车、智能电脑、智能电视、智能空调、智能手机等消费品已成为广大消费者的普遍需求。

(2) 消费结构的变化。消费结构的变化体现在人们用于吃、穿等基本生活需要的生存性支出逐年减少,而用于文化娱乐、休闲娱乐、美容美体、文化教育、住房、就医、养老、护理、保健、旅游等的服务性支出逐年增大。

(3) 个性化、多元化消费已经走进人们的生活。所谓个性化消费,就是依据个人的兴趣爱好来装点生活,如衣着款式、装饰装束,正在走向时尚化、个性化、名牌化;多元化消费是指消费对象不仅表现在物质产品,而且表现在精神产品,消费层次从消费生活必需品转向发展用品和享受用品,如远程课堂、远程医疗、信息服务、知识充电、心理咨询、动漫画及二次元文化、文学艺术、音乐、休闲等。各种新潮流消费充分展现了国人自主选择、自我发展的个性需求。

(4) 信贷消费成为居民的选择。其体现在居民开始倾向信贷消费,或者先消费再付款,如向银行借贷购买商品房、汽车、置业、经商等。

(5) 智能化、信息化、数字化的发展。其体现在新能源汽车、自动驾驶、

绿色智能家电品种增多，形成节能、环保、适用、灵活的消费需求结构。至于为什么注重可持续发展，则要引入马克思在《资本论》中所指出的"劳动过程是人和自然之间的物质变换过程，是人类社会所共有的理论，也同样适用于消费过程"这一观点。由此可以得出，为实现"统筹人与自然和谐发展"的理性消费和科学消费观，要促进自然生态的和谐发展，形成"福祉提高—保护环境—自然力和谐"的良性循环的积极消费观，把对自然改造范围、方式和程度限定在自然承载力之内的友好消费观，以及实现代内公平与代际公平的公平消费观。

近些年，受新型冠状病毒肺炎疫情的影响，我国居民的消费观念发生了很大的变化。

（1）谨慎的消费意识。人们不再像以前一样一味追求价格攀比或品牌符号，而是从需求出发，在消费限度内尽可能保证生活质量。主要表现为居民对食品饮料、居家用品等生活必需品仍保持较高购买率，而对珠宝玉石、家电产品等非生活必需品的购买率有所下降。

（2）可持续发展的消费理念。消费者环境保护意识有所提高，购买产品时更倾向于选择能够减少碳排放的产品和品牌。他们的生活重心和购买标准基于如何过上碳中和的生活来制订，更加关注什么行为可以减缓地球的温室效应。

（3）风险担忧意识。疫情影响下，居民实际收入减少，消费支出下降，许多家庭的收入在短期内波动较大，对于未来收入更倾向悲观预期。中国新闻网的调查结果显示，仅11.6%的参与者表示疫情结束后会进行报复性消费，近半数参与者提出要报复性存钱。短期来看，收入预期下降直接导致居民消费观念调整，理性消费意识凸显。

大学生群体的消费观念也随着疫情发生了很大的变化。《新冠疫情下大学生消费行为的变化——基于"蚂蚁花呗"使用数据的调查分析》一文指出，受新冠疫情影响，在家隔离期间，大学生的月均支出有明显的减少。以蚂蚁花呗为例，通过本次问卷调查结果可以发现，使用蚂蚁花呗的人数和消费的额度都有所减少，但是仍有42.7%的大学生在居家隔离期间使用蚂蚁花呗，除了日常饮食，衣物首饰是占比较多的一项支出。而对于未使用蚂蚁花呗的大学生而言，衣物首饰较生活用品来说处于次要位置。这说明部分大学生使用蚂蚁花呗并不单单是为了满足日常的支出，也是为了达到更高的消费水平。即使在新型冠状病毒肺炎疫情下，收入不可避免地减少，其消费类型的变化仍然不大，这是因为消费行为往往受到消费心理的影响。个别大学生将从信贷产品中借来的钱毫不吝啬地花在享受型消费上，这种攀比消费心理需要引起人们的重视。

本次调查结果显示：49.6%的被调查大学生认为网贷是有害的，认为网贷会导致不理智的过度消费行为增加；仅有19.2%的被调查大学生认为网贷是有利的，觉得理智的超前消费可以使资金安排更合理；剩下的大学生则持中立态度，认为网贷所造成的影响不大。在调查大学生使用蚂蚁花呗的原因时，不难发现，如蚂蚁花呗这类信贷产品办理手续简单、无须抵押，并且有时候会有一定的优惠，在大学生当前收入不能满足消费时，蚂蚁花呗这类信贷产品可以较为快捷地解决燃眉之急。

二、案例的思政元素

（一）量入为出，拒绝盲从，做新时代理性消费者

消费观是指人们对消费水平、消费方式等问题总的态度和看法，是经济生活的重要组成部分。作为一种观念，消费观是社会经济显示在人们头脑中的反应，又会反作用于社会经济，对社会经济的平稳运行和持续健康发展具有重要意义。理性消费观大致分为四种：量入为出，适度消费；避免盲从，理性消费；保护环境，绿色消费；勤俭节约，艰苦奋斗。

在国内疫情得到控制后，"报复性储蓄"一度成为社会主潮流。年轻人作为消费信贷主力军，也逐渐转变消费观念，很多年轻人不再高消费，迷恋奢侈品，他们花钱更精打细算，以实际为主，并以"量入为出"为消费主要观念，减少了盲从消费和攀比心理，从个人实际需要出发，把消费控制在自己的经济承受能力范围之内，更加勤俭节约、理性消费。

作为大学生，消费自主是大学生活转变的重要一环。尤其是当疫情对人们的正常生活秩序造成冲击时，大学生如何树立正确的消费观、守牢消费底线，就显得尤为重要。大学生活异彩纷呈，大学生需时刻坚守本心，理性消费，不能盲目攀比；量入为出是重要标准，不可过分透支生活费用，要学会合理规划，学会自我理财。

（二）坚持社会主义市场经济，坚定社会主义道路自信

道路自信就是对发展方向和未来命运的自信。改革开放以来，我国总结历史经验，不断艰辛探索，终于找到了实现中华民族伟大复兴的正确道路——坚持中国特色社会主义，并取得了举世瞩目的成果。道路问题就是立场问题，是方向问题，是未来发展问题。只有确定未来发展方向的基调，才能建起万丈高楼。坚定道路自信，就要坚持发展社会主义市场经济。

改革开放以来，我国摒弃计划经济体制，破除平均主义桎梏，选择了社会主义市场经济，通过价格和竞争机制更好地配置资源，使经济生活遵循价值规律，让人们消费生活的方方面面都发生了根本性的变化。经济发展使人们的收入逐渐增长、消费结构不断转型升级、消费水平不断提高，从对温饱的追求不断转变为对美好生活品质的需要。我国从改革初期的万般艰难一步步发展成为如今的世界第二大经济体，都离不开坚定的道路自信。不管是过去的改革实践经验，还是未来疫情防控下的经济发展，都必须坚持道路自信不动摇。

三、案例使用说明

（一）教学用途与教学目标

1. 教学用途

本案例可用于"经济学原理"课程中"凯恩斯有效需求"相关理论教学。

2. 教学目标

（1）知识目标。

① 理解概念：凯恩斯的有效需求理论。

② 掌握理论：凯恩斯消费理论中收入是决定消费的重要因素、边际消费倾向递减规律。

（2）能力目标。

① 举一反三能力。通过对本案例的介绍，让学生充分了解凯恩斯消费理论如何对我国经济产生影响，对凯恩斯消费理论这一概念有更深刻的认识，并运用所学知识分析其他类似的经济现象。

② 理论运用能力。教师通过讲解案例中包含的理论知识，并将其与现实经济情况相结合，让学生了解到收入对经济的影响及边际消费递减规律对我国经济的影响，从而能够将理论运用于实践。

（3）素质目标。

通过对案例的介绍，让学生体会凯恩斯消费理论对我国经济发展的重要作用，吸引学生关注时事，并从中体会经济学的乐趣。

（二）案例讨论的准备工作

（1）教师要求学生预习相关知识点，对凯恩斯消费理论有初步了解。

（2）教师在课前发布简短案例，让学生查阅相关背景资料，并结合课堂案例进行分析。

（3）教师引导学生分析凯恩斯消费理论对我国经济发展的影响，使学生更好地理解凯恩斯消费理论的重要性，并且思考改善消费理论的对策。

（三）案例分析要点

1. 启发思考题

（1）结合案例与所学宏观经济学理论，分析凯恩斯消费理论和马克思消费理论的区别。

（2）结合案例与所学宏观经济学理论，分析当代大学生应该如何树立正确的消费观。

2. 分析思路及参考答案

（1）结合案例与所学宏观经济学理论，分析凯恩斯消费理论和马克思消费理论的区别。

理论知识：凯恩斯消费理论。

基于1929—1933年生产过剩大危机的现实及对消费理论史的考察和研究，凯恩斯首次系统地提出了消费不足会导致经济危机的理论（以下简称消费不足危机论）。在消费不足危机论的基础上，他提出了刺激消费、拉动内需的政策主张，具有一定的进步意义。但是，凯恩斯消费理论既有正面的、可取的、积极的意义，也有负面的、谬误的及易于引起歧义的消极作用。改革开放四十多年来，我国人民生活从温饱不足发展到小康和富裕水平，其消费生活的方方面面也都发生了根本性的变化。受凯恩斯消费理论积极方面的推动与影响，我国经济正在稳步向前地快速发展。我国也从生产社会转变为消费社会，消费日益成为影响经济社会发展的关键力量。

但凯恩斯认为，根源于有效需求不足的非充分就业均衡，是市场经济的常态。在封闭经济中，有效需求由消费需求和投资需求构成。消费需求是个人可支配收入的函数，收入与边际消费倾向（MPC）共同影响着消费量。当整个社会实际收入增加或减少时，该社会的消费也会增加或减少，但后者的增加或减少不会像前者那么快，使边际消费倾向递减，社会消费需求总量小于供给总量。如果没有足够的投资诱导填补亏空，必然出现产品滞销、工人失业的生产过剩经济危机，即消费不足危机论。为了避免消费不足引发的经济危机，凯恩斯提出政府不能甘当"守夜人"的观点，他认为，"对于消费倾向，国家要通过赋税制度、利率的涨落，以及其他手段来施加引导作用"。政府应实施不断为流通领域注入更多购买力的刺激消费政策，以带动经济增长。然而，随着我国经济水平的不断提高，凯恩斯消费理论下消费不足的危机论也逐渐显现，异化消费的生态负效应也使我国生态环境恶化不断加剧，对经济的支撑力日渐脆弱。

"浪费式举债支出"的确可以在短时期内刺激经济，提高民众的边际消费倾向，但是这种消费方式是不可持续的，无论是短期还是长期都贻害无穷。马克思曾有力地对消费异端所包含的过度消费进行过批判，指出享受过消费的人，"一方面，仅仅作为短暂的、恣意放纵的个人而行动，并且把别人的努力劳动、人的血汗看作自己的贪欲的虏获物，因而把人本身——因而也把他本身——看作毫无价值的牺牲品。他把人本质力量的实现，仅仅看作自己放纵的欲望、古怪的癖好和离奇的念头的实现"。因此可以得出，凯恩斯消费理论和马克思消费理论的根本区别就是人们在不断通过消费这一手段促进经济发展的同时，是否以"浪费资源""破坏生态环境"为代价。人类如何合理地运用马克思的这种消费理论来弥补凯恩斯消费理论中的消费不足危机论，是推动世界经济健康可持续发展的重要选择。

（2）结合案例与所学宏观经济学理论，分析当代大学生应该如何树立正确的消费观。

正确认识凯恩斯消费理论，树立可持续消费观——疫情背景下中国经济的复苏之路

凯恩斯在 1931 年 1 月 14 日的一次广播讲话中断言"节俭会造成贫困的恶性循环"，他还说，"如果你储蓄 5 先令，将会使一个人失业一天"，"当非自愿失业存在时……想不出更好的办法，那么建造金字塔、地震，甚至战争都可以起到增加财富的作用"。尽管凯恩斯的这些极端论断，正如高鸿业先生指出的"目的在于讽刺那些受到传统观点束缚的英国财政部官员，而且是就当时失业和危机非常严重的时期而言"，但是，这种异端的消费观念却是与当今倡导的生态文明建设和可持续发展的理念格格不入的。

大学生是国家和民族的未来与希望，是承载民族发展、国家繁荣的中坚力量，是实现中华民族伟大复兴的中国梦的生力军。列宁说过："真正建立共产主义社会的任务正是要由青年来担负。"然而在市场经济崇尚个性发展大潮的影响下，当代大学生的消费观念开始发生变化，不良的消费行为日益增加。

当代大学生作为社会消费的一个特殊群体，有着鲜明的消费特点：无稳定经济收入，消费来源单一，有着比较旺盛的消费需求。客观地讲，大学生消费的主流还是理性的，但如今越来越多不健康的消费观念和行为在大学生群体中滋生、蔓延，情况不容忽视。现今大学生的消费行为呈现出精神消费与物质消费失衡、消费的多元化与消费来源的单一化、消费结构不合理等特点；还较为普遍地存在追求时尚名牌和高消费、盲目消费、攀比消费、超前消费的心理。不良的消费观不仅会给家庭带来巨大的经济负担，而且会严重影响大学生正确的世界观、人生观、价值观的形成。积极引导大学生形成正确健康的消费观已刻不容缓。

大学生形成不健康消费观念的因素有很多，如社会环境的影响、家庭消费教育不当、学校消费观教育的缺失和大学生的个人因素。切记不能因为这些影响而使大学生的消费观念落入凯恩斯消费危机不足论中，应当正确发挥凯恩斯消费理论正面的积极作用，并结合马克思合理消费的消费理论。因此，要树立大学生正确的教育观念，需要多管齐下。第一，要加强社会对大学生消费观的引导和教育，利用大众传媒和网络资源加强宣传；第二，家长要重视孩子正确消费观的养成，关心引导孩子的消费，以身作则，为孩子树立正确的榜样；第三，学校要加强对学生消费观念的教育，把消费观念的培养引入课堂，加强校园文化建设，创造积极健康的消费环境；第四，大学生自己要培养积极、友好和公平的消费观，适度地积极消费。

四、教学组织形式

本案例的教学组织形式如表 11 所列。

表 11 "正确认识凯恩斯消费理论，树立可持续消费观"案例的教学组织形式

学习阶段	学习内容	时间安排	学习目标
课前	教师要求学生以小组为单位预习教材中有关凯恩斯消费理论的内容，了解疫情背景下人们消费模式的改变	提前 2 d	让学生熟悉案例相关理论，了解当下经济新闻
课中	教师进行案例导入，展示案例内容，学生再次阅读案例	15 min	让学生熟悉案例及案例提出的相关社会背景
课中	教师对学生进行分组，让学生在课堂上分组讨论分析案例	15 min	让学生通过自学，尝试用凯恩斯经济理论分析现实问题。将案例分析报告成绩作为平时成绩考核依据
课中	教师针对学生的回答进行讲解，将思政元素与课程内容有机结合。讲解结束后，设计提问环节，提高学生对于思政要素的认可度	20 min	让学生结合前期自学内容进行查漏补缺，提高对知识的掌握程度及自学能力
课中	教师随机选择 2 个小组的成员进行案例分析展示	每组 10 min，总时长不超过 20 min	锻炼学生的小组合作能力、表达能力和解决问题的能力
课中	教师对小组的发言进行简单的点评，最后进行归纳总结，引导学生树立正确的消费观，关注思政元素、凯恩斯理论和案例分析的结合	20 min	让学生运用思政元素剖析经济学知识，启发学生利用经济学理论指导行为，树立正确的消费观
课后	各组撰写案例分析报告，对所学知识进行复习	—	让学生巩固知识，增强记忆

五、总结

通过教师对本案例的讲解，让学生能够运用凯恩斯消费理论去科学认识经济事物和经济现象：由于消费需求和投资需求所构成的总需求不足以实现充分就业，有效需求往往低于社会的总供给水平，导致人们的收入减少，商品无法卖出；人们消费欲望不强烈，进一步造成经济萧条。根据消费不足而带来的经济萧条，凯恩斯提出了刺激消费、拉动内需的政策主张，在一定程度上是具有积极意义的。但是，凯恩斯消费理论既有正面的、可取的、积极的意义；也有负面的、谬误的、易于引起歧义的消极作用。

学生还应认识到要解决因为消费不足导致的经济不景气问题，政府必须要进行宏观调控，运用积极的财政与货币政策，以确保足够水平的有效需求和实现充分就业。要促进经济的进一步增长，应该坚持三个消费观：一是积极的消费观，二是友好的消费观，三是公平的消费观。当代大学生应该树立正确的消费观，培养积极的消费观、友好的消费观和公平的消费观，适度地积极消费。

当前，国内外形势更加错综复杂，不稳定不确定因素有所增加，要引导学生深入学习贯彻习近平新时代中国特色社会主义思想，贯彻落实新发展理念，加快建设现代化经济体系，积极顺应和把握消费升级大趋势，完善促进消费的体制机制，进一步增强消费对经济发展的基础性作用，推动实现经济高质量、更有效率、更加公平、更可持续的发展。

参考文献

[1] 胡本成. 70年回首 看新中国消费变迁[J]. 人民法治, 2019（20）: 114-117.

[2] 凯恩斯. 通治[M]. 北京: 商务印书馆, 2005: 133.

[3] 凯恩斯. 就业、利息和货币通论[M]. 北京: 商务印书馆, 2001: 101.

[4] 纪玉山. 正确认识凯恩斯消费理论确立与生态文明相和谐的消费观[J]. 税务与经济, 2008（1）: 1-5.

[5] 王慧琳. 新冠疫情下大学生消费行为的变化：基于"蚂蚁花呗"使用数据的调查分析[J]. 特区经济, 2022, 397（2）: 153-156.

[6] 商务部研究院课题组. 2020年中国消费市场发展报告：新消费成为

引领国内大循环重要动力[EB/OL].(2020-12-13)[2022-09-17]. https://www.caitec.org.cn/n6/sy_xsyj_yjbg/json/5610.html.

案例参与人：叶全、张文静、刘梦宸、曾庆建、熊祉阳、曾灵毓

辩证长远看发展，打赢经济战"疫"
——基于凯恩斯+熊彼特的理论组合分析

▶▶ 一、案例正文

2020年以来，新型冠状病毒肺炎疫情的持续不可避免地对我国经济社会造成较大冲击，消费、投资、出口等各个领域都受到了影响。世界正在经历百年不遇的大变局，历史多次证明，大灾大难的关头，往往是加速改革、推动经济跨越式进步的重大机遇。因此，经济战"疫"切忌头痛医头、脚痛医脚，那不是应对而是应付。经济战"疫"最有效的方式是以看清大局为前提，依据我国经济高质量发展的"战略诉求"，把短期经济拉动措施与长期经济社会发展目标相结合，让灾难变成加速改革的机遇，并通过加速改革，释放经济潜力，自然填平疫情带来的经济凹陷。

习近平总书记在统筹推进新型冠状病毒肺炎疫情防控和经济社会发展工作部署会议上指出，越是在这个时候，越要用全面、辩证、长远的眼光看待我国发展。目前来看，在党坚强有力的领导下，疫情防控形势持续向好的态势正在拓展，各地正统筹推进疫情防控和经济社会发展，积极稳妥推进复工复产，生产生活秩序有序恢复，经济正逐步回归正常轨道。以互联网经济为代表的新产业、新业态、新模式表现亮眼，不仅在疫情防控、物资调配、民生保障等方面大显身手，而且推动了新动能形成较快成长的态势。总体来看，疫情的影响是局部的、暂时的，总体上是可控的，我国经济长期向好的基本面没有变，长期向好的趋势没有变。

改革也需要理论突破。经济实践在不断发展，经济理论也应与时俱进。众所周知，凯恩斯的《就业、利息和货币通论》没有涉及跨国的贸易和投资，主要介绍IS-LM模型，后来扩展到开放条件下的IS-LM-BP模型，加入了国际收支均衡作为第三个条件，成为开放宏观经济学分析的基础模板。经济在各种要素、技术和制度等的组合下产生一个潜在的 GDP 水平，而实际中遇到的各种负面冲击会使实际增长率偏离这种潜在的产出水平。每一次负面的大冲击就是短期总需求的萎缩带来的经济偏离潜在的水平过多，需要政策刺激短期总需求，凯恩斯理论的经济政策是解决短期总需求不足的基本疗法。

经济学家熊彼特认为，创新就是要建立一种"新生产函数"，即生产要素需要重新组合，要把一种从来没有的关于生产要素和生产条件的"新组合"引进到现有的生产体系，企业家的职能就是实践创新、理论创新、制度创新，在创新中推动经济增长。熊彼特提出了五种形式的创新：采用一种新产品、采用一种新方法、开辟一个新市场、寻找投入品的新来源、实现一种工业的新组织。可见，熊彼特的创新理论是主要是生产理论，聚焦于创新驱动质变，有提高经济潜在的 GDP 水平的意思。

从我国 2008—2009 年和疫情后 2020 年的刺激政策来看，2008—2009 年的总需求刺激政策更多考虑了凯恩斯主义的刺激政策，宽松的财政和货币政策让大量的货币进入传统产业，如房地产行业。当然，房地产行业产业链长，虽然有助于就业，但其也涉及水泥、钢铁等传统行业，结果带来了产能过剩和"僵尸"企业问题，还催生了影子银行及房价泡沫等；2020 年这一次的刺激总需求的政策明显不同，刺激政策中更多体现出创新因素，典型的就是我国经济的"新基建"。"新基建"是指以 5G、人工智能、工业互联网、物联网为代表的新型基础设施建设，其大多数是信息化、数字化的基础设施，本身处于创新行业，也是未来其他行业进一步创新的平台。

在当前国际环境复杂多变的背景下，来自发达经济体的各种贸易摩擦、技术禁售等，都是为了维持自己在国际市场竞争上的有利位置。因此，改善营商环境、激励和保护企业家创新精神是在扩张性经济政策刺激总需求的同时，要继续坚持和强化的发展战略。

二、案例中的思政元素

（一）经济战"疫"要以全面、辩证、长远的眼光看待我国发展

2020年，突如其来的疫情严重冲击了我国的经济发展，使我国经济陷入了自2008年以来最严重的经济低谷，即便如此，仍要以全面、辩证、长远的眼光看待我国的经济发展格局。当前，疫情给我国经济系统中嵌入了新的因素，所以既要从整体出发来看待我国经济格局，也要看到局部的细节。要从短期经济拉动与长期经济社会发展两方面入手，看清我国经济发展的大局，找到一个系统的抓手，这也是国家治理能力现代化与深化经济治理改革的题中应有之义。

凯恩斯理论的核心就是总需求。刺激投资是提高总需求，投资什么行业也决定未来一段时间生产增长的方向。投资到技术创新的行业，当前总需求的扩张政策就形成未来的创新行业的产能；投资到传统行业，当前总需求的扩张政策就形成未来传统行业的产能。不论是采用财政政策刺激（如税收激励、补贴等），还是采用货币政策刺激（如更低利率的信贷等），刺激当前总需求的宏观政策方向将在一定程度上决定未来产业发展的方向。同时，要扩大对外开放，加强与世界各国的精诚合作。世界潮流浩浩荡荡，在开放条件下，刺激短期总需求的政策与长期增长（创新）的有机结合就显得尤为关键。在开放条件下，国际竞争是任何一个经济体要直面的问题。要想在竞争中有自己的位置，对绝大多数经济体来说，其核心便是技术。技术来自持续的大众创业、万众创新，它是带来增长最重要的源泉。疫情虽然给经济运行带来明显影响，但我国经济有巨大的韧性和潜力，长期向好的趋势不会改变。当前和未来一段时间，要按照中央的部署要求，统筹做好疫情防控和经济社会发展工作，始终坚持高质量发展，坚定不移贯彻新发展理念，深化供给侧结构性改革，打好"三大攻坚战"（防范化解重大风险、精准脱贫、污染防治），全面做好"六稳"（稳就业、稳金融、稳外贸、稳外资、稳投资、稳预期）工作，发挥各方面积极性、主动性、创造性，把疫情影响降到最低，要充满信心地、全面地、以发展的眼光去看待我国经济发展道路。

（二）通过加速改革，释放经济潜力，填平疫情带来的经济凹陷

疫情虽然给我国经济带来了阵痛，但要辩证地看待这个问题，要从疫情中看到机遇。这次疫情让我国意识到，经济结构还需更深一步改革，经济格局还要进一步优化。根据凯恩斯理论，我国为加速经济发展可采取更为积极的经济政策，一方面，进一步减轻中小微企业的税收负担，并宣布降息、降准，切实降低企业融资成本并且直接补贴企业；另一方面，加强对教育和公共卫生基础设施项目的投资，增加总需求，刺激经济发展。

全球已经进入了高强度的经济增长竞赛期。世界经济的多极化是全球共同参与治理的基础。经济基础决定上层建筑，要在全球竞争中获得更高质量的经济增长，就要参与全球竞争，创新即本源。一些发展中经济体虽然拥有不错的资源禀赋，但因其创新能力不足，经济发展缓慢。若要把创新发展放在更加重要的位置，首先要坚持实践创新、理论创新、制度创新，不断完善重大疫情防控举措，健全国家公共卫生应急管理体系，提高应对突发重大公共卫生事件的能力。其次，要坚持技术创新，加大科研攻关力度。以疫情为例，要科学论证病毒来源，尽快查明传染源和传播途径，加大试剂、药品、疫苗研发支持力度，推动生物医药、医疗设备、5G网络、工业互联网等加快发展，加大科技创新水平，努力建设创新型国家。最后，要坚持政策创新。要在做好防控工作的前提下，全力支持和组织推动各类生产企业复工复产，保持产业链总体稳定。

因此，在开放的视野下，刺激性的政策要在扩大短期总需求的同时兼顾长期的国际竞争发展战略，这也使得刺激总需求的经济政策有了新的含义，这个新含义就是在刺激总需求的同时要充分考虑当下和未来的产业创新。在刺激总需求的政策中体现了更多的创新因素，如"新基建"。"新基建"体现了要在提升总需求的同时促进创新发展的战略。当然，遵循市场财务纪律约束的"新基建"是最佳的。疫情防控和恢复经济，是一个事物的两个方面，需要辩证地看待，既不能顾此失彼，也不能不分轻重缓急，需要统筹协调、有力有序地做好各项工作。必须以习近平新时代中国特色社会主义思想为指导，贯彻新发展理念，推动经济发展质量变革、效率变革、动力变革，更好地实现经济高质量发展。

三、案例使用说明

（一）教学用途与教学目标

1. 教学用途

本案例可用于"经济学原理"课程中"凯恩斯国民收入决定理论"教学。

2. 教学目标

（1）知识目标。

① 理解概念：两种市场均衡——商品市场的均衡和货币市场的均衡。

② 掌握理论：

• 商品市场均衡是指国民收入均衡，产品的供给和需求相等，实现商品市场均衡的必要条件是 $I=S$（投资＝储蓄）；

• 货币市场均衡是指货币的需求与供给达到均衡状态，实现货币市场均衡的条件是 $L=M$（货币需求＝货币供给）；

• 实现两种市场均衡，要求政府干预经济，通过一定措施来调节利息率和国民收入水平；

• 根据有效需求理论，刺激消费，提高社会的边际消费倾向；

• 刺激投资，了解流动性偏好对资本边际效率和利率的影响。

（2）能力目标。

① 举一反三能力。通过对本案例的介绍，让学生充分了解凯恩斯的两种消费理论是如何对我国经济产生影响的，对凯恩斯两种消费理论这一概念有更深刻的认识，并学会分析其他类似的经济现象。

② 理论运用能力。通过讲解案例中的相关理论知识，让学生了解到商品市场与货币市场同时均衡才能保证充分的就业与物价的稳定，从而使整个国民经济稳定、均衡地发展，引导学生将理论运用于实践。

③ 融会贯通能力。通过介绍本案例，让学生充分系统地理解凯恩斯的两种消费理论，能够将以往课程中 GDP、凯恩斯消费理论等知识融会贯通，系统地掌握凯恩斯的相关理论，使学生牢固掌握经济学基础知识，为学习后面的课程奠定基础。

(3) 素质目标。

通过对本案例的学习,全面提高学生的素质,包括思想道德素质、科学素质、文化素质、身心素质等。提高思想道德素质,是指引导学生树立安全防护意识,配合国家防疫政策,正确对待新型冠状病毒肺炎疫情;提高科学素质,是指指导学生学习西方经济学中凯恩斯理论前沿知识,提高其科学钻研、独立思考的能力;提高文化素质,是指帮助学生树立正确的就业观,提高自身的就业能力;提高身心素质,是指让学生意识到经济学知识与社会生活息息相关,吸引学生关注时事热点,并从中体会经济学的乐趣。

(二) 案例讨论的准备工作

(1) 教师要求学生预习经济学原理中有关"两种市场均衡"的知识点,让学生对凯恩斯两种市场均衡理论有初步了解。

(2) 教师在课前发布简短案例,让学生查阅相关背景资料,并将其融入课堂案例进行分析。

(3) 教师引导学生运用凯恩斯两种市场均衡理论对我国在新型冠状病毒肺炎疫情期间的经济政策作用和影响进行分析,使学生深刻地认识到凯恩斯两种市场均衡理论的重要性。

(三) 案例分析要点

1. 启发思考题

(1) 如何将凯恩斯的扩大总需求理论及其政策和熊彼特的创新理论及其政策结合在一起?

(2) 我国应如何在新型冠状病毒肺炎疫情期间坚持经济高质量发展?

2. 分析思路及参考答案

(1) 如何将凯恩斯的扩大总需求理论及其政策和熊彼特的创新理论及其政策结合在一起?

凯恩斯的扩大总需求理论是短期总需求理论,熊彼特的创新理论是"新生产函数"的增长理论。其结合点就在于当下刺激总需求的政策措施中有一部分是生产性的,如投资行为。刺激投资在当下是提高总需求,但又构成了未来的生产能力,投资什么也决定未来一段时间生产增长的方向。

全球已经进入了高强度的经济增长竞赛期。世界经济的多极化是全球共同参与治理的基础,即经济基础决定上层建筑。要在全球竞争中获得更好的增长,就要参与全球竞争,创新即本源。可以看到,一些发展中经济体虽然拥有不错的资源禀赋,但其经济没有创新,因此在世界经济中也没有好的位置。因此,在开放的视野下,刺激性的政策要在扩大短期总需求的同时兼顾长期的国际竞争发展战略,才能使得刺激总需求的经济政策有新的含义,这个新含义就是刺激总需求的同时充分考虑、当下和未来的产业创新。

简言之,在经济总需求急剧下滑的时候,凯恩斯理论告诉人们怎么活下来;熊彼特理论则告诉人们怎么在未来的全球竞争中活得更好、活得更有品质。

(2)我国应如何在新型冠状病毒肺炎疫情期间坚持经济高质量发展?

我国若要在新型冠状病毒肺炎疫情期间坚持经济高质量发展,既不能顾此失彼,也不能不分轻重缓急,需要统筹协调,有力有序地做好各项工作。必须牢牢地以习近平新时代中国特色社会主义思想为指导,贯彻新发展理念,推动经济发展质量变革、效率变革、动力变革,更好地实现经济高质量发展。根据中央的有关部署,需要重点抓好以下六件事情。① 继续做好疫情防控工作,这是恢复经济工作的前提条件。② 有序推动生产企业复工复产,要建立与疫情防控相适应的经济社会运行秩序,使人流、物流、资金流有序转动起来,畅通经济社会循环。③ 把创新发展放在更加重要的位置。首先要坚持实践创新、理论创新、制度创新,其次要坚持技术创新。④ 深化对外开放和国际合作。⑤ 确保共享发展的理念落到实处。⑥ 要进一步加大民生托底保障力度,实施好就业优先政策,鼓励灵活就业,做好重点群体尤其是高校毕业生的就业工作。

四、教学组织形式

本案例的教学组织形式如表 12 所列。

表12 "辩证长远看发展,打赢经济战'疫'"案例的教学组织形式

学习阶段	学习内容	时间安排	学习目标
课前	教师提前布置案例阅读任务,并设立学习小组,让学生以小组为单位预习课本知识,了解凯恩斯理论等相关知识,以及凯恩斯理论视角下新型冠状病毒肺炎疫情时期的我国经济政策	提前2 d	让学生初步了解和学习凯恩斯理论的相关知识,为案例分析做准备
课中	教师播放PPT,结合视频、图片与数据进行案例导入,展示案例内容,让学生再次阅读案例	5 min	让学生熟悉案例及案例提出的相关社会背景
课中	教师讲解案例中蕴含的相关知识和思政元素	10 min	让学生明确相关知识点,并结合案例进行思考与分析
课中	通过小组合作讨论,让学生根据案例和所学知识进行案例分析,并撰写案例分析报告	20 min	让学生能够运用理论分析问题,培养自身实践能力。案例分析报告成绩作为平时成绩考核依据
课中	教师随机选择2个自愿发言的小组的成员进行发言,并随机选择2个小组的成员发言,讲解报告内容,提出建议和见解	每组约10 min,总用时不超过20 min	通过小组交流、头脑风暴的形式,尽可能地锻炼学生的归纳总结能力、表达能力
课中	教师对各小组成员的发言分别进行点评,最后结合思政元素和经济学理论进行归纳总结	20 min	让学生学会运用思政相关的理论,利用经济学知识分析社会现象与社会问题,并反思自己在案例分析中的不足
课后	各组完善案例分析报告,在下节课前提交,教师对本节课所学的知识进行回顾、鼓励学生持续跟进疫情期间我国的经济政策,并在下节课上进行抽检提问	—	让学生巩固知识,加深理解

五、总结

通过对本案例的学习，可以看到，当前新型冠状病毒肺炎疫情给我国经济带来了新的危机和挑战。通过学习的凯恩斯理论去分析此次疫情下我国的经济政策，不难看出，经济战"疫"需要做出一定改变。疫情对我国经济造成重大影响，在经济状况不容乐观的情况下，应对经济结构进行改革，对经济格局进行进一步优化，抓住机会及时整改、释放经济潜力。根据凯恩斯理论，应采取积极的经济政策刺激发展，基本概述如下。

凯恩斯理论认为，宏观经济趋势会限制个人行为，商品总需求的下降是经济衰退的主要原因，因此，凯恩斯认为，维持总体经济活动平衡的措施有助于在宏观经济水平上保持平衡供求关系。具体问题要具体分析，针对此次新型冠状病毒肺炎疫情中劳动力规模减小影响市场经济的情况，可以选择凯恩斯理论中的短期刺激的政策，即通过增加投资、刺激消费和增加需求，如遵循因地制宜、差异化防控的思想，根据当地经济条件采取灵活的政策、积极的财政政策，给予小微企业创业福利，以减轻其负担，进而促进经济发展。同时不能忘记稳定民众情绪，树立好政府威信，提升民众信心，共同打赢这场战"疫"。

参考文献

[1] 王俊梦. 凯恩斯理论视角下的中国经济政策：针对新冠肺炎疫情期间的政策分析 [J]. 商展经济，2020（3）：14-16.

[2] 王晋斌. 应对全球疫情冲击，我们需要凯恩斯还是熊彼特？[EB/OL].（2020-04-16）[2022-06-14] https://www.sohu.com/a/388373028_s100160903.

[3] 周跃辉. 在恢复经济中始终坚持高质量发展[EB/OL].（2020-02-26）[2022-06-14] https://m.gmw.cn/baijia/2020/02/26/33592391.html.

案例参与人：向婷婷、吴崇华、马一超、谢舒羽、任益

实践创新、理论创新、制度创新与应用是时代的呼唤

——基于供给侧结构性改革实践创新、理论创新、制度创新

≫ 一、案例正文

1936年，凯恩斯的《就业、利息和货币通论》出版，对传统的经济理论和经济政策提出了全面挑战和批判，建立了一个以政府干预为中心、以医治经济危机与失业为目标的完整的理论体系——凯恩斯理论，开创了现代宏观经济学。

凯恩斯理论以需求管理为核心，以政府干预和调节经济运行为前提，主张借助国家职能作用，增加有效需求，刺激投资，实现充分就业的均衡，缓解经济危机。凯恩斯理论经济政策的目标是充分就业、价格稳定、经济持续均衡增长和国际收支平衡，实现这些目标的经济手段就是国家采取的财政政策与货币政策。当经济发生衰退时，政府采用扩张性的货币政策和财政政策把资本主义市场经济从萧条中拯救出来；而当市场经济运行过热从而出现通货膨胀时，政府采用紧缩性的财政政策与货币政策则能够冷却过热的经济运行，从而抑制通货膨胀。通过这种扩张性的和收缩性的宏观政策的调节和控制，资本主义市场经济便可以避免有害的上下波动，获得稳定的发展。

凯恩斯理论最大的历史贡献，就是反映了现代化大生产客观上要求国家进行宏观协调和管理。以凯恩斯理论为基础的政府干预机制确实在一定程度上缓和了西方资本主义经济危机和矛盾，促进了战后新兴工业化国家的经济腾飞。

近年来，供给侧结构性改革成为我国经济界热词。有人认为，中央提出供给侧结构性改革表明我国放弃了凯恩斯理论经济政策，转向供给学派的主张。之所以会出现这种似是而非的观点，其实根本在于有些人习惯照搬套用别人的理论来分析自己的实践、解决自己的问题，未能真正做到实践创新、理论创

新、制度创新。

我国以前实行的经济政策并非凯恩斯理论。凯恩斯理论属于短期需求管理政策,主张在经济萧条时通过扩大投资刺激经济,但投资可能会是如同组织工人挖沟再填上这样的无效投资。而我国前些年的扩大投资,主要是投资基础设施建设、经济社会发展的薄弱环节等,既有利于当期扩大需求,又有利于经济社会长远发展,这已经超越了凯恩斯理论。我国作为最大的发展中国家,经济社会各方面还有很大发展空间,投资远未饱和,现在积极推进的供给侧结构性改革,也明显不同于供给学派的政策主张(供给学派主张从供给角度分析经济、稳定经济,主张减税,但反对政府干预经济、反对产业政策)。但同时,应当注意到,我国的供给侧结构性改革与强调更好发挥政府作用、产业政策要准也有着根本的不同,中央经济工作会议在提出供给侧结构性改革的同时依然强调适度扩大总需求,这也与"从凯恩斯理论转向供给学派"无太大关联。

可见,推进供给侧结构性改革,是适应和引领我国经济发展新常态的重大创新,而不是对别人的理论、做法的模仿翻新。如果认识不到这一点,就会误读中央决策部署,误导社会公众,造成不良后果。由此可见,立足自己的实践实现实践创新、理论创新、制度创新与应用相当重要。

二、案例的思政元素

(一)实践创新、理论创新、制度创新与应用,是国情使然、问题倒逼、时代呼唤

实践创新、理论创新、制度创新与应用,是国情使然。我国是历史悠久的大国,中华文明是世界上唯一没有中断并发展至今的文明。同时,我国是世界上最大的发展中国家、最大的社会主义国家、最大的经济体制转轨国家、最大的新兴市场经济国家。中国特色社会主义已经进入新时代,我国社会的主要矛盾也转化为人民日益增长的美好生活需要和不平衡不充分的发展之间的矛盾,但处于社会主义初级阶段的基本国情没有变。在这样的国家搞建设、搞改革、搞发展,照搬任何人的理论、模式、经验都是行不通的,必须从实际出发,走自己的路,实现理论的创新与应用。

实践创新、理论创新、制度创新与应用,是问题倒逼。今天,人类社会的

复杂程度远超以往，发展变化之快也远超以往，正向着多元化趋势发展。从国际看，世界多极化、经济全球化、文化多样化、社会信息化大潮奔涌向前；从国内看，新型工业化、信息化、城镇化、农业现代化和绿色化齐头并进。应对这种前所未有之大变局，解决全新的经济胁迫问题，老理论不管用，别人的理论不适用，必须做出自己的理论创新与应用。

理论的创新与应用，是时代呼唤。依靠创新推动实体经济高质量发展，培育壮大新动能。促进科技创新与实体经济融合，更好发挥创新驱动作用。科技创新推动经济社会发展的地位和功能更加突出。当今时代，新产品、新产业、新业态、新商业模式层出不穷，如3D打印、无人驾驶汽车、云计算等，这些新技术、新发明必将深刻改变人类社会。处在这样一个传统与现代快速更替的年代，只有不断实现实践创新、理论创新、制度创新与应用，才能赶上时代、走向未来。

（二）实践创新、理论创新、制度创新与应用，既要实事求是，又要站在巨人的肩膀上创新

实践创新、理论创新、制度创新与应用，并非闭门造车、另起炉灶，而是在吸收借鉴人类优秀文明成果的基础上，对新实践提出的新问题做出时代化、本土化的解答。支撑和推动我国经济发展，不可能从西方经济学中全部复制粘贴。

新常态下，结构调整是一种大逻辑、大格局、大趋势，是我国无法回避且必须进行的一场变革。结构性改革是改革的重头戏，也是考验我国经济能不能转型升级的关键。供给侧结构性改革这一重大创新不仅包含前人探索的成果，而且是立足我国经济发展新常态的实践创新、理论创新、制度创新与应用的前瞻性政策安排。它找准了当前我国经济下行压力加大的"病根"，即产能过剩严重、存在大量无效供给，而有效供给不足、供给结构不适应需求结构变化、无效供给占用着有效供给的资源；它开出了对症的"药方"，即进一步打破体制机制障碍，使市场在资源配置中起决定性作用，进而实现优胜劣汰、市场出清，提高供给的适应性和灵活性，提高全要素生产率，提高资源配置效率，推动经济转型升级。

三、案例使用说明

（一）教学用途与教学目标

1. 教学用途

本案例可用于"经济学原理"课程中"凯恩斯国民收入决定论"相关理论教学。

2. 教学目标

（1）知识目标。

① 理解概念：凯恩斯主义内容及其政策主张、供给侧结构性改革。

② 掌握理论：凯恩斯以总需求为核心的国民收入决定理论。

（2）能力目标。

问题分析能力与理论运用能力。通过对本案例的分析，让学生思考凯恩斯理论面对20世纪70年代石油危机让世界经济陷入"滞胀"困境而束手无策的原因及其体现出的经济学原理，使其将理论与实际现象相互结合，在分析中感悟资本边际效率递减规律，加深对凯恩斯理论第二心理规律的理解，提高其问题分析能力与理论运用能力。

（3）素质目标。

通过教师对本案例的分析讲解，让学生更加理解我国当前相关政策的实施意义，体会日常生活中的经济现象。

（二）案例讨论的准备工作

（1）学生通过课本、相关视频预习相关知识点，对凯恩斯理论的资本边际效率递减规律进行初步了解。

（2）教师在课前给学生发放相关的案例资料，让学生自行阅读，并进行相关的小组讨论。

（3）小组讨论完毕后，每个小组派出一名代表进行总结发言。

（4）教师对讨论结果进行点评与总结，引出资本边际效率递减规律，引导学生分析其重要性和影响。

（三）案例分析要点

1. 启发思考题

（1）凯恩斯理论为什么对 20 世纪 70 年代的世界经济"滞胀"束手无策？

（2）面对新型冠状病毒肺炎疫情，我国政府该如何创新性地应用凯恩斯理论促进经济发展？

2. 分析思路及参考答案

（1）凯恩斯理论为什么对 20 世纪 70 年代的世界经济"滞胀"束手无策？

经济"滞胀"是经济增长停滞和通货膨胀并存的状况，它和凯恩斯理论的经济政策有关。凯恩斯理论在 20 世纪 20 年代末的大危机之后开始流行，但到了 20 世纪 70 年代，西方国家的经济普遍陷入"滞胀"，人们又重新开始反思凯恩斯理论，英国、美国大幅推行了市场化改革，并且取得明显的效果。

凯恩斯理论追求的是总量目标，如为了达到充分就业和稳定增长的宏观目标，不断地采用货币政策刺激经济，这样就必然导致通货膨胀。当这些目标和经济效率出现矛盾时，凯恩斯理论会优先考虑前者，而牺牲后者，这就阻碍了经济的自发调整，使低效率的生产部门得以维持。在这种情况下，经济增长速度自然会放缓，但物价却在上涨。

持续上涨的物价会使经济增长的前景进一步恶化，一方面，它促使大量的资本从生产部门"逃逸"，进入投机性领域，也就是投资那些被认为有助于保值增值的资产，如房地产、黄金和古玩等；另一方面，物价上涨促使居民加大消费，减少储蓄。当居民储蓄减少时，可以用于投资的资本也减少了，这意味着企业家要付出更高的利息成本才能获得资金。这两方面的因素抑制了生产部门的资本积累，从而使得生产率下降、经济增长率降低。

凯恩斯理论是资本的杀手，对资本品生产部门非常不利，其表现为股市的低迷。资本的本质是追求利润，而凯恩斯理论却要求资本放弃这一点，转到服务于宏观目标，这就人为地使资本背离其本质属性。例如，为了充分就业而维持低效率的生产时，相关企业的资产收益率必然是不高的，甚至是亏损的，在这种情况下，这些企业的股价怎么可能有好的表现？所以，凯恩斯理论的经济政策貌似实现了经济增长和充分就业的目标，但付出的代价是很大的。事实上，为实现这些宏观目标付出这些代价是得不偿失的。例如，本来经济可以实现更快地增长，本来可以在更高的收入水平上就业，而这些代价由于"看不见"而被人忽视。

（2）面对新型冠状病毒肺炎疫情，我国政府应该如何创新性地应用凯恩斯理论促进经济发展？

凯恩斯理论虽然是在资本主义的框架内分析问题和解决问题的，但其倡导的政策取向是有一定科学性和合理性的，但更重要的是，这些政策措施绝对不是万能的，要时刻依据客观实际的变化适时调整、积极应对、主动出击。新型冠状病毒肺炎疫情使我国经济发展遭受重创，为有效应对疫情冲击，尽快使我国经济走出困局、步入健康发展轨道，当前很有必要借鉴凯恩斯理论的合理内涵，找寻促进我国经济回暖复苏之路。

① 精准化加大政府支出。凯恩斯理论关于加大政府支出、投资基础设施建设的建议，对疫情下的短期经济复苏具有积极的现实意义。如今，针对新型冠状病毒肺炎疫情暴发后折射出的医疗卫生体系建设存在的短板，政府应加大对公共医疗卫生事业的财政投入，促进公共医疗卫生事业的高速高质量发展。例如，政府可以建立更多的医疗中心，普及高质量医疗服务，把医疗服务落实到基层，以备不时之需，从而让疫情中出现的"人等床位"的问题不再重演，更好地实现分级诊疗。同时，疫情让人们看到了"智慧产业"的巨大潜力。除了在线医疗，办公自动化、5G技术、电子商务、线上教育等产业也都在疫情中崭露头角，有着光明的发展前景。为推动这些新支柱产业的发展，政府可以投资以信息化、数字化为核心的基础设施建设，提高经济潜在的增长率。

② 多措并举，促进民众消费需求稳步增长。凯恩斯指出，当有效需求（消费者与投资者的总需求）不足以购买社会生产的全部商品时，就会爆发经济危机。凯恩斯认为，实施怎样的经济政策要视国家经济情况而定，如当经济萧条时，就不应该像繁荣时期一样鼓励居民储蓄，而应当鼓励消费，从而实现商品出售和稳定就业的目的。

为鼓励消费、促进消费需求增长，政府一方面可以给予消费者一定补贴，提高其消费能力，如给中产阶级及以下的公民发放消费券；另一方面，可适当调整日常消费品价格，以适应疫情过后消费者下降的消费能力。同时，疫情结束后，政府可以适当增加假期，通过给予民众更多闲暇时间的方式，刺激民众的消费需求，促进休闲、娱乐、旅游等产业的回暖。

③ 发放补贴，减免税额，助力中小企业摆脱困境。由于不能按时复工复

产,许多中小企业的经营面临严重困难。为挽救诸多处于困境中的中小企业,一方面,政府可以通过减免税收等利好政策,帮助中小企业渡过难关;另一方面,政府也可以通过发放疫情专项补贴支持中小企业复工复产。同时,政府可通过倡导租金减免,对中小企业提供租金补贴政策。例如,对专注医药研发、抗疫物资生产的企业,政府还可提供额外的专项补助,支持其研发生产,以便更好地应对疫情、共克时艰。

④ 完善以促进就业为导向的各项措施。要应对疫情给实体经济造成的负面影响,让经济实现回暖复苏,就业状况必须得到高度重视,这与凯恩斯提出的"保证充分就业"的理念也是一致的。为促进就业,政府可采取多种措施。例如,鼓励灵活机动的线上办公模式,疫情期间,薪酬可由企业与员工商议敲定;对主动增加就业岗位的部分中小企业提供补贴和专项奖励;尽快推出大批公共建设项目,如公路铁路修建、水利设施建设、通信基站建设等,以吸收富余劳动力。

⑤ 为促进出口"架桥铺路"。新型冠状病毒肺炎疫情对我国的贸易出口产生了严重的负面影响。为尽快促进外贸企业复工复产,短期内政府可采取如下措施:为外贸企业定制专项补贴,增强其复产信心;提供防疫物资,为企业复工复产提供良好条件;在金融和税收方面为企业提供其他支持;等等。长期来看,政府应鼓励企业转型升级,改变企业在全球产业链中的地位,增强企业的竞争力和不可替代性。

四、教学组织形式

本案例的教学组织形式如表13所列。

表13 "实践创新、理论创新、制度创新与应用是时代的呼唤"案例的教学组织形式

学习阶段	学习内容	时间限制	学习目标
课前	教师提前布置案例阅读任务,并设立学习小组,让学生以小组为单位预习课本知识,了解有关凯恩斯投资理论的内容,并阅读相关文献	提前2 d	让学生初步了解什么是凯恩斯投资理论的"两难",了解中国的供给侧结构性改革和收入分配改革的理论及实践

表13(续)

学习阶段	学习内容	时间限制	学习目标
课中	教师展示案例,让学生阅读并思考	10 min	让学生了解案例提出的相关时代背景
	让学生以小组形式针对凯恩斯投资理论的"两难"展开讨论	15 min	让学生对凯恩斯投资理论的"两难"有进一步的了解
	教师具体阐释"两难"的含义并举例,引出我国目前针对"两难"的解决策略	20 min	让学生思考我国的供给侧结构性改革和收入分配改革
	教师随机选择3个小组的成员发表自己的看法	每组5~10 min,总时长不超过25 min	在展示中锻炼学生的表达能力,并了解学生对知识的掌握程度和运用情况
	教师对各小组成员的发言进行简单的点评,讲述案例中的思政元素,最后结合思政元素、凯恩斯理论进行归纳总结	20 min	让学生运用思政元素剖析凯恩斯经济理论,启发学生利用经济学理论解决现实问题
课后	鼓励学生在总结回顾本次案例学习的基础上,查找学习更多有关凯恩斯理论的案例,并有自己的见解	—	让学生巩固所学内容,拓宽学习广度

五、总结

通过对本案例的学习,让学生能够运用凯恩斯理论第二心理规律——投资边际效率递减规律去科学认识经济事物和经济现象。投资边际效率递减规律揭示了在生产领域中技术水平不变的情况下,当把一种可变的生产要素投入一种或几种不变的生产要素中时,最初,这种生产要素的增加会使产量增加,但当它的增加超过一定限度时,增加的产量将要递减,最终还会使产量绝对减少。换言之,随着厂商投资的增加,投资供给价格会随之上升,其成本也会随之上升,最终导致投资预期利润率下降;从另一角度来说,随着厂商投资的增加,产品数量会随之上升,市场中产品供给的增长会导致产品的价格下降,最终也会导致投资预期利润率下降。投资边际效率的递减使资本家往往对未来缺乏信心，从而引起投资需求的不足。

凯恩斯提出的投资边际效率递减规律，值得人们反省和思考。1929—1933年的美国经济危机是诸多因素作用的结果，凯恩斯理论在一定时期内起到了关键性作用。但随着时代的发展，新的经济危机已然出现，凯恩斯理论却已无能为力。面对此种情况，要结合中国特色社会主义进入新时代后的新情况进行反思与思考：进行理论创新时，既要实事求是、具体问题具体分析，又要立足历史视角、站在巨人的肩膀上创新。学习了投资边际效率递减规律后，更应该看清各种政策背后的经济缩影，清楚认识到生活中经济现象的成因，切忌管中窥豹。

参考文献

［1］任力. 马克思与凯恩斯投资理论的比较［J］. 当代经济研究，2009（7）：15-18.

［2］杨峰玉. 凯恩斯投资理论对我国分配政策的启示［J］. 经济师，2008（6）：40-41.

［3］朱富强，朱鹏扬. 经济增长的根源：投资推动抑或消费拉动：一个思想史的梳理和辨析［J］. 财经研究，2016，42（2）：50-62.

［4］李俊英. 凯恩斯主义投资理论对我国的启示与借鉴［J］. 生产力研究，2006（2）：174-176.

［5］吴建军，傅小龙. 凯恩斯投资理论的动态困境对我国的启示［J］. 武汉冶金管理干部学院学报，2001，11（4）：42-44.

［6］张子睿. 应用凯恩斯经济思想在新冠疫情条件下提振我国经济的研究［J］. 经济研究导刊，2020（23）：3-4.

案例参与人：陈思迷、黄思雨、胡伟美、李捷、陈水柔

财政资金释放乘数效应,激发大众消费活力

——基于"四两拨千斤"的乘数论分析

一、案例正文

"1元消费券可以带来10元左右的新增消费。"国美电器贵州区域分公司总经理周明飞说,他们正积极配合省商务厅策划新一轮促销方案。他告诉记者,国美电器贵州区域分公司于2020年3月初发放的1000万元消费券已被领用300多万元,带来新增消费4000多万元。作为疫情期间促消费、扩内需、保增长的重要手段,消费券在贵州实现了"四两拨千斤"的乘数效应,且向常态化发展。2021年,贵州省通过多彩宝、云闪付等途径累计发放电子消费券400万套(张),安排消费促进资金超过9000万元。同时,以发放电子券为契机,各地开展促消费活动1982场,直接拉动零售、餐饮消费94.3亿元。

为积极应对新型冠状病毒肺炎疫情对消费行业的冲击,贯彻习近平总书记关于"要把复工复产与扩大内需结合起来,把被抑制、被冻结的消费释放出来,把在疫情防控中催生的新型消费、升级消费培育壮大起来,使实物消费和服务消费得到回补"的重要指示精神,各地财政局积极发挥财政职能作用,充分利用财政政策杠杆,全力支持餐饮、家电、批零等消费行业复苏发展。

总体来看,贵州消费券更多地投向了零售、餐饮、旅游等受疫情影响较大的行业。有分析认为,短期来看,消费券这种短期密集的刺激消费举措,可以对当地的消费和经济起到明显的提振作用,但仍需兼顾线上线下,特别是支持实体店消费;长期来看,消费的持续增长还需打造良好的消费环境,不断完善促进消费增长的长效机制,这需要政府精准引导,最终将政策的实际作用发挥到最大。

在世界范围内,作为民间消费能力大幅衰退时施用的经济政策工具,消费

券在刺激消费上往往立竿见影，短期内可以达到消费、投资和生产三者之间的良性循环。在国内疫情得到基本控制，复工复产已经全面展开，而消费仍未完全复苏的背景之下，消费券成为各城市激活消费的重要手段。同时，财政政策作为政府宏观调控的重要工具，尤其是在经济出现波动时候，财政政策的逆周期调节作用显得尤为重要。采用何种程度的财政政策是需要仔细研究的问题，积极财政政策力度不足则不足以体现加力增效的要求，力度太大政策效果可能会适得其反，浪费财政资金并带来诸多后遗症。

从理论上看，财政政策对经济增长产生作用主要是通过所谓"凯恩斯乘数"效应带来就业、产出、消费的上升。在经济萧条时期有效需求不足，可以扩大政府支出来调动总需求，人们就会得到这些货币并将其消费和储蓄，这种额外的支出还使得企业可以雇佣更多的工人并提高他们的收入，这又会进一步提高消费。乘数效应大小取决于边际消费倾向，边际消费倾向越大，财政支出乘数越大。如果考虑国外部门，随着进口增加，这会减少消费并降低乘数效应。

财政政策会通过政府投资和政府消费两种渠道发挥作用。首先，政府投资扩大了社会融资需求，央行回应融资需求就会调整货币供给，货币市场供求变化会传导到利率，短期内在货币供应给定或政策利率不变的情况下，政府投资扩大会带来利率上升压力，可能会挤出私人投资。此外，政府投资还有助于扩大就业，尤其是基建行业就业。其次，政府消费支出（如医疗、教育、社会保障等）增加会提高人们的人力资本，这有助于增强居民的收入能力进而增加消费。这两种渠道最终会带来国内产出的变化。

二、案例中的思政元素

（一）消费的持续增长，不仅需要短期精准化的消费刺激，而且需要长期消费环境的完善——矛盾普遍性和特殊性辩证关系原理的体现

在矛盾的普遍性和特殊性辩证关系原理中，矛盾的普遍性和特殊性既是相互区别的，又是相互联系的，矛盾的普遍性寓于特殊性之中，特殊性又体现着普遍性；矛盾的普遍性和特殊性的区别是相对的，在一定条件下可以相互转

化。矛盾的普遍性和特殊性辩证关系原理，是坚持马克思主义普遍真理与具体实践相结合这一原则的哲学基础，对于建设中国特色社会主义有着重要的指导意义，是我国建设中国特色社会主义的方针的哲学根据。

消费券对经济增长产生作用的基本经济学原理主要是凯恩斯乘数理论。从乘数效应角度来看，发放消费券刺激居民消费的方式是公共财政支出或补贴，对经济增长的乘数效应大于挤出效应，能够在短期内显著推动总需求扩张和拉动经济增长。贵州消费券更多地投向了零售、餐饮、旅游等受疫情影响较大的行业，准确把握了疫情影响下旅游业等行业发展不景气的特殊性，短期来看，发放消费券不仅可以快速提振消费，更重要的是其能迅速修复需求，带动上下游产业链逐渐复苏，推动企业扩大生产和投资，进而形成正反馈，起到托底经济、帮扶企业、稳定就业等多重作用。以餐饮行业为例，刺激餐饮消费会使商户加大食材采购，有利于上游种植生产、运输流通行业复苏。消费券犹如一种催化剂，让消费先热起来，进而带动整个经济链条的复苏。长期来看，消费的持续增长还需打造良好的消费环境，不断完善促进消费增长的长效机制，提高消费者的满意度和安全感，使其放心消费、愉悦消费，从而扩大居民消费。因此，消费的持续增长，不仅需要短期精准化的消费刺激，而且需要长期消费环境的改善，这就需要政府将矛盾的普遍性和特殊性相结合，施与精准引导，发挥政策的最大效应。

（二）乘数效应是一把双刃剑，现代化建设进程中须合理利用财政政策的乘数效应——一分为二地看问题

要运用矛盾的观点观察、分析事物内部的各个方面及其运动的情况，坚持对立统一的观点，从统一中看到对立，从对立中看到统一。具体来说，必须坚持"两点论"，防止片面性，切忌顾此失彼。

乘数效应是一把双刃剑，能成倍放大也能成倍缩小国民收入，关键在于要合理运用。疫情稳定后各地发放消费券的行为，从积极方面来看，其充分释放了内需潜力，达到了"1元消费券可以带来10元左右的新增消费"的良好效果，但也要注意，当政府投资削减、税收增加时，国民收入也会随之加倍收缩，从而产生宏观经济的紧缩效应。

我国财政政策的乘数效应，从扩展效应来看，不但有效地推动了我国的现代化建设，为现代化建设蓄积了巨大的势能，大幅度提升了我国在世界范围内

的影响力,而且有效地保障了我国社会的安全运行。从一定意义上讲,改革开放和社会主义现代化建设新时期最令人瞩目之处在于速度快、规模大、发展势头强劲。强大完整的工业体系、日益完善的市场经济、民众的巨大投入及政府的务实有效等多种重要因素的强力支撑,使得我国的现代化具有强大的势能,现代化已经成为我国不可逆转的历史潮流。

乘数效应对于我国的现代化建设有着极为重要的积极作用,这点毋庸置疑。但同时应看到,乘数效应自身具有不小的惯性势能,具有某种隐患,如若控制不当,这种隐患会将我国的现代化建设当中的一些弊端予以放大和扩散,进而对我国未来的现代化建设造成诸多的消极影响。因此,应当特别注重做好三个方面工作:一是对于我国的现代化建设总体水准保持一个清醒的准确的判断,既要对现代化建设有足够的信心,又要有效防止虚骄、自大心理的出现;二是注重打牢完整的制造业生产体系的根基;三是注重产业结构的升级换代,走高质量发展的道路。

此外,由于我国的国家规模及现代化建设成果的基数都十分庞大,因而乘数效应所造成的负面效应也会更大一些,若操作不当,会使我国乘数效应的积极作用难以充分显现出来,甚至会使我国的现代化建设不同程度地出现变形走样或半途而废的情况。对此,应当予以足够的重视,并采取相应的对策,使其可能出现的负面效应降至最低,以确保我国的现代化进程持续健康地推进。

三、案例使用说明

(一) 教学用途与教学目标

1. 教学用途

本案例可用于"经济学原理"课程中"乘数论"相关理论教学。

2. 教学目标

(1) 知识目标。

① 理解概念:投资乘数及三部门经济中的各种乘数。

② 掌握理论:乘数效应对政府财政政策的影响。

(2) 能力目标。

① 举一反三能力。通过介绍"四两拨千斤"这一经济学中的经典案例，帮助学生了解乘数效应的相关知识，并且使其学会运用相关的经济学理论分析其他类似的经济学现象。

② 理论运用能力。通过案例学习，让学生了解投资乘数、政府购买支出乘数在实际经济生活中是如何被体现和运用的，帮助学生掌握影响投资乘数的相关因素，从而将理论与实际相结合，并运用到现实生活中。

③ 合作探究能力和主动思考能力。引导学生对经典案例进行合作探究，发现案例中蕴含的经济学知识，培养其合作探究能力和主动思考能力。

(3) 素质目标。

通过教师对案例的分析和讲解，全面提高学生的基本素养和能力，包括思想道德素质、科学素质、身心素质、专业素质等，使其成长为德智体美劳全面发展的新青年。提高思想道德素质，是指帮助学生树立爱国主义情怀，实践人民至上的价值追求和人文关怀，坚持共同富裕，以实现中华民族伟大复兴的中国梦为己任；提高科学素质，是指通过对"四两拨千斤"案例及其相关应对政策的了解，培养学生的科学探索精神；提高身心素质，是指引导学生更加理解中央出台的经济政策，从而为国民经济的发展贡献自己的力量；提高专业素质，是指带领学生学习经济理论知识，掌握乘数论的相关知识，提高其学习能力。

（二）案例讨论的准备工作

(1) 教师要求学生预习与乘数效应相关的知识点，对乘数及乘数效应如何影响到国家的财政政策有大致的了解。

(2) 教师在课前发布"四两拨千斤"案例及相关思考题，引导学生查阅相关背景资料，并按照分组形成总结报告，以便融入课堂案例进行分析。

(3) 教师依据教学目标确定好案例重难点，分配好课堂时间。

（三）案例分析要点

1. 启发思考题

(1) 结合案例思考，消费乘数效应的传导机制是什么？

(2) 结合案例思考，财政政策的乘数效应是否表明增加政府支出就一定能扩大市场需求，从而促进经济增长？

2. 分析思路与参考答案

(1) 结合案例思考，消费乘数效应的传导机制是什么？

① 乘数效应是一种经济量的变动引起另一种经济量的更大的变化的现象。在宏观经济中，利用财政政策来调控经济的主要方式之一是通过增加国民需求量来刺激消费，从而提高生产，拉动经济增长。

② 消费需求为经济增长提供最终动力。在市场经济下，消费需求是市场的主导力量，其消费规模、消费结构和消费增长速度的变动均会影响经济的增长。具体来讲，人们消费需求的变化体现在实际购买力的变动和消费者预期的变动上。实际购买力的变动引起消费需求的变动主要表现在消费需求总量的变动和消费需求结构的变动上。

③ 对于消费需求总量的变动，即消费规模的变化使得厂商调整自己的生产规模，通过企业的投资变动来优化资源配置，通过消费乘数效应引起国民收入即经济增长的变动。

④ 消费需求结构的变动可以促使产业结构变动，从而引起资源配置效率的变动，最后促使经济增长。具体来说，一方面，用于满足较高层次消费需求的消费支出所引起的产业部门之间连锁传递的有效需求链较长，它对整个社会生产的促进作用就较大，消费支出乘数效应就较大，引起的国民收入的变动也较大；另一方面，消费结构的变动推动了产业结构的变动。消费结构的优化不仅使人们的物质需求（如食品、衣物等）有所变化，而且精神需求（如文化、教育等）也在不断增加，进而推动产业结构从第一产业向第二、三产业倾斜，从而促进经济的不断增长。

⑤ 对于消费者预期的变动，主要是引起现期消费需求的变动，进而引发市场供需矛盾的变动，间接影响厂商产出的变动，最后对经济的增长产生影响。

(2) 结合案例思考，财政政策的乘数效应是否表明增加政府支出就一定能扩大市场需求，从而促进经济增长？

首先是通过乘数效应带来就业、产出、消费的上升。在经济萧条时期，有效需求不足，可以扩大政府支出来调动总需求，人们就会得到这些货币并将其用于消费和储蓄，这种额外的支出还可使企业雇佣更多的工人并提高他们的收入,这又会进一步提高消费。乘数效应大小取决于边际消费倾向,边际消费倾向越大,财政支出乘数越大。如果考虑国外部门,随着进口增加,其会减少消费并降低乘数效应。消费券对经济增长产生作用的基本经济学原理主要包括凯恩斯乘数理论和生命周期-持久收入消费理论。从乘数效应角度来看,一方面,消费券将成倍地拉动经济增长;另一方面,根据消费理论,消费券对扩大消费和拉动经济的作用有限。

其次是挤出效应。例如,政府扩张支出(无论是政府消费还是政府投资),或是发行地方政府债券,或是扩大贷款等,都会导致市场利率上升。私人投资对市场利率比较敏感,因此会挤出私人投资,不利于资本积累和经济增长。如果货币政策宽松甚至是零利率,那么财政扩张的挤出效应就会较小。当前,在开放经济下,资本可以跨区域自由流动,这会降低挤出效应的程度。就本案例来讲,越来越多的文献表明,普惠型消费券具有与大规模税收返还相似的功能,对经济增长的乘数效应大于挤出效应,能够在短期内显著推动总需求扩张和拉动经济增长。

最后是理性预期下的"李嘉图效应"。理论上看,如果消费者是理性预期且对后代具有利他主义倾向,当他们预期到当前赤字扩大意味着未来税负上升,就需要增加储蓄来做储备,因此在公共需求增加的同时,私人消费会减少相同数量,导致总需求不变。现实中,消费者往往会受到信贷约束,发债融资在短期内比增税融资好,后者会减少消费。而且,每名消费者的情况不同,有的人具有长远眼光,会考虑后代的税收负担;有的人则只关注现在,只要现在不增加税负就好。而且如果不增税,人们还能把购买政府债券作为一种无风险资产,发债就能撬动居民储蓄用于投资,从而调动社会闲置资源。

可见,财政政策乘数效应并不代表增加政府支出一定可以扩大市场需求,从而促进供需平衡。财政政策既有乘数效应,也有挤出效应和"李嘉图效应",财政政策效果的发挥还与经济的开放程度和消费者的理性程度等多种因素有关。

四、教学组织形式

本案例的教学组织形式如表 14 所列。

表 14 "财政资金释放乘数效应,激发大众消费活力"案例的教学组织形式

学习阶段	学习内容	时间安排	学习目标
课前	教师提前布置案例阅读和查询相关措施的任务,并设立学习小组,让学生以小组为单位预习课本知识,了解乘数论、投资乘数、三部门经济中的各种乘数、乘数效应对政府财政政策的影响等知识点	提前 2 d	让学生初步了解乘数论的相关知识,为案例探究分析做准备
课中	教师播放 PPT,讲解乘数论、投资乘数、三部门经济中的各种乘数、乘数效应对政府财政政策的影响等知识点	20 min	帮助学生掌握基础知识,以助于其运用知识分析案例,加深理解和掌握
课中	教师进行案例导入,展示案例内容和相关问题。学生再次阅读案例	5 min	让学生熟悉案例和相关社会背景,明确探究方向
课中	通过小组合作讨论,让学生根据案例和所学知识进行讨论,深入分析案例,并撰写案例分析报告	20 min	让学生能够运用理论分析问题,提高合作探究能力和主动思考的能力。案例分析报告成绩计入平时成绩考核
课中	小组发言。教师随机选择 3~4 个小组的成员就探究结果进行发言,分享探究成果,提出意见和建议	30 min	让学生运用所学知识对案例进行分析,提高学生的理论运用能力。帮助学生发现自我思考的遗漏和缺陷,提高合作探究能力
课中	总结点评。教师对各个小组成员的发言分别进行点评,引导全班学生思考,最后结合思政元素和乘数论进行归纳总结	15 min	总结要点,启发学生思考问题,并将理论知识运用到实际生活。培养学生的思想文化素质,提高其实践能力

表14(续)

学习阶段	学习内容	时间安排	学习目标
课后	各小组完善案例分析报告,并在下节课前提交。学生在课下对本节课所学知识进行复习。教师在下节课上进行抽检提问	—	让学生巩固知识,加深理解

五、总结

本案例以时事政治为始,探讨在疫情这个大背景下,贵州省是如何通过发放消费券的形式拉动经济恢复的。教师紧密结合生活、时事、最新政策动向,从思想政治教育和专业知识教育两个方面,使学生掌握宏观经济学中的乘数论知识,并对针对乘数效应的知识点而出台的现实政策(发放消费券)做出全面阐述,将理论与实践结合,既做到了基于本专业课程内容及特点,又做到了关注国内形势及要闻,贯彻党的重要思想、方针、政策,培养学生爱国爱党、改革创新的人生精神与时代精神,将课程思政润物细无声地融入课程专业知识教学。

在课前准备中,教师就案例内容提出两个思考题,分别是消费乘数效应的传导机制是什么及财政政策的乘数效应是否表明增加政府支出就一定能扩大市场需求,从而促进经济增长。这两个问题按照从理论到实际、从具体到抽象的逻辑铺排,有效地锻炼了学生的逻辑思维能力,使其对相关专业知识有了更为清晰的认知结构。

在教学过程中,教师秉持师生互动的原则,在明确乘数论的基础上,教师就"为什么政府发放小额消费券能引起大量的消费从而恢复'经济胁迫'"问题展开具体教学,结合思维导图,通过生动的案例分析方式,讲述乘数论对政府发布财政政策及对人们日常生活产生影响的具体途径,从而使学生认识到将本学科专业知识运用于具体实践的重要性,无形中对学生的价值观进行引导,加强学生的社会责任感。

在进一步教学中,教师将教学重点从现实依据转向政策依据,在充实案例的同时,加深学生对现代社会一般经济规律的理解,以引导学生运用经济学方法对发生在身边的一些现象进行相应的思考,如为什么乘数效应在生活中各领域都能被广泛地应用，政府为什么采取使用乘数论这个理论来进行政策的发布，我国经济进入新常态的背景下，如何更好地把握人民至上的原则、更好地领悟党和国家的经济方针政策？

本案例教学过程中采用了案例导入、问题讨论、案例分析等方式，将教师讲解与学生研读相结合，力求融知、德、情于一体，不仅充分调动了学生的学习积极性，而且加深了学生对社会的思考，增强了学生对中国特色社会主义市场经济的自信。

参考文献

[1] 方亚丽."四两拨千斤"的乘数效应 [N]. 贵州日报，2022-04-04 (1).

[2] 吴忠民. 论中国现代化的乘数效应 [J]. 北京师范大学学报（社会科学版），2021（6）：5-19.

[3] 王志刚，朱慧. 中国财政政策乘数效应分析 [J]. 财政科学，2021（2）：14-25.

[4] 姜卫民，范金，张晓兰. 中国"新基建"：投资乘数及其效应研究 [J]. 南京社会科学，2020（4）：20-31.

[5] 郭庆旺，吕冰洋，何乘材. 积极财政政策的乘数效应 [J]. 财政研究，2004（8）：13-15.

[6] 张芃，刘玉玫. 浅析我国宏观调控政策的实施效果 [J]. 江西财经大学学报，2001（3）：3-4.

案例参与人：柏雯、杨钰婷、许建爽、王若晨、王梓茉

以积极的财政政策稳定宏观经济大盘

——疫情防控常态化背景下的宏观经济政策解读

》》 一、案例正文

2021年12月8日至10日在北京召开的中央经济工作会议明确提出，2022年要继续实施积极的财政政策。2022年的《政府工作报告》对实施积极的财政政策做出了具体部署。财政部门要认真贯彻落实党中央、国务院的决策部署，组织实施好积极的财政政策，政策发力适当靠前，这表明财政政策在稳定经济中发挥了关键作用，接下来，应该更好地提高财政政策的有效性，为稳定宏观经济大盘出力，保持经济运行在合理区间。

继续实施积极的财政政策，必须坚持和加强党的全面领导，始终坚持以习近平新时代中国特色社会主义思想为根本遵循，坚持两点论和重点论相统一，增强调控的前瞻性、针对性和有效性，科学把握新形势、新任务、新要求，做好跨周期设计和逆周期调节，推动经济持续健康发展和社会大局稳定。实施积极的财政政策，必须完整、准确、全面贯彻新发展理念，坚持创新驱动发展，健全政策支持体系，更好地发挥财政在构建新发展格局中的保障带动作用，推动经济高质量发展。"稳"是精准实施积极的财政政策的前提，在"稳"的前提下也要在重点领域重点方面提升效能，注重精准，把握好度，实现稳中求进的要求。实施积极的财政政策，必须始终坚持以人民为中心，围绕推动解决发展不平衡不充分问题和民生领域短板弱项，集中政策和资金予以保障。坚持在发展中保障和改善民生，解决好人民最关心最直接最现实的利益问题，更好地满足人民对美好生活的向往。实施积极的财政政策，必须树牢忧患意识和底线思维，下好先手棋，打好主动仗，平衡好促发展和防风险的关系。要提升风险防控能力，建立健全风险识别和监测预警体系，完善风险处置预案，坚决守住不发生系统性风险的底线。强化跨周期和逆周期调节，合理安排赤字、债务及支出政策，推动财力下沉，严肃财经纪律，有序化解地方政府债务风险。

当前，疫情和百年变局交织叠加，外部环境更趋复杂严峻，我国经济发展面临多年未见的需求收缩、供给冲击、预期转弱三重压力。中央经济工作会议提出："2022年，积极的财政政策要提升效能，更加注重精准、可持续。提升效能，就是要统筹财政资源，强化预算编制、审核、支出和绩效管理，推进绩效结果与预算安排有机衔接，加强与货币等政策协调。更加注重精准，就是要聚焦制造业高质量发展、科技创新、中小微企业减负纾困，实施新的减税降费，以退还企业尚未抵扣的进项税款为主要手段，大力改进增值税留抵退税制度；优化财政支出结构，落实'过紧日子'要求，加强对基本民生、对重点领域、对地方特别是基层的财力保障。更加注重可持续，就是要统筹需要和可能安排财政支出，坚持在发展中保障和改善民生，不好高骛远；适当降低赤字率，合理安排债务规模，有效防范化解风险。"

以积极的财政政策稳定宏观经济大盘，要坚持实施好积极的财政政策，稳字当头、稳中求进，财政政策发力适当靠前，用好政策工具箱、打足提前量，早出台政策，早下拨资金，早落地见效。通过对市场主体的支持，着力稳企业、保就业；大力推进科技创新，提升产业发展水平；充分挖掘内需潜力，推进区域协调发展和新型城镇化；推动农业高质量发展，全面推进乡村振兴；持续改善生态环境，推动绿色低碳发展；突出保基本、兜底线，切实在保障和改善民生等方面落实积极的财政政策。

二、案例的思政元素

（一）积极的财政政策要更加积极有为，是当前经济社会发展的客观需要

积极的财政政策更加积极有为，是保证我国经济能够平稳健康运行的需要。党的十八大以来，我国连续十年实施积极的财政政策，适时适度预调微调。特别是党的十九大以来，面对疫情和百年变局交织叠加的严峻形势，积极的财政政策持续加码发力，更加注重精准施策、提质增效，全力护航"六稳""六保"（保就业、保基本民生、保市场主体、保粮食能源安全、保产业链供应链稳定、保基层运转）工作。财政支出强度持续加大，民生和重点领域经

费保障不断增强。实施大规模减税降费，市场主体活力持续激发。强化政府债务管理，深化财税体制改革，全面落实过紧日子要求，创新建立并常态化实施财政资金直达机制，推动经济社会发展行稳致远。

积极的财政政策更加积极有为，是对冲经济下行压力的现实需要。当前我国经济社会发展仍然面临较大的不确定性，经济下行压力仍在加大。积极的财政政策更加积极有为，通过适当提高赤字率、发行抗疫特别国债、增加地方政府专项债券规模、巩固和拓展减税降费成效等，有助于进一步推动供给侧结构性改革，挖掘内需潜力，激发市场活力，培育内生动力，有效应对经济运行中出现的短期冲击和挑战，实现经济社会持续健康发展。

（二）积极的财政政策要处理好各种关系，全局把控、统筹兼顾

事物是普遍联系的，积极的财政政策是一揽子政策。这些政策发力点虽各有侧重，但又有内在联系，需要树立全局观念，立足于整体，统筹全局，协调联动解决重大问题。同时，要处理好总量与结构的关系。疫情对经济的冲击，在时间上具有递减性，在空间上具有不均衡性。疫情对不同地区和行业的影响程度是不同的，不同地区和行业在复工复产过程中遇到的问题也不尽相同。因此，逆周期调节绝不是搞"大水漫灌"，而应因地制宜、精准施策。

（1）处理好当前与长远的关系。从整体上看，这次疫情所形成的冲击是外生性冲击、短期冲击，没有改变我国经济的内生活力和韧性，没有改变我国经济长期向好的基本面。因此，在宏观政策安排上，既要立足当前，保持经济运行在合理区间，更要着眼长远，注重产业结构调整、新旧动能转换。

（2）处理好供给与需求的关系。这次疫情确实对供给侧和需求侧都产生了影响，但要认识到，一个国家的经济发展，从根本上要靠供给侧推动。而且，这次疫情只是改变了需求的时间和空间分布，通过在供给侧下功夫，释放被疫情影响的需求并创造新的需求，依然大有可为。要毫不动摇坚持以供给侧结构性改革为主线，通过去除没有需求的无效供给、创造适应新需求的有效供给，打通供求渠道，努力实现供求关系新的动态均衡。

（3）处理好政府与市场的关系。强调更好地发挥政府作用，不是要政府包办，更不是指简单地下达行政命令，而是要与充分发挥市场在资源配置中的决定性作用结合起来。加大宏观政策调节力度，相关部门既要勇于担当、主动作为，又要坚持市场化、法治化、国际化的原则。在制定宏观政策时，应分类

别、分区域，根据不同行业、企业特点，制定差异化的政策措施；在实施宏观政策时，应注重用政策引导市场预期，用法治维护市场有序运行，促进企业复工复产，充分激发企业内生动力。

（4）处理好国际和国内的关系，既统筹两个市场、两种资源，更注重挖掘国内需求潜力，发挥财政稳投资、促消费作用，推动构建以国内大循环为主体、国内国际双循环相互促进的新发展格局。

（三）积极的财政政策要在"稳中求进"中提升效能，更加注重精准性、可持续性

实施积极的财政政策要坚持两点论和重点论相统一，增强调控的前瞻性、针对性和有效性。积极的财政政策要提升效能，更加注重精准性、可持续性，一方面，积极的财政政策释放出来的资金要精准投向、注重效能、提高绩效；另一方面，要始终保持我国财政的可持续性，严格控制一般性支出，坚决遏制新增地方政府隐性债务，保持财政的总体健康。由此可见，我国的经济工作要坚持稳字当头、稳中求进。稳是主基调，稳是大局，在稳的前提下，要在关键领域有所进取，也要在把握好度的前提下奋发有为。"稳中求进"已经上升为治国理政的重要原则，确定为做好经济工作的方法论。党的十八大以来，中央一直强调稳中求进总基调，由此可见，党中央在对经济工作的指导中，对经济形势判断更加全面、宏观调控决策更加客观、工作思想方法更加成熟、经济政策框架逐步确立。

精准性反映财政政策要将有限的资金用在"刀刃上"，更进一步优化财政支出结构，好发挥结构性调节功能，服务国家战略任务和大局稳定。更多聚焦新型基础设施建设和推动产业升级。财政政策需重点支持具有示范效应的先进制造、新型基础设施建设等领域，持续激发内需活力。从我国目前的工业化和城镇化进程来看，工业领域和基础设施投资空间还很大，可立足于推动新型基础设施建设，在5G、人工智能、工业互联网、智慧城市、大数据中心等领域切实发力，培育新的经济增长点。

可持续性反映以不透支未来财政空间为代价，政策不仅要考虑当前，而且要考虑未来，应适当确定赤字率，科学安排债务规模，有效防范化解风险。就目前经济形势看，新型冠状病毒肺炎疫情冲击与外部风险相叠加，我国经济下行压力加大。为更好统筹推进疫情防控和经济社会发展，短期内需要以积极的

财政政策保障经济平稳健康运行,可考虑适度提高地方政府专项债规模,适度提高财政赤字率目标,扩大积极财政政策的政策空间。目前,已有的减税降费措施取得了较好的政策效果,未来可以考虑降低企业所得税税率和增值税税率,提高企业的获得感,刺激企业扩大固定资产投资规模、提升生产能力。同时要健全支持中小企业、高新技术企业及战略性新兴产业发展的税收政策,适度扩大增值税抵扣范围,增强企业家进行投资的愿望和信心。

三、案例使用说明

(一)教学用途与教学目标

1. 教学用途

本案例可用于"经济学原理"课程中"宏观经济政策"相关理论教学。

2. 教学目标

(1) 知识目标。

① 理解概念:财政政策。

② 掌握理论:财政政策的工具、运用及其效应。

(2) 能力目标。

① 理论联系实际的能力。学生难以在实际生活中直接"触摸"到财政政策的实施和效果,通过本案例的分析,能让学生更好地理解财政政策工具的含义及其具体运用,提升学生将宏观经济理论与实际经济运行相联系的能力。

② 动态看待问题的视角。本案例的主题是"以积极的财政政策稳定宏观经济大盘",随着经济形势的变化,财政政策也要做出相应调整。通过案例的分析,能培养学生以动态的视角去看待和分析问题的习惯及因变化调整思维的能力。

(3) 素质目标。

通过对本案例的分析,全面提高学生的素质,包括思想道德素质、科学素质、文化素质、身心素质。提高思想道德素质,是指注重学生价值观的引导,为此,教师在教学过程中要坚持以立德树人为根本任务;提高科学素质,是指指导学生掌握宏观经济政策的目标,提高其独立思考的能力;提高文化素质,是指不断引导学生思考西方经济学理论与我国现实的差别；提高身心素质，是指引导学生体会中国共产党"全心全意为人民服务"的根本宗旨在经济政策方面的具体实践，同时要强化学生对我国经济发展成就的自豪感和未来经济前景的自信心，使其认识到中国特色社会主义制度在实施财政政策、稳定经济运行方面的优越性，增强其对"四个自信"在经济领域的具体认知。

（二）案例讨论的准备工作

（1）教师要求学生对相关知识进行预习，并收集和整理当前财政政策和就业形势的相关材料。

（2）让学生通过对教材和相关参考文献的解读，加深对案例中提及的相关理论的理解；按照教师的要求建立学习小组，对相应的案例思考题进行分析，提出自己的观点，最后总结成书面材料。

（3）教师对案例讨论进行归纳总结，阐明案例分析和评价的重难点，引导学生对财政政策如何影响目前的就业形势进行思考。

（三）案例分析要点

1. 启发思考题

（1）结合案例与所学的宏观经济学理论分析疫情冲击下，财政政策是如何影响就业的。

（2）结合案例与所学的宏观经济学理论分析疫情冲击下，如何以积极的财政政策稳定宏观经济大盘。

2. 分析思路及参考答案

（1）结合案例与所学的宏观经济学理论分析疫情冲击下，财政政策是如何影响就业的。

理论知识：宏观经济政策的目标、财政政策。

充分就业是宏观政策调控的一项主要目标，经济增长是应对就业问题的最有力举措。经济增长最终要靠市场主体，给市场主体机会，保住市场主体，就是在为充分就业提供更多机会。疫情防控常态化背景下，需要进一步改善疫情防控工作，更加注重精准防控，让市场运行得更加顺畅，为经济增长提供更扎实的保障，从而释放出更多就业机会；需要进一步加快"放管服"改革，优化营商环境，让市场主体可以在良性竞争中更快成长；需要进一步落实宏观经济政策，更好地落实就业优先政策。

积极的财政政策和稳健的货币政策要持续发力，要延续针对中小微企业的相关税收优惠政策，且力度要加大。减税降费已经不仅限于减免税，而且还包括缓税、退税。保住中小微企业，就是稳住就业的基本盘。有就业才会有收入、有消费，才能进一步拉动经济增长。

就业是综合问题，既是总量问题，又是结构问题。要特别注意行业的就业结构问题，注意不同年龄段就业人口的结构问题。不同行业的情况不同，有的行业（如旅游、酒店、餐饮等）因受疫情冲击较大，就业问题突出，政府应采取更有针对性的措施帮助企业渡过难关，或创造条件引导员工再就业。不同就业岗位的需求不同，并不能简单地认为提供就业岗位就可以解决就业问题，就业者需要的不仅仅是一般的就业岗位，可能更需要的是高质量的就业。因此，政府应当更有针对性地为其提供帮助，或者努力创造更加稳定的就业环境。

（2）结合案例与所学的宏观经济学理论分析疫情冲击下，如何以积极的财政政策稳定宏观经济大盘。

理论知识：财政政策工具。

应对疫情冲击，应实施好积极的财政政策，要始终坚持稳字当头、稳中求进的经济发展观，着力稳定宏观经济大盘。

① 加强对市场主体的支持，着力稳企业、保就业。实施新的组合式税费支持政策，大力改进增值税留抵退税制度，对留抵税额实行大规模退税；延续实施扶持制造业、小微企业和个体工商户的减税降费政策，并提高减免幅度、扩大适用范围；加强对中小微企业融资等支持，综合运用融资担保、贷款贴息、奖励补助等方式，引导撬动金融资源流向中小微企业；实施普惠金融发展示范区奖补政策，研究建立国家融资担保基金风险补偿机制，继续实行融资担保降费奖补；推动就业优先政策提质加力，对特困行业实行阶段性缓缴养老保险费政策，延续实施失业保险稳岗返还政策，优化创业担保贷款贴息及奖补。

② 大力推进科技创新，提升产业发展水平。支持原创性、引领性科技攻关，继续加大基础研究投入，保障关键核心技术攻关资金需求，推动实施国家科技重大专项；强化国家战略科技力量，支持推进国家实验室建设、全国重点实验室体系重组及国际科技创新中心和综合性国家科学中心建设；深入推进科

技经费管理改革,优化调整科技经费支出结构,扩大科研经费包干制实施范围,强化绩效管理;增强产业链、供应链的韧性和竞争力,新增支持一批国家级专精特新"小巨人"企业,着力解决基础零部件等"卡脖子"问题。

③ 充分挖掘内需潜力,推进区域协调发展和新型城镇化。用好政府债券扩大有效投资,支持推进交通、能源、水利等领域项目建设。地方政府专项债券要适当提高使用集中度,向项目准备充分地区倾斜,并加快债券发行使用;鼓励和引导社会资本参与基础设施和公共服务项目建设运营;完善教育、养老、医疗、育幼、住房等支持政策体系,促进消费持续恢复;落实新能源汽车购置补贴、免征车辆购置税等政策,促进新能源汽车消费;支持县域商业建设行动,扩大农村消费;推动重点领域政府购买服务改革,更好地满足公共服务需求;落实好支持区域协调发展的财税支持政策,促进东部、中部、西部协调发展;提升新型城镇化建设质量,推动健全常住地提供基本公共服务制度;系统化全域推进海绵城市建设;支持再开工改造一批城镇老旧小区,有序推进城市更新。

(四) 教学组织形式

本案例的教学组织形式如表 15 所列。

表 15 "以积极的财政政策稳定宏观经济大盘"案例的教学组织形式

学习阶段	学习内容	时间	学习目标
课前	教师提前布置案例阅读任务,设立学习小组,让学生以小组为单位预习课本知识,了解财政政策在现实就业中的实践、作用等相关知识,以及财政政策中的内在稳定器是怎样发挥自动调节作用的	提前 2 d	让学生初步了解和学习财政政策的相关知识,为案例分析做准备
课中	教师进行案例导入,展示案例内容,让学生再次阅读案例	5 min	让学生熟悉案例及案例提出的相关社会背景
	教师结合案例中蕴含的相关知识和思政元素,讲解财政政策实践中存在的缺陷	10 min	让学生明确相关知识,结合案例进行思考与分析

表15(续)

学习阶段	学习内容	时间	学习目标
课中	通过小组合作讨论,让学生根据案例和所学知识进行分析,并撰写案例分析报告	20 min	让学生能够运用理论分析问题,培养自身实践能力。案例分析报告成绩计入平时成绩考核
课中	教师随机选择2个自愿发言的小组的成员进行发言,并随机选择1个小组的成员发言,讲解报告内容,提出建议和见解	每组约5 min,总用时不超过20 min	锻炼学生的归纳总结能力、表达能力及解决问题的能力
课中	教师对各小组成员的发言分别进行点评,引发全班学生进一步讨论,最后结合思政元素和经济学理论进行归纳总结,提出建议和见解	20 min	让学生学会运用经济学理论分析案例,挖掘案例中的思政元素,并反思自己在案例分析中的不足
课后	各组完善案例分析报告,在下节课前提交,对本节课所学知识进行复习。教师在下节课上进行抽检提问	—	让学生巩固知识,增强记忆

五、总结

通过对本案例的学习,让学生了解到2020年新型冠状病毒肺炎疫情对经济发展的重要影响。疫情主要带来两大方面的影响:一是全球经济将陷入严重衰退,外部风险加剧;二是经济下行叠加疫情冲击,国内经济发展面临较大的不确定性。应对疫情冲击,政府宏观政策实施力度加大,主要包括三点:一是加大减税降费力度,支持市场主体纾困发展;二是短中长期政策配合,积极支持稳就业;三是支持地方基础设施建设和抗疫相关支出。

首先,通过课前与课堂学习,让学生了解到在经济下行叠加疫情冲击的背景下,发挥财政政策在稳定经济中的关键作用。通过学习财政政策的含义、目标、作用、调控方法及财政政策分析相关知识,了解到财政政策并不是万能的,如减税降费的惠企政策可能使政府承受不必要的负担,甚至可能错失原本可以缓解基层财政紧张局面的良机。税收的降低能减轻政府对市场的干预，对私企能够形成更强烈的激励，进而促进形成更有竞争性的市场，最终反哺地方政府财政。

其次，在了解相关社会背景、学习相关宏观经济学知识的前提下，在学习案例的过程中，将理论知识运用于实践，能提高学生分析、总结、解决问题的能力。通过学习，学生能获得新的认识，如了解财政政策和宏观政策的调控等，同时学会运用辩证唯物主义的认识原理和方法论去科学认识经济事物和经济现象，认识到财政政策的调控作用；能全面提高学生的基本素质，包括思想道德素质、科学素质和文化素质等，并增进学生对国家制度的理性认识，增强政治认同；能培养学生经国济世的社会责任感，弘扬社会主义核心价值观；能引导学生关注现实财政问题，成长为知行合一的社会主义事业建设者。

最后，应引导学生认真学习国家的政策方针和发展理念，深刻理解坚持科学发展观对于推动建设现代化经济体系的重要性和迫切性，认真学习贯彻习近平总书记关于疫情防控工作的重要指示精神，增强"四个意识"、坚定"四个自信"、做到"两个维护"。实施积极的财政政策，必须坚持和加强党的全面领导，始终坚持以习近平新时代中国特色社会主义思想为根本遵循；必须坚持两点论和重点论相统一，增强调控的前瞻性、针对性和有效性。为此，学生应担当责任、重视疫情，自觉防控、积极配合，明辨真伪、做好引领。

参考文献

[1] 廖福崇. 疫情防控下政府如何推动市场主体复工复产？：基于政策文本的内容分析 [J]. 北京科技大学学报（社会科学版），2020，36（4）：54-60.

[2] 武汉大学抗击新冠肺炎疫情应急研究专项课题组. 重大疫情下政府经济政策法治化研究：基于市场决定理论与新冠肺炎防控实践 [J]. 法律适用，2020（13）：86-99.

[3] 张芸，何书萍. 疫情防控常态化下稳定高校毕业生就业的调研与思考 [J]. 科学咨询，2021（36）：180-181.

[4] 孙杰. 积极财政政策发力 稳住首都经济基本盘 [N]. 北京日报，2021-08-14（2）.

[5] 樊丽明，杨灿明，马骁，等. 新文科建设的内涵与发展路径 [J]. 中国高教研究，2019（10）：10-13.

［6］吴琼.课程思政：高校思想政治教育的创新模式［J］.高教学刊，2020（22）：30-33.

［7］习近平.坚持中国特色社会主义教育发展道路 培养德智体美劳全面发展的社会主义建设者和接班人［N］.人民日报，2018-09-11（11）.

［8］刘昆.稳字当头稳中求进 实施好积极的财政政策［EB/OL］.(2022-04-16)［2022-06-14］.http：//www.mof.gov.cn/zhengwuxinxi/caizhengxinwen/202204/t20220416_3803322.htm.

案例参与人：朱洁

县域经济之兴,是乡村振兴之兴
——货币政策支持实体经济的意义分析

一、案例正文

民族要复兴,乡村必振兴。习近平总书记在党的十九大报告中提出:农业农村农民问题是关系国计民生的根本性问题,必须始终把解决好"三农"问题作为全党工作重中之重。县域经济作为乡村振兴的主战场,它以县城为中心、乡镇(尤其是建制镇)为纽带、广大农村为腹地,城乡兼容,以市场为导向促进区域内的资源配置,是乡村振兴战略落到实处的主要支撑。县城与田野、乡村紧密相连,县城吸引乡村劳动力可以避免人口长距离迁徙,缓解"空心村"现象,避免土地资源浪费和城乡差距进一步被扩大的问题;同时,县域经济的高质量发展离不开乡村的支撑,县域经济发展的短板、潜力均在乡村,县域经济与乡村振兴形成相辅相成的关系。

货币政策是政府宏观经济调控的主要工具,在实施市场经济的国家中,货币政策扮演着经济宏观调控的重要角色。2022年中央一号文件基本延续了2021年中央一号文件中的相关内容,坚持"稳中求进"的货币政策基本基调,明确将继续以结构性货币政策工具支持真正有效服务乡村振兴的地方法人金融机构。这一方面肯定了货币政策工具组合使用及结构性货币政策工具使用的阶段性成效;另一方面也从支持"三农"发展的角度,对地方政府、金融监管部门、金融机构等方面的协同发力提出了更高的要求。

近年来,我国使用货币政策支持县域实体经济的措施不断完善,有力地推动了实体经济的向好发展。为了能够更好地实现政策效果精准直达的结构性货币政策,除了面向不同市场主体、不同类型金融机构的再贷款、再贴现工具,我国创新推出新型货币政策工具："三档两优"[①] 存款准备金率与定向降准框架、降准置换 MLF 及新型冠状病毒肺炎疫情出现后创新的普惠小微企业贷款延期支持工具和信用贷款支持计划。中国人民银行自 2018 年起建立普惠金融定向降准年度考核制度，对普惠金融领域贷款占比达到一定比例的大中型商业银行给予 0.5 个或 1.5 个百分点的存款准备金率优惠；2019 年起，中国人民银行进一步降低定向降准门槛，将普惠金融定向降准小型和微型企业贷款考核标准由"单户授信小于 500 万元"调整为"单户授信小于 1000 万元"，扩大普惠金融定向降准优惠政策覆盖面；2021 年 12 月 15 日，中国人民银行实施"全面降准，定向降息"政策，下调金融机构存款准备金率 0.5 个百分点，下调支农支小再贷款利率 0.25 个百分点，下调后，3 个月、6 个月、1 年期支农支小再贷款利率分别为 1.70%、1.90%、2.00%；从 2022 年起，中国人民银行将"普惠小微企业信用贷款支持计划"并入"支农支小再贷款"管理。中国人民银行积极运用支农支小再贷款、再贴现等工具，引导金融机构加大对国民经济重点领域、薄弱环节和区域协调发展的支持力度，取得了积极成效；近期疫情导致国内经济下行压力加大，在此背景下，中国人民银行宣布自 2022 年 4 月 15 日起全面降准 25 bps[②]，释放长期资金 5300 亿元。

结构性货币政策工具积极做好"加法"，精准发力，引导了金融机构加大对小微企业、科技创新、绿色发展的支持。仅 2021 年，我国在扶持县域经济、乡村经济方面取得良好成果。自 2020 年 6 月至 2021 年末，我国通过普惠小微企业贷款延期支持工具累计提供激励资金 217 亿元，直接带动地方法人银行对 2.17 万亿元普惠小微企业贷款实施延期，撬动全国银行业金融机构对 16 万亿元贷款本息实施延期，减轻了小微企业阶段性还本付息压力；通过普惠小微企业信用贷款支持计划累计提供优惠资金 3740 亿元，直接带动地方法人银行发放小微企业信用贷款 1.05 万亿元，撬动全国银行业金融机构累计发放普惠小微信用贷款 10.3 万亿元，有效缓解了小微企业融资难问题。截至 2021 年末，

---

① "三档"：第一档，对大型银行实行高一些的存款准备金率，体现防范系统性风险和维护金融稳定的要求；第二档，对中型银行实行较低一档的存款准备金率；第三档，对服务县域的银行实行较低的存款准备金率（8%）。

"两优"：在三个基准档次的基础上的两项优惠：一是大型银行和中型银行达到普惠金融定向降准政策考核标准的，可享受 0.5 个或 1.5 个百分点的存款准备金率优惠；二是服务县域的银行达到新增存款一定比例用于当地贷款考核标准的，可享受 1 个百分点存款准备金率优惠。

② bps 在金融中表示基点。1 个基点是 1 个百分点的 1%，即 0.01%。

涉农贷款余额43.21万亿元，同比增长10.9%。同时，我国脱贫攻坚成果得到巩固，产业就业带动效果明显。每个脱贫县都形成了2~3个优势突出、带动力强的特色主导产业，脱贫人口人均实现产业增收2200元以上。脱贫劳动力务工规模达到3145万人，超额完成年度目标任务。我国农民收入水平实现新提升，全年农村居民人均可支配收入达到18931元，实际增长9.7%，高于城镇居民收入增速2.6个百分点。乡村事业得到稳步推进，乡村面貌发生较大变化，城乡居民收入差距缩小。

我国县域地区生产总值分段情况表（2020）如表16所列。

表16 我国县域地区生产总值分段情况表（2020）

地区生产总值/亿元	县域数量/个
4000以上	2
2000~3999	4
1000~1999	32
500~999	106
300~499	226
299以下	1501

保持政策的连续有效、合理衔接是"稳"的重要体现。2022年开年，中国人民银行就已做到政策稳定。中国人民银行表示将继续实施稳健货币政策。一是密切关注物价走势变化，保持物价总体稳定。二是密切关注主要发达经济体货币政策调整，兼顾内外平衡。同时，保持流动性货币合理充裕，促进降低综合融资成本，稳定宏观经济大盘，做好金融支持，巩固拓展脱贫攻坚成果，全面推进乡村振兴工作。业内专家认为，这将有利于强化支农支小再贷款的精准性、直达性、有效性，引导地方法人银行持续扩大涉农、小微和民营企业信贷投放范围，加强经济跨周期调节力度，优化金融机构资源配置，精准支持"三农"、小微企业；降低"三农"和小微企业的综合融资难度，激发市场主体活力，推动县域经济向好，推动乡村振兴。

二、案例的思政元素

（一）乡村振兴的"主战场"——正确认识主要矛盾，促进县域经济发展

解决"三农"问题一直是发展的重点。实施乡村振兴战略是关系全面建设社会主义现代化国家的全局性、战略性任务，是新时代"三农"工作的总抓手。县域经济以农业和农村经济为主体，工业化、城镇化、现代化是其发展的主题和方向。发展县域经济是解决"三农"问题的新的切入点，是全面推进乡村振兴的重要任务。

从空间地理上讲，县城与田野乡村紧密相连，如果县域经济能够带动农民就业，在县城工作可以获得较高的经济收入，在享受城镇生活的便捷性与舒适感的同时可以兼顾家庭，如赡养老人和教育子女，则可避免人口远距离迁徙；让农民在农忙时期兼顾农业生产，就可有效降低农地被弃耕和抛荒的可能性，提高耕地资源的利用率。同时，农民就近转移有助于农民企业家的生成，通过健全农业专业化、社会化服务体系，发展多种形式的适度规模经营，有利于小农户融入分工经济并推进现代农业的转型发展。

由此可见，对于乡村振兴，发展县域经济至关重要。我国已充分认识到县域经济对于乡村振兴的重要作用，抓住主要矛盾与主要矛盾的主要方面，通过政策刺激与市场引导相结合的方式，加大货币政策支持力度——持续落实好中小微企业贷款延期还本付息政策，对符合条件的普惠小微贷款应延尽延；加大对实体经济特别是民营企业、小微企业的支持力度，深入企业积极帮助完善有关制度，降低贷款门槛，适当提高贷款不良容忍度，加快信贷审批流程，切实加大信贷投放力度；落实好纾困惠企政策，大力发展普惠金融，确保货币政策直达实体经济目标的实现。这些举措精准把握了县域经济的现实难题，壮大了县域经济，惠及农村、农民，展现了国家继续以结构性货币政策工具有效服务乡村振兴的决心。

（二）具体问题具体分析，以结构化的货币政策促乡村振兴

县域经济存在市场机制缺陷、金融结构性问题，在"提高金融服务实体经济效率，以结构性货币政策推进县域经济"的大背景下，近年来，我国对货币政策精准性和直达性的要求有了明显提高。货币政策工具的种类创新和组合使用，在2018年后也逐渐丰富起来。除了面向不同市场主体与不同类型金融机构的再贷款、再贴现工具，目前使用的"三档两优"存款准备金率与定向降准框架、降准置换 MLF 及新型冠状病毒肺炎疫情出现后创新的普惠小微企业贷款延期支持工具和信用贷款支持计划，都是2018年后推出的结构性货币政策工具的典型代表。具体结构性货币政策工具种类如表17所列。

表17　结构性货币政策工具种类

政策工具种类		创设时间	政策目标
差别存款准备金率		2004年4月	支持"三农"、小微企业和重大水利建设等
信贷政策支持再贷款	支农再贷款	1999年3月	扩大涉农信贷投放，降低"三农"融资成本
	支小再贷款	2014年3月	支持小微企业贷款
	扶贫再贷款	2016年3月	支持贫困地区贷款
抵押补充贷款		2014年4月	支持棚改贷款、重大水利工程贷款、人民币"走出去"项目贷款
特定再贴现政策		2008年	支持扩大"三农"和中小企业融资
民企债券融资工具		2018年	稳定和促进民营企业债券融资
定向中期借贷便利		2018年	支持小微企业、民营企业贷款

发展是解决所有问题的关键，实现高质量发展，既需要推动经济实现质的稳步提升，也离不开量的合理增长，而灵活精准、合理适度的货币政策工具在其中发挥着不可或缺的积极作用。由于相较于传统政策工具具有更强的精准性，结构性货币政策工具被较多地用于引导金融机构加大对"三农"、小微企业等重点领域和薄弱环节的支持力度，以保障在货币政策持续稳健的基调下，实体经济的发展和转型仍能获得合理充裕的流动性支持。结构性货币政策与其灵活的货币政策工具搭配，正是针对当前县域经济的实际问题而进行的调适，展现了我国坚持理论与实践相结合、具体问题具体分析的实践精神。

（三）认识中国特色社会主义制度优势，坚定"四个自信"在经济领域的具体认知

我国货币政策的目标是稳定物价、充分就业、经济增长、国际收支平衡、金融稳定，不难看出，我国货币政策重在求"稳"。

稳中求变的货币政策是现实的需要，更是中国特色社会主义制度优势的体现。从国内看，我国经济韧性强，长期向好的基本面不会改变，但在需求收缩、供给冲击、预期转弱的三重影响下，短期面临下行压力，必须稳定宏观经济大盘。一方面，中国人民银行坚定稳中求变货币政策基调，保持政策的连续有效、合理衔接。一是货币信贷总量稳定增长。综合运用多种货币政策工具，保持货币供应量和社会融资规模增速同名义经济增速基本匹配。二是金融结构稳步优化。发挥好货币政策工具的总量和结构双重功能，精准发力，引导金融机构加大对实体经济特别是小微企业、科技创新、绿色发展的支持，支持经济高质量发展。三是综合融资成本稳中有降。健全市场化利率形成和传导机制，发挥贷款市场报价利率改革效能，促进企业综合融资成本稳中有降。另一方面，为更好地推进县域经济发展，中国人民银行在2020年创新设置了两项直达实体经济的货币政策工具，即支持金融机构对暂时遇到困难的小微企业贷款延期还本付息，鼓励金融机构加大对小微企业信用贷款投放力度。两项直达实体经济的货币政策工具有效减轻了小微企业阶段性还本付息压力，缓解了小微企业缺抵押、融资难问题。

由此可见，这种稳中求变的货币政策符合我国经济的现实需要，遵从经济发展阶段的需求，追求各区域经济发展的交易自由和平等，展现了我国塑造"为人民服务"的有为政府及"资源配置高效"的有效市场的进程。在复杂的经济大环境下，这些制度建设既展现了我国政府的使命与担当，又展现了中国特色社会主义市场经济的蓬勃生机与自信底气。

三、案例使用说明

（一）教学用途与教学目标

1. 教学用途

本案例可用于"经济学原理"课程中"宏观经济政策"相关理论教学。

2. 教学目标

（1）知识目标。

① 理解概念：货币政策的定义。

② 掌握理论：货币政策的工具、货币政策的传导机制。

（2）能力目标。

① 举一反三能力。通过对本案例的分析，让学生对我国当前经济发展的状况有一定的了解，知道我国货币政策如何作用于实体经济，并学会分析货币政策工具的灵活搭配方式及货币政策的传导机制，并能运用经济学理论分析其他类型的经济现象。

② 理论运用能力。通过对本案例的分析，让学生将乡村振兴战略与货币政策联系起来，加深对于理论的运用能力，并形成一定的创新性见解。

（3）素质目标。

通过对本案例的学习，增进学生对我国宏观货币政策的认识，在主动关注现实案例过程中，感受我国为促进经济发展所做的努力，由此厚植爱国主义情怀，为乡村的建设与发展提供更深一步的建议。

（二）案例讨论的准备工作

（1）教师要求学生预习相关知识点，对货币政策有初步了解。

（2）教师在课前发布教学案例，让学生依据案例查询相关资料，对案例有初步的了解与分析。

（3）教师提出相关案例思考题，引导学生进行案例延伸思考，从现实情况出发，分析我国当前支持乡村振兴的货币政策，并且思考对其改善的对策。

（三）案例分析要点

1. 启发思考题

（1）结合所学宏观经济学知识，谈谈货币政策支持实体经济发展的常规性政策工具有哪些。

（2）为应对经济新常态与乡村振兴的时代要求，货币政策应如何灵活组合搭配，才能更好地促进乡村振兴？

（3）结合案例与所学宏观经济学理论分析如何从马克思经济理论的角度解释货币政策的传导机制。

（4）请谈谈马克思货币政策传导机制对我国货币政策的有哪些可供借鉴的经验。

2. 分析思路及参考答案

根据宏观经济学宏观货币政策分析的知识点而提出。

（1）结合所学宏观经济学知识，谈谈货币政策支持实体经济发展的常规性政策工具有哪些。

理论知识：货币政策及工具。

首先，货币政策的第一个常规性工具为再贴现率政策。再贴现率是货币政策主管机关对银行及其他金融机构的放贷利率。这种贴现是商业银行把商业票据出售给货币政策主管机关，央行按照贴现率扣除一定的利息再把贷款加到商业银行的准备金账户上作为增加的准备金。当商业银行的存款客户需要把大笔的存款转到其他银行时，但商业银行准备金不足时，商业银行就需要向最后贷款人央行来借款，需要商业银行用自己的政府债券或者客户合格的票据向央行办理贴现。当再贴现率提高时，商业银行贷款的成本变大，就会自动提高准备金力度，减少向央行的借贷，从而减少货币供应量；同理，当再贴现率降低时，商业银行向央行的借款增加，从而增加货币供应量。

其次，货币政策的第二个常规性工具为公开市场业务。公开市场业务是指货币政策主管机关在金融市场上通过公开买卖政府债券并控制货币供给量和利率的政策行为。每当政府发生财政赤字时，政府就需要发行支付利息的国库券或债券（即政府债券）。经过初次买卖的国库券或债券可以流转到居民、厂商、银行等手中，可以发生反复交易。当央行在公开市场上购买政府债券时，债券拥有者与央行发生交易，获得对应债券的价值。央行通过减少准备金来购买政府债券，货币便成功地流向了市场。因此，央行在公开市场上购买政府债券，可增加货币供应量；同理，央行在公开市场上卖出政府债券，可减少货币供应量。

最后，货币政策的第三个常规性工具为变动法定存款准备金率。法定准备金是货币政策主管机关规定商业银行和其他存款机构对于吸纳客户存款总额所留存的准备金。规定的准备金总额占客户存款总额的比率为法定存款准备金率。剩余部分的存款金额作为商业银行和其他金融机构的贷款最大量。法定准备金=法定存款准备金率×原始存款。存款总和（包括原始存款和派生存款）=原始存款÷法定存款准备金率，法定存款准备金率和法定准备金同向变动。当法定存款准备金率降低时，每单位的准备金就能支撑得更多的存款，商行的可贷余额就会增加。货币供应量由原始的存款量和由于货币创造乘数所增加的派生货币组成。法定存款准备金率越大，货币创造乘数就越小。假设法定存款准备金率为20%，1000万的存款需要准备200万元的法定准备金，可贷最大金额为800万元，而且，每增加100万元的法定准备金，可以派生500万元的存款。若央行将法定存款准备金率降为10%，1000万元的存款需要准备100万元的法定准备金，可贷最大金额为900万元，每增加100万元的法定准备金，可以派生1000万元的存款，货币供应量在原有的基础上增加了1倍。根据以上的分析，增加法定存款准备金率，留存的法定准备金就变多，可贷金额减少，货币供应量减少；同理，降低法定存款准备金率，留存的法定准备金就变少，可贷金额增加，货币供应量增加。

（2）为应对经济新常态与乡村振兴的时代要求，货币政策应如何灵活组合搭配，才能更好地促进乡村振兴？

理论知识：货币政策的目标及货币政策工具的实际运用。

县域经济是实施乡村振兴、打好"三大攻坚战"的主战场，是实体经济发展的基石与支撑。近年来，中国人民银行针对县域经济发展出台支持乡村振兴、民营小微企业、精准扶贫、农村"两权"、支付结算、信用建设等多方面的政策措施与文件办法，引导金融机构加强县域经济的信贷投入与金融服务。为更进一步推动县域经济的发展，央行应充分发挥主观能动性，调节宏观货币政策，灵活搭配货币政策工具，促进县域实体经济的发展，具体有以下对策。

① 运用定向降准增加市场货币供应量，要求金融机构释放的资金量必须

流入最需要资金的县级民营小微企业,精准地为"融资难"的民营企业和小微企业提供资金;执行差别化存款准备金政策,对农村金融机构规定比目前更低的法定存款准备金率,甚至对新成立的县域、乡镇银行在减免税收与结算费用的基础上,暂不要求提供存款准备金,既可确保它们满足流动性和支付清算的必要准备,也可切实减轻其"准备金税"负担。

② 运用支小再贷款定向支持小微企业贷款,通过减少对小微企业与民营企业贷款的限制与考核,单独开放新型小微企业贷款,并保证一个较为合理的利率点,保障获得支持的小微企业贷款利率明显下降。

③ 鼓励农村金融机构开展贴现业务,放宽对农村金融机构再贴现的数量限制,确定优惠的再贴现率,简化再贴现手续办理,运用再贴现支持小微企业票据,优先支持在办理再贴现业务中的小微企业票据及涉农票据,将再贴现优惠利率政策传导至小微企业和民营企业,同时引导商业银行降低了对小微企业和民营企业的贴现利率。

④ 地方政府应进一步完善资金统筹长效机制,进一步发行用于乡村建设行动的一般债券和专项债券。

这样的货币政策"组合拳",能引导"机构法人在县域、业务在县域、资金主要用于乡村振兴"的地方法人银行释放更多资金投入乡村振兴领域,不仅充盈了县域经济发展的资金数量,提供了稳定长期的资金来源,而且降低了资金成本,为实体经济的发展提供了良好的经济基础。

(3) 结合案例与所学宏观经济学理论分析如何从马克思经济理论的角度解释货币政策的传导机制。

理论知识:货币政策的传导机制。

在西方主流经济学对于货币政策传导机制的研究中,货币政策传导主要有以下三种渠道:

① 利率渠道(货币供应量 $M\uparrow$ →实际利率 $i\downarrow$ →投资 $I\uparrow$ →总产出 $Y\uparrow$);

② 资产价格渠道(货币供应量 $M\uparrow$ →实际利率 $i\downarrow$ →资产(股票)价格 $P\uparrow$ →投资 $I\uparrow$ →总产出 $Y\uparrow$);

③ 信贷渠道(货币供应量 $M\uparrow$ →贷款供给 $L\uparrow$ →投资 $I\uparrow$ →总产出 $Y\uparrow$)。

马克思对信贷渠道的货币政策传导机制有独特的观点,"信用"在马克思的理论体系中具有重要的作用,其具有双重性质:一方面,信用因素的存在导致了市场中投资需求和消费需求之间存在信息不对称,进而信用创造的虚假需求在一定时间内掩盖在生产条件遭到破坏的信息，使得投资需求与消费需求的矛盾冲突得以缓解，即只要信用不破裂，没有信用的收缩，企业就会依据虚假市场信号不断增加投资；另一方面，企业进一步增加投资的结果是市场上更多的商品过剩，这又加剧了投资需求与消费需求之间的矛盾，加速经济危机的到来。这种信用的双重性质对于信贷渠道有着差异化的影响，给不同经济状况下的货币政策传导机制带来不一样的约束条件及作用机制。

在经济正常条件下，信用关系正常发挥作用，此时货币对生产有非常重要的作用。马克思指出："资本主义的商品生产，无论是社会地考察还是个别地考察，要求货币形式的资本或货币资本作为每一个新开办的企业的第一推动力和持续的动力。特别是流动资本，要求货币资本作为动力经过一段短时间不断地反复出现。"同时，如果企业存在可供利用的闲置设备、劳动力等生产要素，即存在扩大再生产的前提条件，银行信用的扩张、货币供给的增加（$M\uparrow$）可以带来新投资的增加（$I\uparrow$），进而促进宏观经济的增长（$Y\uparrow$）。这正如马克思所论述的"一方面的货币就能引起另一方面的扩大再生产"。因此，在正常经济条件下，可以把这种货币政策传导机制的图示表示为

$$M\uparrow \to 银行贷款\uparrow \to I\uparrow \to Y\uparrow$$

在经济衰退时期，根据前面马克思关于宏观经济的观点及信用双重性质的观点，如果在再生产过程中信用收缩，信用所创造的虚假需求就会消失，信用掩盖下的有限消费和扩大的生产之间的矛盾必然导致经济衰退的到来。这个时候的基本经济情况是：一方面，消费需求存在不足；另一方面，由于企业有大量存货积压和固定资产闲置，存在过剩投资，即使在利率下降的条件下，投资者也会遭受巨大的亏损，因而企业必然没有动力去考率新的投资，存在投资需求不足，此时企业将更加关注如何去实现存货的市场价值，正常时期的货币政策传导机制便无法实现。马克思提出一种新的观点，"在危机期间，接受贷款是为了支付，而不是为了购买，是为了结束旧的交易，而不是为了开始新的交易"，即扩张的货币政策可以满足企业对货币和信用的需求，有利于企业出清存货、偿清债务。随着企业存货投资价值的实现，企业资金的流动性会增加、破产的可能性会下降；经过一段时期的恢复，企业资金和投资能力增强，这时企业才有可能考虑新的投资，正常经济条件下的货币政策传导机制开始发挥作用。经济衰退时期的货币传导机制的图示可以表示为

$$M\uparrow \to 银行贷款\uparrow \to 存货与债务\downarrow \to 流动性\uparrow（破产可能性\downarrow）\to I\uparrow \to Y$$

（4）请谈谈马克思货币政策传导机制对我国货币政策有哪些可供借鉴的经验。

理论知识：货币政策传导机制与现实经济。

西方的三种货币政策传导机制，都坚持经济衰退时期货币政策的主要作用在于促进新投资需求的增加，进而实现经济的复苏和增长。而马克思认识到，经济衰退时期的企业存在过剩投资的现实状况，扩张性的货币政策使得银行贷款增加，银行贷款增加的直接作用不是增加新的投资，而是首先表现为贷款为企业出清存货或偿还债务的作用。随着企业的流动性增加和破产的可能性减少，以及促进新的投资能力的增加，企业会增加新的投资，从而达到经济复苏的政策目标。

在我国，货币政策传导机制一般有三个基本环节，从货币政策主管机关到商业银行等金融机构和金融市场再到实体经济，即货币政策到信用扩张，再到实体经济传导的过程。货币政策主管机关的货币政策工具操作，影响商业银行等金融机构的准备金、融资成本、信用能力和行为，以及金融市场上货币供给与需求的状况。信贷传导渠道对于我国宏观经济有着至关重要的作用，而马克思主义货币政策传导机制有着鲜明的特色，尤其是在经济衰退背景下，其货币政策作用机制更有理论上的说服力，更贴近我国作为发展中国家的经济现实，因此可将其作为我国发展中国特色社会主义市场经济的科学理论内容。面对我国乡村振兴及经济新常态的要求，需要不断疏通货币政策传导机制，打通"最后一公里"。一方面，应维持一个相对稳定的市场与金融环境，强化信用机制的作用。当前我国的金融体系还不完善，缺乏保证金融秩序稳定的有效机制，所以仍需进一步促进形成相对合理的货币需求与投资需求，强化企业和金融机构等微观主体的信用建设与风险约束，保证银行的贷款投向能产生经济效益的企业，促进市场经济的良性循环。另一方面，解决好"向谁传导"的问题。针对企业存货与债务的问题，进一步疏通货币政策传导机制，当前优质企业、大型企业不缺资金，技术落后、产能过剩企业的资金供给需要限制，这一步的重点是识别并解决好"中间企业"的有效资金需求问题。要引导金融机构和金融市场通过优化资金配置和金融服务，帮助这部分企业提质增效，融入现代化经济的产业体系、市场体系及区域创新发展、协调发展、绿色发展、开放发展、共享发展体系，进而推动经济高质量发展。

四、教学组织形式

本案例的教学组织形式如表 18 所列。

表 18 "县域经济之兴,是乡村振兴之兴"案例的教学组织形式

学习阶段	学习内容	时间	学习目标
课前	教师提前布置案例阅读任务,并建立学习小组,让学生以小组为单位预习课本知识,了解宏观货币政策的定义、目的、常规性工具与货币政策传导机制	提前 2 d	让学生初步了解和学习宏观货币政策相关知识,为案例分析做准备
课中	教师讲解宏观货币政策相关的知识点	5~10 min	初步讲解本节课的理论知识,引导学生为案例分析做准备
课中	教师进行案例导入,展示案例内容,学生再次阅读案例	5 min	让学生熟悉案例及案例提出的相关社会背景
课中	教师讲解案例中宏观货币政策的相关知识和思政元素,以及宏观货币政策对经济社会发展的影响	5~10 min	让学生明确相关知识点,结合案例进行思考和分析
课中	通过小组合作讨论,让学生根据所学的相关知识分析案例	15~20 min	让学生学会运用所学的理论知识分析问题,培养其实践能力。案例分析报告成绩计入平时成绩考核
课中	教师随机选择 2~3 个自愿发言的小组的成员讲解报告内容,提出意见和建议	10~15 min	锻炼学生运用经济学理论总结、归纳知识及表达见解的能力
课中	教师对各小组成员的发言分别进行点评,启发学生进行交流,最后结合思政元素与经济学理论进行总结归纳	15~20 min	让学生学会运用思政相关的理论去剖析经济学的理论和概念,反思自己存在的不足之处

表18(续)

学习阶段	学习内容	时间	学习目标
课后	各组撰写案例分析报告，对本节课所学的知识进行复习	—	让学生巩固知识，增强记忆

五、总结

  本案例所探讨的是货币政策支持实体经济的意义。教学过程中，教师应引导学生通过对本案例及学生自行搜集的资料进行分析，依据国家统计公报等的权威统计数据，了解我国县域经济的规模、经济总量等，分析乡村振兴与县域经济正面临的与未来发展可能会实现的问题，对我国经济发展的现状及规律形成基本认识。此外，要让学生不断深入了解我国货币政策工具及货币政策传导机制，不断夯实基础知识，更进一步地理解中国人民银行进行货币政策调整及灵活搭配使用货币政策工具的意义和内涵，通过理论与实践的对比分析，加深其对知识的理解，更加实事求是地针对经济运行现状进行经济学理论分析。

  首先，通过课前与课堂学习，让学生了解到货币政策一般包括三个方面的内容，即政策目标、实现目标所运用的政策工具及预期达到的政策效果。本节课的一项重要内容是让学生了解我国如何运用货币政策工具支持乡村振兴，贯彻落实乡村振兴战略。一方面，中国人民银行强化责任担当，灵活搭配使用货币政策工具，进一步优化存款准备金政策框架，执行差别化存款准备金率政策，继续加强支农支小再贷款、再贴现管理，强化精准滴灌和正向激励功能；另一方面，疏通货币政策传导机制，精准识别县域经济中小微及涉农企业，持续加大对涉农、普惠小微企业的信贷支持力度，引导"机构法人在县域、业务在县域、资金主要用于乡村振兴"的地方法人银行释放更多资金投入乡村振兴领域，全力满足乡村振兴领域金融需求。

  其次，马克思主义经济理论是被社会实践检验的理论，马克思货币政策传导机制对我国货币政策有着可供借鉴的经验。通过对国际知名经济学家对货币政策传导机制的观点解析，将西方主流经济学观点与马克思主义经济学观点进行比较与分析，可以提升学生的专业素养，促进其思维认知。目前，我国经济发展正处于转变发展方式、优化经济结构的攻关期，学习西方经典与前沿观点并结合我国经济发展的具体实践,可以认识到西方经济学理论的局限性,做到"取其精华,去其糟粕",进而提出具有创新性及针对性的观点,完善市场经济体制,进而助力经济高质量发展。通过对这些理论观点的剖析,使学生在学习专业知识时也了解了知识产生的文化背景,更进一步培养学生运用经济学思维分析问题的能力,以及理解和学习伟大经济学家勤于思考、勇于创新、追求真理的科学家精神。

最后,让学生通过主动寻找乡村振兴及县域经济的文献与资料,并结合所学知识对其现状、问题、发展措施提出自己的想法,既可以锻炼学生的专业能力、磨砺学生的意志,又可以培养学生吃苦耐劳的精神,提升其实践社会主义核心价值观的自觉意识。此外,教师引导学生学习并调查货币政策支持县域经济的内容,并对身边人物进行访谈,深化对县域经济各领域尤其是小微实体经济发展变迁的认知,有利于让学生深刻体会新中国成立70多年,特别是改革开放40多年来所取得的伟大成就,增强其爱国情怀、民族自豪感和社会使命感。

县域经济是实施乡村振兴、打好"三大攻坚战"的主战场,是实体经济发展的基石与支撑,所以发挥货币政策的实际功效、增强实体经济实力、振兴县域经济、实现乡村振兴之兴,对于实现中华民族伟大复兴的中国梦有着重要的意义。学生是未来社会的建设者,这对他们将是一项重大的考验。本案例致力于培养学生情系乡土的爱国情怀,将专业知识与实践相结合,能有效促进学生自我能力的提升。

参考文献

[1] 张兴中. 发挥货币政策作用 助推县域经济发展 [J]. 时代金融, 2020 (9): 20-21.

[2] 蔡小娟. 货币政策三大工具分析 [J]. 现代营销(信息版), 2019 (8): 35.

[3] 杨天宇, 刘国鹏. 货币政策传导机制:一个马克思主义的解释 [J]. 政治经济学评论, 2008 (1): 53-63.

[4] 梁斯. 利率市场化背景下的货币政策利率传导机制研究 [J]. 金融监管研究, 2018 (7): 82-92.

[5] 宋珏遐. 保持货币政策对县域经济恢复的必要支持力度 [N]. 金融时报, 2020-12-24 (9).

案例参与人：谭玲

细致入微，抽丝剥茧，探寻 CPI 变动背后的问题
——通货膨胀的影响及治理

一、案例正文

表征价格水平的全国居民消费价格指数（CPI）与全国工业生产者出厂价格指数（PPI）最能体现经济波动、影响各方预期。国家统计局于 2022 年 4 月 11 日发布的数据显示，2022 年 3 月份，CPI 同比上涨 1.5%，涨幅比上月扩大 0.6 个百分点。与此同时，PPI 环比上涨 1.1%，涨幅比上月扩大 0.6 个百分点，这表明全球通货膨胀持续升温对我国形成的输入性通货膨胀压力有所增加。目前，两大数据总体平稳，波动处于合理区间，通货膨胀水平整体可控，这也在一定程度上反映了我国经济平稳向好的态势，有利于稳定各类市场主体的预期。

2021 年 3 月至 2022 年 3 月全国居民消费价格涨跌幅如图 13 所示。

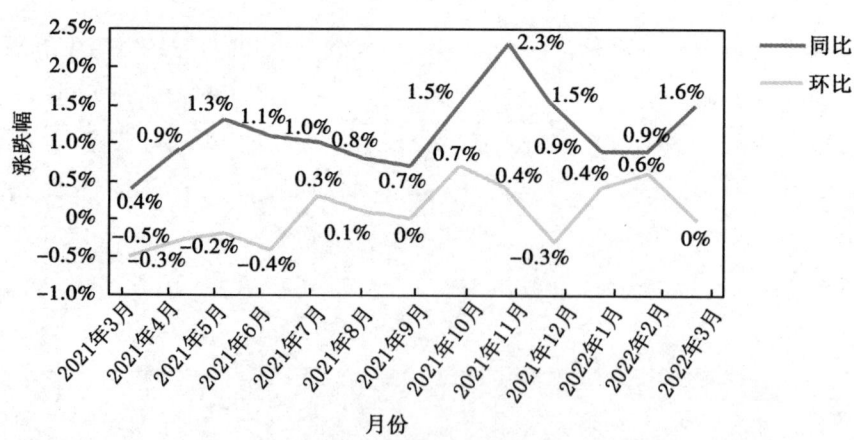

图 13　2021 年 3 月至 2022 年 3 月全国居民消费价格涨跌幅

2022年3月份，CPI同比上涨1.5%，其中城市上涨1.6%、农村上涨1.2%；食品价格下降1.5%、非食品价格上涨2.2%；消费品价格上涨1.7%、服务价格上涨1.1%。1月至3月平均而言，CPI比上年同期上涨1.1%；3月份，CPI环比持平，其中城市和农村CPI环比均持平；食品价格下降1.2%、非食品价格上涨0.3%；消费品价格上涨0.2%、服务价格下降0.2%。

2022年3月份，食品烟酒类价格同比下降0.3%，影响CPI下降约0.09个百分点。食品中，畜肉类价格下降24.8%，影响CPI下降约0.99个百分点，其中猪肉价格下降41.4%，影响CPI下降约0.83个百分点；鲜菜价格由上月下降0.1%转为上涨17.2%，影响CPI上涨约0.37个百分点；蛋类价格上涨7.0%，影响CPI上涨约0.04个百分点；面粉价格上涨4.6%，涨幅扩大1.90个百分点；鲜果价格上涨4.3%，影响CPI上涨约0.09个百分点；水产品价格上涨4.2%，影响CPI上涨约0.08个百分点；粮食价格上涨2.0%，影响CPI上涨约0.04个百分点；食用植物油价格上涨6.1%，涨幅有回落。

不过，CPI与PPI的涨幅主要来自非食品价格的上涨。例如，受国际原油价格上涨影响，汽油和柴油价格分别上涨6.6%和7.3%；疫情后，人们的出行需求增加，机票价格上涨了6.4%。其他七大类价格同比均上涨，其中，交通通信、教育文化娱乐、其他用品及服务价格分别上涨5.8%，2.6%，2.1%，居住、生活用品及服务价格分别上涨1.3%和0.9%，医疗保健、衣着价格分别上涨0.7%和0.6%。唯一同比下降的为食品烟酒类，下降0.3%。

2022年3月份居民消费价格分类别同比涨跌幅如图14所示。

据测算，在3月份1.5%的CPI同比涨幅中，上一年价格变动的翘尾影响约为0.4个百分点，新涨价影响约为1.1个百分点。扣除食品和能源价格的核心CPI继续保持稳定，3月份CPI同比上涨1.1%，涨幅与2月份相同。

针对此轮生产资料价格阶段性波动，国家发展和改革委员会表示，从后期走势看，我国统筹疫情防控和经济社会发展取得重大成果，国内产业循环、市场循环、供求循环在明显加快，有利于物价平稳运行的因素不断增多增强，预计CPI将呈现"前低后稳"的走势。

总体来看，我国产业体系全，超大规模市场空间广，改革开放红利多，经济治理能力强，能够有效应对各种风险挑战。从2022年全年来看，我国经济有望保持恢复发展态势。接下来，相关部门应及时出台有利于市场预期稳定的措施，继续做好大宗商品保供稳价，尽快落地减税降费政策，用好支农支小再贷款，推出科技创新和普惠养老专项再贷款等，多措并举为市场主体纾困，缓

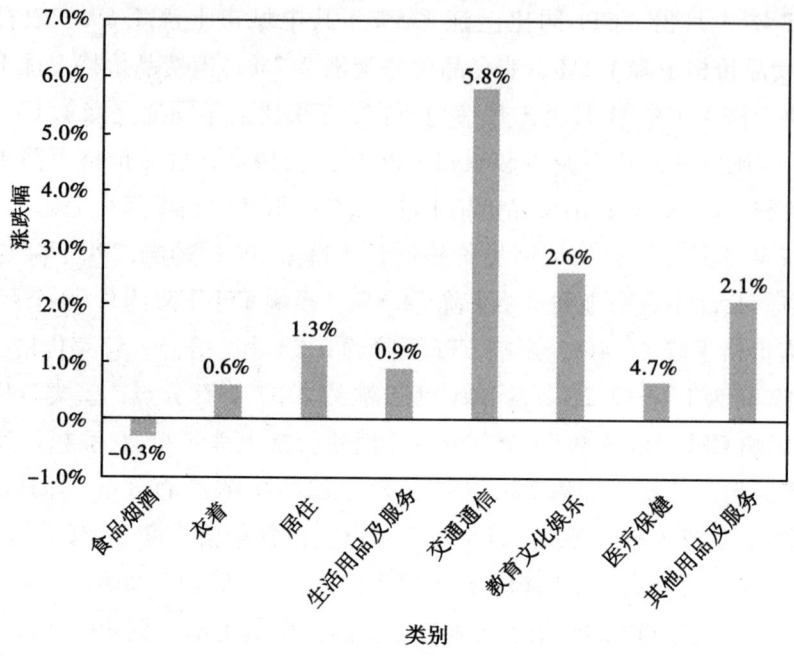

图 14　2022 年 3 月份居民消费价格分类别同比涨跌幅

解原材料价格上涨、有效需求偏弱等带来的压力。同时，要继续关注外部环境和政策的变化，研究制定应对预案，防范好各种风险冲击，运用好高质量发展的"指挥棒"，不断完善宏观调控的预见性、前瞻性，更多运用改革的办法提质增效、破解难题，推动我国经济再上新台阶。

二、案例的思政元素

（一）抑制通货膨胀就是保民生、稳住经济基本盘

民生问题是我国头等大事。近年来，在以习近平同志为核心的党中央坚强领导下，各地区各部门贯彻党中央、国务院部署，扎实做好"六稳""六保"工作。

2022 年 4 月 14 日，李克强总理在经济形势专家和企业负责人座谈会上强调："既要看到我国经济总体运行在合理区间、拥有很强韧性，坚定信心，又要高度警惕国际国内环境一些超预期变化、经济下行压力进一步加大，正视和果断应对新挑战。要统筹疫情防控和经济社会发展，坚持稳字当头、稳中求

进，增强工作主动性前瞻性，贯彻新发展理念，推动高质量发展，加大宏观政策实施力度，稳住经济基本盘，保障基本民生，深化改革开放，以稳就业稳物价支撑经济运行在合理区间。"

在当前通货膨胀预期越来越强烈的背景下，如何保障民生、改善民生，不仅是政府调控政策的主要着力点，而且是以人为本、让广大人民群众充分享受改革开放成果的必要举措。虽然我国当前物价水平总体可控，但通货膨胀预期强烈往往会对未来物价的走势形成冲击。因此，应该未雨绸缪，灵活运用积极的财政政策和稳健的货币政策，将调控目标定在保民生、促民生方面。

（二）保持定力、稳中求进，"以我为主"地应对复杂经济局面

2021年12月8日至10日召开的中央经济工作会议强调，宏观政策要稳健有效，稳健的货币政策要灵活适度，保持流动性合理充裕。要着力稳定宏观经济大盘，保持经济运行在合理区间，保持社会大局稳定，迎接党的二十大胜利召开。会议要求2022年经济工作要稳字当头、稳中求进，各地区各部门要担负起稳定宏观经济的责任，各方面要积极推出有利于经济稳定的政策，政策发力适当靠前。

中国人民银行发布的《2021年第三季度中国货币政策执行报告》重申我国货币政策基调，并释放出保持政策定力的明确信号——灵活精准，合理适度，"以我为主"，稳字当头。"以我为主"是贯穿我国宏观调控的主基调，从"宏观政策要保持连续性、稳定性、可持续性"的定调，到强调"做好跨周期调节"，我国宏观政策坚持以经济运行面临的短期和中长期问题为导向，绝不盲目跟从。"以我为主"的战略定力，是来自坚持办好自己事情的底气。

2022年第一季度，我国CPI同比上涨1.1%，这充分表明我国货币政策整体上的稳健，既没有"大水漫灌"，也没有"打急转弯"。无论是主要发达经济体采取极度宽松的货币政策还是开始转向，我国货币政策都始终坚持自我发展方向，既保持了流动性的合理充裕，又保持了与实体经济的需求匹配。

（三）不能"只见树木、不见森林"，而要穿透表象、看清实质

毛泽东在《矛盾论·矛盾的特殊性》中指出："研究问题，忌带主观性、片面性和表面性。所谓主观性，就是不知道客观地看问题，也就是不知道用唯物的观点去看问题。……所谓片面性，就是不知道全面地看问题。……一句话，不了解矛盾各方的特点，这就叫作片面地看问题，或者叫作只看见局部、

不看见全体，只看见树木、不看见森林。这样，是不能找出解决矛盾的方法的，是不能完成革命任务的，是不能做好所任工作的，是不能正确地发展党内的思想斗争的。……表面性，是对矛盾总体和矛盾各方的特点都不去看，否认深入事物里面精细地研究矛盾特点的必要，仅仅站在那里远远地望一望，粗枝大叶地看到一点矛盾的形象，就想动手去解决矛盾（答复问题、解决纠纷、处理工作、指挥战争），这样的做法，没有不出乱子的。"

看待一时的数据波动，不能"只见树木、不见森林"，要细致入微、抽丝剥茧去探寻数据背后的问题，要分清哪些是统计技术的调整，哪些是外部因素的扰动，哪些是政策效应的滞后。只有破除一切偶然性"迷雾"，才能穿透表象、看清实质，从而保持历史耐心与战略定力。2022年，在全球经济下行的形势下，我国经济的基本面比较稳定；但面对外部供应链的冲击，包括疫情反复、地缘政治冲突等，我国应该更好地运用宏观调控政策手段，优化市场供需结构。

三、案例使用说明

（一）教学用途与教学目标

1. 教学用途

本案例可用于"经济学原理"课程中"通货膨胀与失业"相关理论教学。

2. 教学目标

（1）知识目标。

① 理解概念：通货膨胀、CPI。

② 掌握理论：通货膨胀的概念、表现和原因。

（2）能力目标。

① 举一反三能力。通过对本案例的介绍，让学生了解通货膨胀在现实生活中的表现，关注身边的民生问题，对通货膨胀这一概念有更深刻的了解，并学会运用经济学理论分析其他类似的经济现象。

② 理论运用能力。通过学习案例中包含的理论知识，并与身边的现实经济情况相结合，让学生了解疫情发生后CPI的上涨情况；利用通货膨胀相关知识进行分析，提高学生对于专业知识的运用能力，更好地将理论与实践相结合，并合理运用到实践中。

(3) 素质目标。

通过教师对案例的介绍,提高学生的全面素质,包括思想道德素质、科学素质、文化素质、身心素质等。提高思想道德素质,是指引导学生树立爱国主义情怀和宏伟志向,认识民生问题是我国头等大事,作为新时代青年应该更加关注社会问题;提高科学素质,是指指导学生学习通货膨胀的成因,提高其科学钻研、独立思考的能力;提高文化素质,是指引导学生了解我国的民生问题;提高身心素质,是指让学生认识到经济学知识与社会生活息息相关,吸引其关注时事热点,并从中体会经济学的乐趣。

(二)案例讨论的准备工作

(1) 教师要求学生预习经济学原理中有关"通货膨胀与失业"的知识点,了解近几年身边的物价变化。

(2) 教师引导学生展开分析,重点聚焦通货膨胀给民生问题带来的挑战,并举例政府采取的应对措施。

(三)案例分析要点

1. 启发思考题

(1) 结合案例与宏观经济学理论分析为什么食品类价格涨幅长期高于一般通货膨胀水平,而工业品的价格涨幅长期低于一般通货膨胀水平。

(2) 结合宏观经济学相关知识与我国国情分析如何治理通货膨胀方面的问题。

(3) 结合宏观经济学相关知识分析新型冠状病毒肺炎疫情对我国物价的影响。

2. 分析思路及参考答案

以上三个思考题是根据宏观经济学通货膨胀的知识点而提出的。

(1) 结合案例与宏观经济学理论分析为什么食品类价格涨幅长期高于一般通货膨胀水平,而工业品的价格涨幅长期低于一般通货膨胀水平。

① 一般物价水平影响。我国各类消费品价格通货膨胀率受一般物价水平的影响,一般物价水平或者说货币供应总量,对各类消费品价格通货膨胀率均具有正向影响,但仔细分析可得,总物价水平对各类消费品价格通货膨胀率的影响存在非对称现象。其涉及的经济原理为:货币供给增加导致消费需求增加,各类消费品的需求曲线均向右上方移动,但因价格黏性差异,导致最终各

类消费品价格上涨幅度不同。由于食品的供给和需求均缺乏弹性,因此价格黏性小、调整快,故食品的价格上升幅度较大;由于生活用品为工业品,其供给和需求均富有弹性,因此价格黏性大、调整慢,故生活用品的价格上升幅度较小。

② 城镇化进程影响。大量人口从生产率较低的农村转向城市,有助于提高我国整体生产率,但城镇化也会带来产业结构的变迁。劳动力离开农村进入城市从事工业和服务业生产,必然会造成农产品供给量相对减少,工业品和服务供给量相对增加,从而对物价水平产生非对称性影响。过去几十年,我国一直处于快速城镇化阶段,大量人口从农村向城镇转移,改变了我国农副产品、工业品及服务的相对供给结构,从而对我国消费领域的物价水平造成非对称性影响。

(2) 结合宏观经济学相关知识与我国国情分析如何治理通货膨胀方面的问题。

① 什么是通货膨胀?通货膨胀是指一般价格水平的上涨,通常以消费物价指数作为衡量通货膨胀程度的数量指标。对于一般消费者来说,特别是只有固定收入的低收入者来说,通货膨胀意味着商品都涨价,会对其造成负面影响。但以理性的态度看,一定程度的通货膨胀对市场经济体制下的整体经济发展,对既包括买主也包括卖主的市场参与者中的大多数人的根本利益来说,并非全是坏事,而且具有一定积极意义。

② 为什么要治理通货膨胀方面的问题?我国经济现在面临着结构调整的重任,其中既包括产业和产品结构的调整,也包括收入分配、出口与内需比例等多方面的结构调整。只要通货膨胀处于可控范围内,就可以在许多方面促进经济结构调整。例如,通货膨胀情况下,居民储蓄意愿低落,更倾向于及时消费,这就有利于扩大内需;内销产品价格上涨,可刺激厂商更加注重开发国内市场,减少对出口的依赖;即使整体价格水平上涨,产能过剩或粗制滥造的产品未必能跟风涨价,这比行政手段能更有力地调整行业和产品结构;农副产品涨价,至少给农民带来增收的可能。

分析通货膨胀对整体经济发展的作用与影响,首先要看通货膨胀的程度。学界通常将通货膨胀分为温和、严重和恶性三种。由于经济发展水平不同,居民收入分配结构和物价指数计算方式不同,各国对通货膨胀严重程度的界定标准不尽相同。我国经济学界有种说法,即温和通货膨胀是指年通货膨胀率在5%以下,通货膨胀率为5%~10%为严重通货膨胀,而年通货膨胀率达到两位数就属恶性通货膨胀了。

③ 我国如何治理通货膨胀方面的问题？从目前的 CPI 指数判断，我国的通货膨胀仍处于历史上较低的时期，在可控的范围之内。但通货膨胀预期强烈往往会对未来物价的走势形成冲击。因此，应该未雨绸缪，灵活运用积极的财政政策和稳健的货币政策，将调控目标定在保民生、促民生方面。可以采取的措施如下。

首先，必须采取多种措施抑制物价水平的进一步攀升。只有物价水平稳定下来，并开始逐步回落，人民的基本生活才能有所保障。由于目前的通货膨胀诱因比较复杂，这就需要综合运用多种宏观调控手段和政策组合，包括经济手段、法律手段和行政手段，在保民生、保稳定、保增长的前提下，坚决抑制物价水平的进一步上涨。在当前农产品价格成为推动通货膨胀主要力量的时期，尤其应该重视加大对农产品生产和流通的保护和扶持力度，努力增加农产品供应并降低流通费用。

其次，加快收入分配体制的改革，增强民众抵御通货膨胀的能力。由于劳动者的收入水平长期低于经济发展的速度，可以考虑将劳动者的工资增长与经济增速和物价增速相挂钩。还应特别注重对低收入群体的补贴和扶助，使他们在物价上涨的过程中不至于降低基本生活水平。

最后，加快政府职能转变，加大对民生工程的投入。庞大的建设性投资也是推动物价上涨的重要力量，如果能够将更多的投资转向民生工程，那么不仅能够扭转建设领域投资过热、乱铺摊子、重复建设严重的局面，而且能够大大提高广大居民的福利水平，同时有利于从建设型政府向服务型政府的转变。

（3）结合宏观经济学相关知识分析新型冠状病毒肺炎疫情对我国物价的影响。

新型冠状病毒肺炎疫情作为经济社会运行过程中的重大外部冲击，对我国宏观经济最直接影响就是导致总供需的不均衡，从而使物价水平的波动加剧。

① 短期来看，与疫情密切相关的生产生活资料，由于总需求的急剧膨胀而出现价格大幅提高或者短缺排队现象；受到疫情冲击的行业，由于总需求的断崖式下跌而出现价格不同程度下跌问题。随着疫情得到有效地控制和复工的加速推进，相关生产资料部门由于短期内供给缺乏弹性和投资需求的突然释放而出现价格回暖的现象，以休闲娱乐、度假旅游和餐饮服务等为代表的服务业则由于需求的集中释放而出现短缺排队甚至价格大涨现象，这在一定程度上弥补了这些行业在疫情期间产生的收入损失。

② 长期来看，随着生产生活恢复到日常节奏，社会总供需逐步趋于均衡，物价的波动也将日益缓和。此外，为了应对疫情冲击带来的经济下行压力，我

国的货币政策会大概率保持适度宽松,社会流动性也会逐渐充裕,再加上财政政策的需求刺激作用和赤字规模的进一步扩大,产生新一轮通货膨胀的潜在风险不容小觑。

四、教学组织形式

本案例的教学组织形成如表 19 所列。

表 19 "细致入微,抽丝剥茧,探寻 CPI 变动背后的问题"案例的教学组织形式

学习阶段	学习内容	时间	学习目标
课前	教师提前布置案例阅读任务,并设立学习小组,让学生以小组为单位预习课本知识,了解通货膨胀、CPI 的概念等相关知识,了解身边的物价变化情况	提前 2 d	让学生初步了解和学习通货膨胀的相关知识,为案例学习做准备
课中	教师进行案例导入,展示案例内容,学生再次阅读案例	5 min	让学生熟悉案例及案例提出的相关社会背景
	教师讲解案例中蕴含的相关知识和思政元素,以及通货膨胀的表现及原因	10 min	让学生明确相关知识点,结合案例进行思考与分析
	通过小组合作讨论,让学生根据案例和所学知识进行案例分析,并撰写案例分析报告	20 min	让学生能够运用理论分析问题,培养实践能力。案例分析报告成绩计入平时成绩考核
	教师随机选择 2 个自愿发言的小组的成员进行发言,并随机选择 1 个小组的成员发言,讲解报告内容,提出建议和见解	每组约 5 min,总用时不超过 20 min	锻炼学生的归纳总结能力、表达能力及解决问题的能力
	教师对各小组成员的发言分别进行点评,引发学生的进一步讨论,最后结合思政元素和经济学理论进行归纳总结	20 min	让学生学会运用思政相关的理论去剖析经济学的理论和概念,并反思自己在案例分析中的不足

表19(续)

学习阶段	学习内容	时间	学习目标
课后	各组完善案例分析报告,在下节课前提交,并对本节课所学的知识进行复习。教师在下节课上进行抽检提问	—	让学生巩固知识,增强记忆

五、总结

通过对本案例的分析,让学生深刻了解通货膨胀与经济发展的密切联系。目前,我国通货膨胀水平依旧保持在可控区间,但未来通货膨胀走势仍然存在不确定性。接下来应及时出台有利于市场预期稳定的措施,多措并举,为市场主体纾困,缓解原材料价格上涨、有效需求偏弱等带来的压力。同时,要继续关注外部环境和政策的变化,研究制定应对预案,防范好各种风险冲击。

首先,通过课前预习与课堂学习,让学生了解通货膨胀的概念、后果和原因。通货膨胀是指一般物价水平的普遍、持续上升,是衡量国家经济状况的一项重要指标,其稳定与否关乎着一国经济是否可稳健发展。衡量通货膨胀率高低的主要指标是物价指数,特别是消费者物价指数。我国目前的通货膨胀是全球范围内的通货膨胀及国内供求两个方面的原因共同造成的。

其次,在了解相关社会背景、学习宏观经济知识的前提下,通过本案例的分析,可以让学生将理论知识运用于实践,着重培养其逻辑思维能力及处理问题能力,使其养成运用辩证唯物主义的世界观和方法论科学认识经济现象的习惯。通过本案例分析,引导学生从CPI等数据中观察我国的经济韧性,从市场主体感知中国特色社会主义市场经济的活力,让学生具备正确分析当下我国与世界经济发展运行状况的能力。

最后,教师应引导学生认真学习国家的宏观经济政策与发展理念,深刻理解经济政策对于保持经济平稳运行的重要性和迫切性。我国面对新的经济下行压力,"稳"尤为可贵,更加可贵的是,"进"的力量也在积蓄。教师可引导学生充分认识政府如何运用政策手段应对通货膨胀,确保整体经济的"稳中有进",凸显社会主义制度的优越性,全面提高学生的思想道德素质、科学素质及文化素质,培养其社会责任感和爱国主义情操。

参考文献

[1] 人民财评:"开门稳"打下全年发展坚实基础[N/OL].人民网,2022-04-19[2022-06-15].https://view.inews.qq.com/a/20220419A03UR200.

[2] 人民财评:3月CPI总体平稳,有利物价平稳因素增多[N/OL].人民网,2021-04-10[2022-06-16].http://opinion.people.com.cn/n1/2021/0410/c434878-32074605.html.

[3] 吕建兴,毛学峰,曾寅初.食品价格冲击对核心CPI的传递效应:基于3种核心CPI的比较研究[J].经济理论与经济管理,2017(5):25-39.

[4] 特木钦,包倩文,刘宇楷.城镇化视角下消费领域结构性通胀问题研究[J].统计与决策,2021,37(9):132-136.

案例参与人:黄家荣、袁婕、陈荃、陶立、钮轶潇

就业：经济的"晴雨表"，社会的"稳定器"
——大学生结构性失业的困境与破解路径

一、案例正文

就业是最大的民生。对社会而言，就业使得劳动力与生产资料相结合，生产出社会所需要的物质财富和精神财富；对个人来说，劳动者通过就业取得报酬，从而获得生活来源，使社会劳动力能够不断再生产，有利于其实现自身的社会价值，促进人的全面发展。解决好就业问题始终是我国国民经济和社会发展的重要环节。

数据显示，2020届全国高校毕业生为874万人，同比增加40万人；2021届全国高校毕业生为909万人，同比增加35万人；预计2022届全国高校毕业生为1076万人，同比增加167万人。2022年全国高校毕业生将创下两个历史纪录：毕业生人数最多，毕业生人数增长最快。北京大学国家发展研究院教授卢锋在采访中提到：2022年高校毕业生增量会是之前的4~5倍，而在我国需要求职的总人口中，包括初中毕业生、中专毕业生、退伍军人、大学生等，大学生大概占到市场新求职人员总数的2/3。有调查结果显示，"十三五"期间，我国每年需要在城镇安排就业的人数维持在2500万人左右，其中约1500万人是以高校毕业生为主体的青年就业人员。由此可见，大学生失业问题成为阻碍我国社会发展的重要问题之一。

随着经济结构的调整和社会体制的变革，我国的大学生失业问题逐渐呈现出结构性失业的特征，新型冠状病毒肺炎疫情更是让这个问题彻底暴露。受疫情影响，餐饮、制造和外贸等多个行业的企业对大学生的用人需求急剧下降，这些往年聘用大学生的"主力军"，在疫情冲击下，需求大幅度下降，甚至有的企业为了生存而不得不大幅度裁员。

疫情常态化及经济下行的压力无疑加剧了大学生的就业压力和就业难度。为了促进大学生就业，各级政府纷纷出台相关就业政策。在2020年9月28日教育部召开的新闻发布会上，教育部领导表示，自疫情暴发以来，教育部携手20余个职能部门先后出台了30多项政策，全力促进高校毕业生就业。但是，大学生结构性失业问题依然严峻。大学生结构性失业是如何形成的？应如何破解这一难题？这仍然是需要关注的问题。

二、案例的思政元素

（一）积极解决大学生结构性失业问题是中国共产党把"为人民谋利益、谋幸福作为党的全部工作的出发点和落脚点"的生动体现

增加就业岗位、创造条件鼓励高校毕业生创业、发展新兴产业、增加就业岗位、完善职业培训体制、建立制度维护劳动者合法权益，诸如此类的政策措施层出不穷，这都是党和国家关心人民的重要体现。

作为马克思主义政党，中国共产党摆脱了以往一切政治力量追求自身特殊利益的局限，自诞生起，就把为人民谋幸福、为民族谋复兴、为世界谋大同确立为自己的初心使命，就把"人民"二字铭刻在心。习近平总书记指出："党除了人民利益之外没有自己的特殊利益，党的一切工作都是为了实现好、维护好、发展好最广大人民根本利益。"《中国共产党章程》中明确规定："党坚持全心全意为人民服务，在任何时候都把群众利益放在第一位，同群众同甘共苦，保持最密切的联系。"

解决就业问题，是人民幸福生活的最大保障。在经济飞速发展的当下，就业压力不断增大，经济形态的快速转型让不少人都面临着失业的风险。结构性失业是指主要由于经济结构（包括产业结构、产品结构、地区结构等）发生了变化，现有劳动力的知识、技能、观念、区域分布等不适应这种变化，与市场需求不匹配而引发的失业。结构性失业是由经济形态变化导致的，这些经济变化引起特定市场和区域中的特定类型劳动力的需求相对低于其供给的情况。

(二) 解决大学生结构性失业问题是中国共产党实现经济稳定增长的重要组成部分

经济稳定增长是指一个较长时期中经济不断平稳增长的态势,从而使经济总量和人均产量在这个时期内稳步地显著上升。若要实现经济稳定增长,通常要实现充分就业、物价稳定和国际收支平衡三个方面。其中,充分就业是最重要的。充分就业是指凡是愿意并有能力工作的人都得到了一个较为满意的就业岗位;与之相对应,失业是指愿意并有能力工作的人没有得到就业岗位。目前,一些高校毕业生面临结构性失业的困境,简单来说,就是我国正在从"传统经济单一发展"转变为"数字经济结合传统经济"的发展模式,而传统大学教育并不能及时紧跟经济转型而做出反馈,所以出现了岗位空缺和高校毕业生失业的情况。

为全面贯彻落实党的十九大精神,要以习近平新时代中国特色社会主义思想为指导,以大力发展数字经济促进就业为主线,以同步推进产业结构和劳动者技能数字化转型为重点,加快形成适应数字经济发展的就业政策体系,着力实现更高质量和更充分就业。国家发展和改革委员会联合十八部门印发的《关于发展数字经济稳定并扩大就业的指导意见》中指出,要加快培育数字经济新兴就业机会,推动数字产业发展壮大,拓展就业新空间。要着力发展壮大互联网、物联网等信息技术产业,并且创造更多更高质量的新兴就业创业增长点,同时促进电子商务、共享经济等新业态蓬勃发展,培育更多新就业形态。数字经济是我国经济组织形态的发展趋势,但主要问题是大学生的技能无法与之相匹配,所以造成了结构性失业问题的出现。所以,要想解决结构性失业问题,我国可从以下几点入手。一是强化数字人才教育,加快推进面向数字经济的新工科建设,积极发展数字领域新兴专业;鼓励高校加大数字领域相关专业人才培养;加强数字人才教育师资力量培养培训,逐步建立健全多层次、多类型数字人才培养体系。总的来说,就是推进专业教育改革,进一步优化职业教育体系以适应数字经济发展。二是加强数字技能培训,即大规模开展职业技能培训,探索职业培训模式。三是建设终身学习数字化平台体系,即大力发展覆盖职业生涯全过程的数字化终身教育,完善网络平台教学管理系统。四是加强教育与培训信息化基础设施和数字教育资源建设,大力发展"互联网+"教学和技能培训,积极采用数字化教学培训手段,推广新型教学培训模式。五是吸引社会力量参与数字人才培养培训,如探索校企联合培养新模式;支持行业企业,特别是大型企业举办或参与举办职业院校。支持数字经济大型骨干企业与科研院所共建人才培养基地;建立多方协同的职业培训规范管理制度和协调发展机制。

只有全面坚持"市场主导、政府引导"的原则,使大学教育、职业教育的方式与我国经济形态发展趋势相匹配,从源头上解决高校毕业生结构性失业问题,才能使得我国的经济实现更稳定的增长。

(三)解决大学生就业问题是"不断促进人全面发展、全体人民共同富裕"的前提

坚持"两个促进"相统一是中国共产党的一贯追求。共同富裕是共产党人追求共产主义的前提条件,"人的全面发展"是实现共同富裕的出发点、落脚点与目的地。

促进人的全面发展体现了"发展为了人民、发展依靠人民、发展成果由人民共享"的精神。人的全面发展指的是包括经济、政治、文化、社会、生态等各方面需求都得到满足,比单纯的物质丰沛、生活富足层次更高。实现人的全面发展首先要满足人的基本公共服务需求,因此,要在更高水平上实现幼有所育、学有所教、劳有所得、病有所医、老有所养、住有所居、弱有所扶。同时,实现人的全面发展包含满足人民群众对美好生活多样化、多层次、多方面需求的过程。大学生作为社会主义的核心发展力量,具备高学历、高素质的特性,经过了大学的磨砺和改造,具有更高的素质来促进社会、经济发展,具备更专业的知识和技能来应对各行各业的挑战,能够为促进国家繁荣、维持国家安定贡献力量。只有国家通过发布福利政策,搭建大学生就业平台,从大学生教育、职业教育等方面进行改革,才能让大学生顺利走向人生的新阶段,全面地提高他们的身体素质、心理素质、思想道德素质、科学文化素质等,满足他们生活中的物质和精神需求,从而实现自我,为共产主义事业贡献力量,为下一代青年人的发展奠定更为坚实的基础。如此一代又一代人的互相帮扶,最终必定将实现共产主义的伟大目标,实现中华民族的伟大复兴。

三、案例使用说明

（一）教学用途与教学目标

1. 教学用途

本案例可用于"经济学原理"课程中"通货膨胀与失业"相关理论教学。

2. 教学目标

（1）知识目标。

① 概念理解：失业、结构性失业。

② 掌握理论：结构性失业如何形成、如何破解结构性失业、结构性失业为何存在于大学生中。

（2）能力目标。

① 理解运用能力。通过教师讲解案例中包含的理论知识，并将其与大学生失业实际状况相结合，提高学生对专业知识理论的运用能力，更好地将理论与实践结合。

② 职业规划能力。让学生充分认识到结构性失业的危害性，通过理论的分析了解其产生的原因，并学会在日后的就业中避免出现结构性失业的情况。

（3）素质目标。

通过对本案例的分析，提高学生的全面素质，增强其爱国主义情怀和社会责任感；使学生掌握疫情背景下经济协调发展国民经济平稳运行的前沿理论发展，树立正确的就业观和奋斗意识，了解当前实际的就业困境和就业相关政策。

（二）案例讨论的准备工作

（1）教师要求学生预习相关知识点，对结构性失业的概念和出现的原因有初步了解。

（2）教师引导学生展开分析，重点聚焦大学生结构性失业现状及政府的应对措施。

(3) 学生通过对本案例和相关参考文献的解读,加深对与案例相关理论知识的理解;按照教师要求建立学习小组,对相应的案例思考题进行分析,提出自己的观点,最后总结成书面材料。

(4) 教师对案例讨论进行归纳总结,阐明案例分析和评价的重难点。

(三) 案例分析要点

1. 启发思考题

(1) 结合案例与所学宏观经济学知识,分析疫情常态化背景下促进大学生就业的必要性。

(2) 结合案例与所学宏观经济学理论,分析出现大学生结构性失业的原因。

(3) 针对我国大学生结构性失业现状,试给出政府治理对策及建议。

2. 分析思路及参考答案

(1) 结合案例与所学宏观经济学知识,分析疫情常态化背景下促进大学生就业的必要性。

就业是民生之本,大学生作为国家的宝贵人才资源,是国家经济、文化等领域建设的重要力量。促进大学生就业,是实现经济持续健康发展、改善民生和维护社会大局稳定的重要保障。在疫情影响下,多个行业对大学生的用人需求急剧下降,经济下行压力加剧,大学生就业压力及难度变得更大,疫情常态化的趋势使得问题逐渐凸显,促进大学生就业的必要性也愈发凸显。

① 个人层面。就业是个体在社会中生活的根本,若大学生就业难,则意味着他们难以从社会中获得劳动报酬,不仅牵涉到大学生个人的生活来源和未来发展,而且关系其父母养老及后代延续的经济问题的解决,不利于大学生的健康发展,轻则降低其生活幸福感与满足感,重则导致其丧失生活信心,难以持续全面发展。

② 社会层面。一方面,大学生的就业前景不明朗,大量"毕业即失业"群体的出现不利于社会安定。另一方面,大学生失业使得大量人才资源浪费,不利于经济效益的提升。

(2) 结合案例与所学宏观经济学理论,分析出现大学生结构性失业的原因。

以下结合案例与所学宏观经济学理论,以结构性失业的概念、结构性失业出现的原因、结构性失业在大学生群体中出现且表现较为突出的原因三个模块逐级递进进行分析。

① 什么是结构性失业?

经济产业的每次变动都要求劳动力供应能迅速适应变动,但劳动力市场的结构特征却与社会对劳动力需求不吻合,由此导致的失业被称为结构性失业。

② 结构性失业出现的原因。

之所以出现结构性失业,主要是经济结构(包括产业结构、产品结构、地区结构等)发生变化,现有劳动力的知识、技能、观念、区域分布等不适应这种变化,与市场需求不匹配。结构性失业是由经济变化导致的,这些经济变化引起特定市场和区域中的特定类型劳动力的需求相对低于供给。

③ 结构性失业在大学生群体中出现且表现较为突出的原因。

一直以来,对于大学生失业问题的认识都存在一个误区,即大学生失业是由毕业生人数太多导致的。随着我国经济增长与社会保障制度的不断完善,我国高等教育也呈现出大众化的趋势,随之而来的是大量高校毕业生涌入就业市场,出现"毕业即失业"的情况。因此有人得出结论:大学生数量过剩,超过了就业市场所需人数。但事实并非如此,调查数据显示,我国拥有专科以上学历的人口所占比例仍然较低,与发达国家相比还有较大距离,且考虑到我国庞大的人口基数,当前大学生数量还远远不能满足经济社会发展的需求。

由此可见,大学生失业不是毕业生数量过多导致的。本质上,大学生失业是一种供求关系失衡导致的结构性失业。在供给方面,首先,毕业生数量增长速度太快。自1999年高校扩招以来,高校毕业生的数量每年都以20%的速度增长,远远超过GDP的增长速度。其次,高校传统的专业分类结构使得大学生在毕业时难以找到与自身专业相匹配的工作。在需求方面,经济的飞速发展对大学生提出了更高的要求,如近年来发展迅猛的高新技术行业要求高校毕业生具备较高的应用性、操作性技能。可以看出,高校毕业生的知识、技能、素质、观念等在一定程度上与市场需求脱节,不能及时适应市场变化所导致的结构性供需失衡,从而造成了岗位空缺与毕业生失业并存的局面。

当前我国大学生结构性失业主要可以划分为两类,即技能结构性失业和观念结构性失业。

- 技能结构性失业。导致高校毕业生技能结构性失业的原因是多方面的。

一是高等教育招生体制落后，导致高校毕业生的技能结构性失业。我国高等教育招生仍具有较强的计划和指标性质，导致大学生的培养并不能随市场需求及时进行调整。二是高校内部的学科结构改革落后于产业结构调整的节奏。高校学科专业改革在一定程度上存在僵化的问题，这样的培养机制下培养的大学生，往往不具备日新月异的行业要求的技能。三是高校的快速扩招和高等教育的滞后改革，导致学校专业设置、课程体系、教育质量不能适应经济发展和劳动力市场的快速变化。

• 观念结构性失业。观念结构性失业是指劳动者的就业观念滞后于就业形势的变化，对工作岗位或薪酬的期望过高所造成的失业。受过高等教育的大学生都存在对职业期望过高的情况。在地域选择上，相比人才缺乏的地级市，大学生更愿意选择发达地区、省会城市就业；在职业选择上，大学生更愿意花费时间精力考取公务员或考研。就业观念僵化、就业期望与社会现实之间不能实现对接，导致部分高校毕业生陷入观念结构性失业的困境。

（3）针对我国大学生结构性失业现状，试给出政府治理对策及建议。

①"供给侧"治理的建议。

• 提高专业调整力度和精准度。教育部在2012年将专业设置自主权交由高校，让高校根据自身优势和特色发展学科专业。但一些学校盲目求大求全，未完全形成相应的专业设置与调整机制，导致出现缺乏办学特色、专业发展定位不清、与地方经济发展脱节等问题，这说明高校专业调整的精准度还有待提高。高校毕业生面临结构性失业问题与高校专业设置存在严重的行政化色彩和人才培养机制不能适应市场需求有很大关系，政府须从高校专业设置自主权、高校专业定位和专业的创新提质等方面对高校专业结构进行相应调整。

• 加强对实践教育的考核评估。我国高校，特别是重点综合类高校在实践教育环节长期处于短板位置。调查结果发现，企业对大学本科毕业生的实践经验十分看重，但实际上学校为大学生提供实习实践的平台和机会较少，大学生参与实习实践的机会很少，导致毕业求职时没有竞争优势。政府应将实践教育纳入绩效考核范围，引起高校对大学生实践教育的重视，努力为在校大学生搭建和拓展实践平台，提供更多的实习实践的机会。

• 健全就业服务职能体系。培训不仅能让大学生掌握求职的、面试的技能，而且能了解政府的就业创业优惠政策。但是，一些高校为节省经费，将就业培训、创业培训视作一种促进大学生就业的"应急措施"，只有在毕业季或已经出现失业的情况下才安排开展，导致大学生没有获得职业技能的真正提升，更谈不上就业观念的更新。因此，政府要加快进度健全就业服务职能体系，对高校就业服务的制度、资金、内容和过程都做出详细明确的规定，给予高校资金补贴，部署和监督高校实施全方面、全过程、全覆盖的就业服务。

• 帮助大学生转变就业观念。大学生更倾向选择党政机关、事业单位和国有企业的工作岗位，而选择民营和中小企业的大学生人数有下降的趋势。所以，政府与高校应通过宣传、教育等方式，帮助大学生树立正确的择业观，引导其灵活就业。

② "需求侧"治理的建议。

• 加强对劳动力需求的预测和分析。加强对产业变动的预测是准确预测劳动力需求变动的基础，在制定规划时，要参考国家和地区的产业发展趋势，把握好大方向。人才咨询机构可以加强对人才培养的市场需求信号的预测和分析，可以通过培植多种形式的劳动中介组织，提高劳动信息的流动与利用，确保政府部门和行业具备有效的人才规划，具备市场需求导向，提高职业资格标准和认证工作的时效性、可行性。

• 优化营商环境，扩大用人需求。政府应优化企业营商环境，多给企业释放空间，少给企业设置不合理的限制。政府应在市场准入、行政审批方面减少环节和程序，提高行政审批效率，降低企业经营成本；同时应该努力改善自身服务，简政放权，优化政商关系，让企业真正从政策帮扶中增强获得感，在创新环境、金融服务、政策配套及产业发展等方面为企业发展提供良好的支撑，保住或扩大企业生产规模，从而帮助企业稳定生产和扩大用人需求。

• 扩充就业岗位，拓宽就业渠道。政府可以直接出台就业政策，引导大学生到基层、边远地区和社区就业，并主动开发教育、科技、文卫等领域的就业岗位，扩宽这些领域的用人渠道。例如，统筹失业大学生返乡就业，并提供相应的就业保障。同时，政府可以通过对聘用应届大学生的企业进行补贴的方式来刺激企业更多地吸纳大学生。

四、教学组织形式

本案例的教学组织形式如表 20 所列。

表 20 "就业：经济的'晴雨表'，社会的'稳定器'"案例的教学组织形式

学习阶段	学习内容	时间安排	学习目标
课前	让学生进行预习，对大学生结构性失业的影响因素及其导致的结果，以及对通货膨胀理论相关知识有一定了解，并且认真阅读教师发布的案例。设立学习小组，让学生以小组为单位对案例进行初步探讨	提前 2 d	让学生初步了解通货膨胀基本知识及大学生结构性失业的相关知识，为案例分析做准备
课中	教师进行案例导入，展示案例内容，学生再次阅读案例	15 min	让学生熟悉案例及案例提出的相关社会背景
课中	教师讲解案例中蕴含的相关知识与思政元素，将通货膨胀与大学生失业关联起来	15 min	让学生明确相关知识点，结合案例进行思考与分析
课中	通过小组合作讨论，让学生根据案例和所学知识进行讨论，将其与通货膨胀与大学生失业相结合进行分析，并撰写案例分析报告	20 min	让学生运用理论知识进行案例分析，培养其问题分析能力。案例分析报告成绩计入平时成绩考核
课中	教师随机选择 2 个小组的成员进行案例分析展示	每组 10 min，共 20 min	锻炼学生的小组合作能力、解决问题能力和表达能力
课中	教师对各小组成员的发言进行点评，并启发学生进行交流，最后进行归纳总结	20 min	让学生体会案例中的思政元素，反思自己在案例分析中存在的不足，启发其对于现实问题的关注与思考

表20（续）

学习阶段	学习内容	时间安排	学习目标
课后	各组完善案例分析报告，在下节课前提交对所学知识进行复习。教师在下节课上进行抽检提问	—	让学生巩固知识，增强记忆，加深理解

五、总结

本案例所探讨的是大学毕业生结构性失业问题，以及在当今疫情常态化背景下，大学生就业对经济的影响。本案例以"大学生结构性失业的困境和破解路径"导入，可以让学生了解结构性失业的概念和产生原因。同时，通过教师对案例的讲解，并将生活中的经济行为融入教学，为解决高校毕业生结构性失业问题提供可行性建议，能促使学生将所学理论与实践相结合。

首先，通过课前与课堂学习，聚焦于如何辩证地看待结构性失业问题，如何让学生及家长、高校及用人单位树立正确的认知观念，使学生了解失业的类型及影响因素、失业与通货膨胀的关系、失业的危害等内容。让学生将理论与实践结合，既做到学习与运用本专业课程内容及特点，又做到对国内热点时事的关注。

其次，积极应对结构性失业问题应该作为做好大学生就业工作的长期任务。解决结构性失业问题的关键，在于推动实现大学生技能形成与新发展阶段经济转型的技能需求相适应。完成劳动需求方与劳动供给方的匹配，重点应该从三个方面着手：一是继续加快高等教育改革，在逐步提高入学率的同时，更加注重教育质量，前瞻性地瞄准未来经济社会发展需求；二是完善高校毕业生就业服务和培训体系；三是充分发挥并协调政府和市场的力量，合力构建支撑大学生就业的良好制度生态。

参考文献

[1] 吴志强，李亚娟. 地方院校专业结构调整与招生就业联动研究现状述评 [J]. 教育教学论坛，2020（50）：108-110.

[2] 李思迪，任腾. 战略性新兴产业发展视角下高校本科专业结构调整的

思考［J］．湖南理工学院学报（自然科学版），2021，34（1）：72-77．

［3］张刚，袁帅，张玉巧．技术进步、产业升级与结构性失业［J］．现代管理科学，2018（5）：73-75．

案例参与人：丁嘉毅、王淼珲、郑通、李楠、卡凯迪日耶·麦麦提疆、努尔古丽·依明尼亚孜、杨熠琳、王可言、赵梓萌

就业稳定社会安，灵活就业促发展
——失业的影响与对策

一、案例正文

在最新的《全球经济展望》中，世界银行将2022年全球经济增长预测下调至4.1%，对中国2022年经济增长的预期则下降至5.1%。我国2022年的GDP增速目标定在5.5%，而在此之前，我国经济已经保持了30年的高速发展。随着改革进入深水区，疫情的持续影响，加之不稳定的内外部环境，导致失业率高居不下，就业形势也愈发严峻。马克思关于失业的观点是资本主义制度的生产力和生产关系的矛盾导致失业现象的出现，资本结构优化后同量的总资本额会需要机构比优化前更少的工人，这样大规模失业就会出现。凯恩斯也认为失业是资本主义社会的必然产物。

我国是劳动力资源十分丰富的国家，高失业率的存在意味着大量的劳动力资源将得不到利用，导致社会资源被浪费。在长期失业的背景下，居民收入减少，人民的生活水平降低，严重时会诱发社会危机，破坏社会的稳定。因此，如何在经济下行压力严峻的情况下保就业、保民生，推动我国经济发展，成为摆在我国面前棘手的难题。

2021年3月11日，李克强总理在十三届全国人大四次会议后的答记者问时指出，一方面继续鼓励增加相对稳定的就业，另一方面要广开灵活就业的渠道。灵活就业，指的是相对于稳定就业的，个体经营、非全日制及新就业形态等灵活多样的就业方式。需要注意的是，今时今日的灵活就业，不等同于打零工，也不仅仅包含于自由职业者，而是社会对不同于建立在工商业制度和现代企业制度基础上的传统主流就业方式的各种就业形势的总称。灵活就业人员之中也有传统和新兴之分，如传统的自由撰稿人、模特、翻译、小时工、技术小工等。随着数字化经济、新业态的发展,也诞生了新兴的外卖骑手、短视频博主、直播带货主播、互联网营销师、职业游戏玩家等。

灵活就业这一概念的提出,无疑是一项政策创新。在当前的特殊形势下,政府通过大力推广灵活就业以有效对抗失业,成为传统就业与失业之间的一块"海绵"。灵活就业人员自谋出路、自食其力,既减轻了政府保民生、保就业的压力,也对社会、经济等方面具有积极意义。同时,从企业和用户需求零散分割的背景来看,灵活就业依托互联网的优势,能增加劳动者就业增收,既有利于破解摩擦性失业,缓解结构性失业问题,还能促进大众创业、万众创新,成为培育劳动力新动能的有效渠道。

据相关预测,2022年全国高校毕业生规模将达到1076万人,同比增加167万人,规模和增量均创历史新高。作为思维更加活跃、创新能力更强的群体,大学生成为共享经济、平台经济中的一支"生力军"。与一般的灵活就业不同,大学生的灵活就业是在互联网、大数据等新技术应用背景、新业态下的自主就业和创业。根据全国高等学校学生信息咨询与就业指导中心数据统计,2020届全国高校毕业生的灵活就业占比为16.90%,2021届高校毕业生灵活就业占比为16.25%。这意味着,灵活就业已经从过去的边缘形式上升为主流形式之一,且对稳定就业、发展经济起到很大作用。而当灵活就业的规模达到一定程度的时候,就迫切地需要健全的相关法律法规来规范和保障从业者及用工方的权益。目前我国灵活就业最大的软肋就是权益保障力度不足,同时,我国灵活就业劳动者面临着劳动关系界定不清、社保有门槛、工伤无保障等痛点,欠薪、欺诈、强制加班等侵权现象也时有发生。这些问题如何解决?劳动者的合法权益如何得到保障?灵活就业这一就业"蓄水池"如何进一步得到拓宽?仍然是需要持续关注的问题。

二、案例的思政要素

(一)就业是民生之本,打好稳就业"组合拳",是民之所需

全心全意为人民服务,是党的根本宗旨。必须以最广大人民根本利益为一切工作的根本出发点和落脚点,坚持把人民拥护、赞成、高兴作为制定政策的依据,顺应民心、尊重民意、关注民情、致力民生。坚持发展为了人民,就要

顺应各族人民过上更好生活的新期待，着力解决人民群众最关心、最直接、最现实的利益问题，把发展的目的真正落实到满足人民需要、提高人民生活水平上。失业可能使家庭失去经济来源，生活水平和生活质量下降，同时大批失业人员可能成为社会不安定因素，引发社会动荡。就业是民生之本，发展之基，打好稳就业"组合拳"，是民之所需。而灵活就业政策创造了大量就业机会，可以使劳动资源得到有效充分的利用，使人民获得收入，满足他们对高质量生活的需求，实现社会价值。就业不仅是民生问题，而且是发展问题，有就业才有收入，人们的生活才有奔头，也会持续为社会创造财富。

（二）当代大学生应树立正确的就业观，在实践中增长才干

就业观即指导就业的观点。正确科学的就业观对一个人的人生有着十分重要的影响。树立正确的就业观的方法包括但不限于一降（降低就业期望）、二提（提高自身素质）、三适应（适应严峻的就业形势）。当前高校毕业生就业形势依然严峻复杂：一是经济发展压力增大；二是毕业生规模持续增加；三是疫情对就业的影响仍在持续；四是就业的结构性矛盾尚未得到根本缓解。高校毕业生思维活跃、擅长创新，是灵活就业的"主力军"，应当树立正确的就业观、择业观，利用政策优势，转变"毕业即失业"的局势，而且不一定要拘泥于专业对口、钱多事少、离家近的工作，站在灵活就业的风口，无论在哪个领域，都可能干出一番属于自己的辉煌事业。当然，也不要怕经历挫折和失败，那是成长进步过程中的阶梯，学会在实践中经受锻炼、从失败中总结经验，才能不断发展、增强能力，为中国特色社会主义事业和共同理想贡献自己的一份力量。

（三）灵活就业要真正成为一种稳妥的就业选择，离不开社会支持体系的与时俱进

互联网平台催生的新就业形态，已经发展成为我国吸纳就业的重要渠道。在疫情防控常态化背景之下，灵活就业作为具有就业容量大、进出门槛低、灵活性强等特点的新就业形态，将继续在保就业中发挥积极作用。灵活就业不限形式、性别、年龄，国家为其提供舞台，所有人都可以利用这个舞台尽情展现自己的风采。以改革创新为核心的时代精神，是当代中国人民精神风貌的集中

写照，是激发社会创造活力的强大力量。建设和发展中国特色社会主义是一项前无古人的创造性事业，只有坚持解放思想、实事求是、与时俱进，大力弘扬以改革创新为核心的时代精神，才能使全体人民始终保持昂扬向上的精神状态，不断建设中国特色社会主义伟大事业。当然，伟大事业的推进也离不开社会支持体系的与时俱进。任何一种就业形态的出现，都绝不只是个体的事。要真正成为一种稳妥的就业选择，并满足人力资源的需求，必然离不开社会支持体系的与时俱进。例如，要解决好高校毕业生就业问题，必须健全灵活就业的劳动用工和社会保障政策。由于门槛低、灵活性强等特点的存在，有一部分年轻人将灵活就业想象得过于简单，但事实上，大多数人的灵活就业之路从来就不是一帆风顺的，这便要求相关就业培育和指导应与时俱进，引导年轻人理性看待灵活就业。同时，由于灵活就业政策相关配套支持的不足，会影响到灵活就业群体的就业意愿及正当权益，必须尽快加以完善，让灵活就业成为真正稳妥的就业选择。

三、案例使用说明

（一）教学用途与教学目标

1. 教学用途

本案例可用于"经济学原理"课程中"通货膨胀与失业"相关理论教学。

2. 教学目标

（1）知识目标。

掌握失业的概念及失业对经济发展和社会民生的影响和危害，了解马克思和恩格斯的失业理论，认识我国失业现状及政府制定的相应政策和措施。

（2）能力目标。

① 认识与分析能力。增强学生对失业现象的认识及对失业原因的探索和分析能力，争取为解决当前就业困境、发展经济贡献才智。

② 举一反三能力。通过对本案例的介绍，让学生认识失业对经济发展和社会民生的危害和影响，了解就业的重要性，并能够运用经济学理论分析其他类似的经济现象。

③ 理论运用能力。通过案例教学，引导学生将理论知识与身边的现实经济情况相结合，增强学生对国家灵活就业政策的理解和认识，让学生更好地将理论与实践相结合，并合理地运用到实践中。

（3）素质目标。

通过教师对案例的分析和讲解，提高学生的全面素质，包括思想道德素质、科学素质、文化素质、身心素质等。提高思想道德素质，是指增强学生的爱国主义情怀和社会责任感；提高科学素质，是指引导学生深度认识创新发展、协调发展、绿色发展、开放发展、共享发展，增强科学精神；提高文化素质，是指引导学生树立正确的就业观和奋斗意识；提高身心素质，是指引导学生真实地去了解当前实际的就业困境和就业相关政策。

（二）案例讨论的准备工作

（1）教师要求学生预习相关知识点，对失业的概念和影响有初步了解。

（2）教师在课前发布简短案例，让学生查阅相关背景资料，并将其融入课堂案例进行分析。

（3）教师引导学生分析灵活就业政策的利弊，并思考灵活就业政策对解决失业问题的作用。

（三）案例分析要点

1. 启发思考题

（1）马克思失业理论与凯恩斯失业理论的比较及其对我国的启示。

（2）政府应如何强化灵活就业的政策供给？

2. 分析思路及参考答案

（1）马克思失业理论与凯恩斯失业理论的比较及其对我国的启示。

马克思失业理论和凯恩斯失业理论的相同之处在于，失业是资本主义经济条件下的必然现象。马克思主义政治经济学认为，失业现象是资本主义制度下生产关系不适应生产力造成的。资本家把他们的收入主要用来资本积累，而资本积累越多，利润率就越低，这又使得投资无利可图，进而造成投资率下降。当矛盾积累到爆发点时，就会发生经济危机，社会上出现大量失业人员。凯恩斯经济学认为，社会有效需求不足导致资本主义制度下出现失业现象。随着个人收入的增加，人们的消费欲望也在增加，但是收入增加量总是高于消费的增加量，这就使得消费与支出之间出现的缺口越来越大。而资本的投资需求又是由利息率和资本边际效率之间的对比关系决定的，社会资本总体数量增加，资本边际效率就会下降，进而导致投资利润降低，私人投资规模也随之下降，收入与消费之间的缺口越来越大，就业不足就成为资本主义社会的常态。

马克思和凯恩斯的失业理论都指出，投资总量的下降会造成大规模失业，但其不同之处在于，两者对投资和失业关系有着不同的看法。在凯恩斯经济学中，提出资本边际效率的不确定性和总体下降趋势会造成私人投资量下降，从而造成大规模失业。马克思主义政治经济学从阶级分析的高度认为，资本家的行为特征可以用追求剩余价值、进行资本积累来概括，即随着资本积累的加速和利润率的下降，积累就能导致生产的大规模集中，又加速利润率的下降。利润率下降会造成资本主义生产动力的衰退，又会延缓新的独立资本的形成，从而表现为对资本主义生产发展的阻碍。利润率的下降不仅会导致人口相对过剩，而且会导致生产、投机和资本过剩，引发经济危机，从而出现大规模失业的情况。

马克思和凯恩斯对资本主义条件下失业问题的认识虽然在本质上是不同的，但是从具体实际来看，两者也有着相似的看法。把两者求同存异结合起来，对我国现阶段经济工作有着重大的指导意义。

① 在我国新经济体制的市场化改革过程中，任何现象的发生，其背后的成因都非常复杂。体制对经济发展有着重要影响。我国的经济制度是从计划经济向市场经济转型过来的，旧体制没有彻底脱离，新体制尚不完善，因此造成新旧体制之间的矛盾不断发生，严重制约了经济的健康有序发展。马克思主义政治经济学的生产过剩理论，对分析我国目前生产过剩问题及失业问题，有着具体的指导意义。

② 凯恩斯经济学认为，自由经济市场发生危机的原因除了自愿失业和竞争性失业，还存在着"被迫失业"。失业是国内有效需求不足造成的，所以在自由市场经济均衡环境下，就业状态是不充分的。凯恩斯从市场需求角度为各国政府解决失业问题提出了建议，即通过膨胀性的货币政策和积极的财政政策来拉动国内投资需求，通过加大投资，在实现社会总需求和总供给均衡的前提下，提供更多的工作岗位，从而最终提高就业率，实现充分就业。就业机会不均等，就会加剧分配不公、拉大贫富差距，建立与完善社会保障制度，可以有

效缓解贫富不均的压力,而这又是以生产力发展为前提的,只有生产力不断发展,社会的公平才能更好地实现。

总之,我国的经济发展应在马克思主义政治经济学的宏观指导下,综合借鉴运用凯恩斯经济学在解决失业问题上的有益思想;必须从市场、供给、需求等多角度进行整合;必须把提高劳动就业和深化经济体制改革、实现经济发展有机地结合起来,才能开创经济发展新局面。

(2)政府应如何强化灵活就业的政策供给?

分析思路:国务院办公厅出台的《关于支持多渠道灵活就业的意见》,重点提出"拓渠道""优环境""强保障"三个方面支持措施,为促进灵活就业强化政策服务供给。

①"拓渠道",即针对灵活就业形式多样、主体多元的特点,突出加大对个体经营、非全日制、新就业形态的支持。在个体经营方面,主要是引导劳动者创办投资小、见效快、易转型、风险小的小规模经济实体,支持发展各类特色小店,给予创业担保贷款、税收优惠、创业补贴等政策支持。在非全日制方面,主要是推动非全日制劳动者较为集中的保洁绿化、批发零售、建筑装修等行业提质扩容,增强养老、托幼和社会工作等社区服务业吸纳就业能力,对符合条件的人员给予社保补贴。在新就业形态方面,主要是实施包容审慎监管,推动网络零售、移动出行、线上教育培训、互联网医疗、在线娱乐等行业发展。

②"优环境",即针对灵活就业人员自主创业,重点在审批管理、资金、场地等方面给予政策支持。《关于支持多渠道灵活就业的意见》主要提出"四免":一是免营业执照,对于在政府指定场所和时间内销售农副产品、日常生活用品,或者个人利用自己的技能从事依法无须取得许可的便民劳务活动,无须办理营业执照;二是免部分收费,取消涉及灵活就业的行政事业性收费,对经批准占道经营的免征城市道路占用费;三是免租金,落实阶段性减免国有房产租金政策,鼓励各类业主减免或缓收房租;四是免费提供场地,鼓励有条件的地方将社区综合服务设施闲置空间、非必要办公空间改造为免费经营场地,优先向下岗失业人员、高校毕业生、农民工、就业困难人员提供。

③"强保障",即针对培训服务少、维权渠道窄、抗风险能力弱等不足,重点从新职业开发、针对性的培训、就业服务、权益保障等方面强化扶持。在新职业开发方面,动态发布新职业,创造更多直播销售、网约配送、社群健康

等新就业形态;在针对性培训方面,开展针对性的创业培训、技能培训,增强劳动者的就业能力;在就业服务方面,拓宽公共就业信息服务范围,鼓励人力资源服务机构提供专业化服务,促进灵活就业供求对接;同时,要加强维护劳动保障权益,加大对困难灵活就业人员帮扶力度。

四、教学组织形式

本案例的教学组织形式如表21所列。

表21 "就业稳定社会安,灵活就业促发展"案例的教学组织形式

学习阶段	学习内容	时间	学习目标
课前	教师提前布置案例阅读任务,让学生预习失业的概念和影响等相关知识,查找关于我国失业现状的资料	提前3 d	让学生初步了解失业的相关知识及马克思与凯恩斯的失业理论,为案例分析做准备
课中	教师进行案例导入,展示案例内容,学生再次阅读案例	5 min	让学生熟悉案例及案例中的社会经济现象
课中	教师讲解案例中蕴含的相关知识和思政元素,以及失业的影响和危害,比较马克思与凯恩斯的失业理论的异同,并对灵活就业政策做出解读	20 min	让学生明确相关知识点,结合案例进行思考与分析
课中	教师选择2~3名学生就知识点和案例内容进行总结,讨论马克思与凯恩斯的失业理论对我国失业现状的启示,并对政策内容的利弊进行分析,提出建议和见解	10 min	锻炼学生的归纳总结能力、表达能力及解决问题能力
课中	教师对学生的发言分别进行点评,并结合思政元素和经济理论进行归纳总结	10 min	让学生学会运用思政相关的理论去剖析经济学的理论和概念,对解决现实问题提供启发

表21(续)

学习阶段	学习内容	时间	学习目标
课后	教师布置案例分析报告的作业	—	锻炼学生的案例分析能力及撰写案例分析报告的能力

五、总结

通过对本案例的介绍，让学生掌握失业的影响和危害，认识到当前严峻的就业形势，进一步理解灵活就业的概念和意义，从而树立正确的就业观。

首先，通过在课前预习和查询资料，让学生对失业的概念有基本的认识，对当前社会的就业形势有初步的了解，并在学习相关失业理论后，对失业有自己的见解。

其次，通过对本案例的分析，让学生认识到失业对经济发展和社会民生的危害和影响，了解灵活就业的内涵。同时，通过比较马克思与凯恩斯的失业理论的异同，加深学生对失业这一社会现象的理解，培养其多角度思考问题的能力，并在学习前人理论的基础上，对我国社会失业现状进行反思。设置课堂思考问题，让学生根据案例的内容对灵活就业政策的利弊进行自主分析，并进行表述和报告，不仅能锻炼学生的表达能力、归纳总结能力，而且能让学生对灵活就业政策的概念、意义及重要性有更深刻的理解，形成自己的见解。

通过对本案例的分析，能锻炼学生的理论运用能力，使其将理论知识与社会中的现实经济情况相结合，增强对灵活就业政策的理解和认识及对政府的信任，感受到国家对社会民生的重视，同时能增强其爱国情怀和社会责任感，使其树立正确的就业观。

最后，经济学中的思政教学需要润物无声、潜移默化地进行，而不是简单的说教。在教学时，教师一定要注重学生的感受和体会。要结合新时代青年学子的特点、时代特征、专业特点，不断引入新观点、新思维与新方法，引导学生从不同角度思考问题，提高学生的经济伦理、思想道德素养、科学思维认知和实践能力。要加强学生对社会实践的认识，增强其对国家政策的理解和支持，进而树立正确的世界观、人生观、价值观，成为有担当有责任的新时代社会主义接班人。

参考文献

[1] 纪洋洋，金鑫. 马克思与凯恩斯失业理论的同与不同 [J]. 人民论坛，2017（11）：124-125.

[2] 邓也. 受保障的灵活就业才有望成为主流 [N]. 四川日报，2022-03-21（12）.

[3] 周小亮. 凯恩斯主义与马克思主义危机成因的理论差异与启示 [J]. 当代财经，2000（4）：7-12.

[4] 刘文会. 对当代大学生就业问题的思考 [J]. 企业改革与管理，2016（16）：56.

案例参与人：杜鹃、丁琪、罗泽宇、向易隆、张佳敏

提升科技推动力，打造经济新引擎

——新常态下经济增长的要素变迁与选择

❯❯ 一、案例正文

  新中国成立至今，我国经济增长在波折中实现了奇迹般的腾飞。回望70余年来我国经济增长的历程，主导要素的更迭与增长动力的转换互为耦合，在接力式的发展道路下，经济增长动力不断优化，我国经济逐渐从粗放式增长的旧模式走向高质量增长的新常态，从规模驱动的数量型增长走向创新驱动的结构性改革，逐步构建新发展格局。

  任何时代的经济增长都是在物质资本和人力资本的基础上，采取各种方式提高生产率实现的。从新中国成立之初到改革开放前，我国经济总体呈增长趋势，但波动较大，以土地要素为主导构建的集体农业经济，为工业化的发展提供了最初的动力；改革开放后到党的十八大前，我国经济经历了高速增长，这一时期拉动经济增长的要素是资本要素和劳动力要素，在改革开放的基本国策下，我国大量吸收外资，带来相应的管理技术和经验，促进了我国产业的升级改造，同时，对外开放为我国企业提供了对外投资的空间，经济结构从"内需依存型"向"出口导向型"转变，这一时期的"人口红利"，让劳动密集型工业发展起来，也为经济的增长做出贡献。

  随着人口老龄化日趋加剧，农业富余劳动力减少，要素的规模驱动力减弱，我国经济进入了新常态。在经济新常态下，"人口红利"消失，用工成本上升，廉价劳动力优势不复存在，资本边际受益递减导致投资拉动经济增长模式进入瓶颈，在此背景下，经济增长模式由过去的劳动密集型重化工业转向服务业和技术密集型制造业，经济增长从要素驱动、投资驱动转向创新驱动，劳动力、资本要素逐渐让位于技术、数据等要素。党的十八大以来，实施创新驱动发展战略，加快转变经济发展方式成为我国经济发展的方向。

2020年10月26日至29日，党的十九届五中全会在北京召开。全会审核通过的《中共中央关于制定国民经济和社会发展的第十四个五年规划和二〇三五年远景目标的建议》提出要加快构建以国内大循环为主体、国内国际双循环相互促进的新发展格局。2021年3月5日，《中华人民共和国国民经济和社会发展第十四个五年规划和二〇三五年远景目标纲要（草案）》提出，要以深化供给侧结构性改革为主线，以创新驱动、高质量供给引领和创造新需求，通过拉动国内需求来促进经济增长，经济增长逐渐从要素驱动向居民消费增长和结构升级转变。

经济增长是一个国家健康发展的核心，也是宏观经济理论研究的重点。在新常态下，我国经济增长将更多依靠人力资本质量、技术进步和数据优势，必须让创新成为驱动发展新引擎，同时必须要意识到经济发展的动力并非一成不变，在不同时期不同环境下，一国经济的发展需要因时而变、随事而制。

二、案例的思政元素

（一）科技驱动经济发展，创新成为第一动力

科技创新是一个国家或地区经济增长的核心动力。从经济学理论来看，科技创新在经济增长中的作用经历了从无到有、从外生变量到内生变量、从浅显到深刻这样一个不断深化的过程。古典经济增长理论在一定程度上认识到技术进步对经济增长的积极意义，如亚当·斯密从社会分工的角度说明了科学进步对推动经济增长的促进作用。新古典经济学从哈罗德·多马模型到索洛模型再到内生经济增长模型，使技术进步经历了从外生变量到内生变量、从非决定性要素到决定性要素的变迁。随后，经济学家熊彼特在对"经济增长"和"经济发展"的区分中，认为创新是经济发展最本质的属性，以资本和劳动力的投入增长带来的只是经济增长，而不能称为经济发展，并在此基础上形成了国家实践创新、理论创新、制度创新，从政府的角度进一步强调了科技进步能够转化为生产力，从而促进经济发展。

虽然从2010年起，我国就已经成为世界第二大经济体，但是我国经济的

增长速度却在逐年放缓,从发达国家经济发展的历程来看,在现代科技发展迅速的背景下,科技创新已经成为经济发展的第一动力。党的十八大提出实施创新驱动发展战略,强调科技创新是提高社会生产力和综合国力的战略支撑,必须摆在国家发展全局的核心位置。党的十九大报告指出:"我国经济已由高速增长阶段转向高质量发展阶段",这一对我国当前经济发展阶段的科学定位明确表明,以科技创新驱动经济高质量发展成为我国经济进入高质量发展阶段的重要发展战略。2020 年,中央经济工作会议强调要深化供给侧结构性改革,推动供给侧结构性改革要求加快实施创新驱动发展战略,推动增长动能转换,坚持创新在我国现代化建设全局中的核心地位,把科技自立自强作为国家发展的战略支撑。2021 年,习近平总书记提出要立足新发展阶段、贯彻新发展理念、构建新发展格局。在新的发展阶段,需要坚定不移地贯彻创新、协调、绿色、开放、共享的新发展理念。经济发展必须以创新为第一动力,让科技成为经济增长要素发挥作用,并统一贯彻落实新发展理念。发展格局是经济现代化的路径选择,这一主张的关键在于经济发展,最本质的特征是实现高水平的自立自强,因此必须更加强调自主创新,要集合优势资源,有力有序地推进创新攻关的新体制机制建设,在经济增长的同时,实现内外稳定发展。这些政策变迁无一不在强调科技已经成为当前我国经济发展的重要动力。

从实践来看,2018 年,我国科技进步贡献率超过 58.50%,研发支出占 GDP 比重达到 2.15%,研发强度已超过欧盟。2019 年,我国的科技进步贡献率上升至 59.50%。2020 年,我国的科技进步贡献率超 60.00%。同时,以人工智能为核心的数字科技创新取得新进展,一些创新成果在中西部地区开展产业升级和数字化转型、智慧城市建设等方面被快速应用。同时,以掌握核心技术为主的实践创新、理论创新、制度创新取得新进展。随着"互联网+"战略的有效实施,一大批企业借助互联网实现转型升级,并大步迈向产业互联网时代。这些科技进步都为我国的经济发展注入了动力。

(二)发挥要素引领作用,实现经济稳步发展

长期以来,资本、土地、劳动被称为"生产三要素",古典政治经济学家亚当·斯密认为劳动、资本、土地的数量决定产出,也就是说生产要素的数量决定一个区域的产值和经济规模。土地、资本和劳动力作为三大基本生产要素,

只有三者有效结合与运作，才能使社会财富得以不断增长和积累，"生产三要素"在国家经济发展的早期起到了一定的作用。随着经济的不断发展，全要素生产率这一概念被提出。索洛认为，经济增长来自两方面：一是生产要素（劳动、资本等）投入的增加；二是要素生产效率的提高，即技术进步。

在我国经济已由高速增长阶段转向高质量发展阶段的前提下，中央经济工作会议提出经济发展必须以供给侧结构性改革为主线，坚持"巩固、增强、提升、畅通"八字方针，坚持质量第一、效益优先，推动经济发展质量变革、效率变革、动力变革，提高全要素生产率。供给侧结构性改革意味着要深化要素市场化配置改革，推动土地、劳动、资本、技术、数据等要素市场化改革，发挥要素引领生产发展的作用。在经济发展新常态下，在推动供给侧结构性改革的同时，必须培育增长新动力，选择合适的经济增长要素，不断优化要素配置，以提高供给体系质量和效率，注重激发经济增长动力，进而推动经济稳步发展。

实现经济高质量发展，必须坚持发挥要素的引领作用。新中国成立以来，从最初的发挥土地要素建设集体化农业，为工业化建设打下基础，实现经济发展；到发挥劳动力、资本要素，通过规模驱动，引进外资，形成市场，促进第三产业发展，推动经济进一步发展；再到现在，技术要素已成为经济发展的引领力量。自全面建成小康社会、实现第一个百年奋斗目标以来，我国开启全面建设社会主义现代化国家新征程，目前已经成为世界第二大经济体、第一大工业国、第一大货物贸易国、第一大外汇储备国。2020年，我国国内生产总值超过100万亿元，人均国内生产总值超过10000美元，这些成就源于改革开放以来的经济增长，而经济增长的原因之一正是我国能够在不同阶段让促进经济增长的要素发挥引领作用。

（三）要素变迁应坚持因地制宜，动力更迭应追求实事求是

从经济增长的要素变迁来看，推动国家经济增长的要素并非一成不变，在不同的时期、不同的内外国际环境下，我国经济增长的同时，经济增长的主导要素经历了从单一到多样的变化，这一要素的更迭变化要求人们不应当一味依赖一种经济增长要素，而需要及时转变，在经济发展过程中本着求真务实的态度精神，坚持因地制宜、因时制宜，实事求是，用发展的眼光看待问题。纵观

不同经济体的增长过程,可以发现,保持经济增长的动力,特别是在发展阶段转换、旧增长动力削弱时及时培育新的增长动力,是实现经济持续发展的关键所在。经济增长中的实事求是要求人们能够在面对经济结构的调整和国内经济形势的改变下,及时转变自己的经济发展思路,顺应形势需要,为阶段性的经济发展注入动力。

从实践来看,随着我国经济进入新常态,以技术为代表的增长动力逐渐取代土地、资本和劳动力等规模驱动力。在计划经济体制下,生产受计划支配,且在经济中处于主导地位;改革开放以来,通过不断引入市场机制,使市场在资源配置中起决定性作用,让资本动力为经济发展带来动力,同时,低成本的劳动力让劳动密集型工业发展起来,也为经济的增长做出贡献。随着技术的进步,"互联网+"加速与一系列产业融合,新兴行业的发展壮大,完备的技术共享平台的出现,使经济增长的动力在稳步发展中逐步更迭,具有不竭的生命力。

三、案例使用说明

(一)教学用途与教学目标

1. 教学用途

本案例可用于"宏观经济学"课程中"经济的波动与增长"相关理论教学。

2. 教学目标

(1)知识目标。

① 理解概念:经济增长、经济增长要素(土地、资本、劳动力、技术)。

② 掌握理论:生产要素的分类;不同生产要素的特点及对经济增长的影响;阶段性主导生产要素的产生原因及变迁过程。

(2)能力目标。

① 举一反三能力。通过对本案例的分析,让学生了解不同经济增长要素对经济增长的影响,对经济增长要素与经济增长的关系有更深刻的认知,并能够运用经济学理论分析新时代政府实施的经济政策。

② 理论运用能力。教师通过介绍案例中包含的理论知识，并将这些理论知识与身边的现实经济情况相结合，让学生了解阶段性主导要素的产生原因，以及主导要素的更迭对经济增长动力转换的影响，从而提高学生对于专业知识理论的运用能力，让其更好地将理论与实践相结合，并合理地运用到实践中。

(3) 素质目标。

案例分析教学有助于提高学生的全面素质，包括思想道德素质、科学素质、文化素质、身心素质等。提高思想道德素质，是指指导学生提高其思想道德修养，树立爱国主义情怀和宏伟志向；提高科学素质，是指指导学生学习宏观经济学生产要素与经济增长理论，提高学生认识和理解一定的经济增长要素及经济增长要素对经济发展的作用，增强理解包含科学技术在内的公共政策议题的能力；提高文化素质，是指增强学生运用专业知识分析当下社会转变的意识；提高身心素质，是指让学生明白经济学知识与社会生活息息相关，吸引其关注时事热点与政府政策，并从中体会宏观经济学的乐趣。

（二）案例讨论的准备工作

(1) 教师要求学生预习相关知识点，对经济增长要素与经济增长理论有初步了解。

(2) 教师在课前发布简短案例，让学生查阅相关背景资料，并融入课堂案例进行分析。

(3) 教师引导学生分析阶段性主导生产要素的产生原因，使其更好地理解主导要素的更迭对增长动力转换的影响；让学生思考新常态下政府应对经济发展新阶段应采取怎样的经济政策。

（三）案例分析要点

1. 启发思考题

(1) 结合案例与所学宏观经济学理论，分析为什么土地、资本、劳动力和科技这些要素会为经济增长提供动力？

(2) 结合案例和所学宏观经济学理论分析，为什么经济增长的主导要素会不断更迭？

（3）结合经济增长要素分析，在经济发展新阶段下，如何转变经济发展理念，促进经济高质量发展？

2. 分析思路及参考答案

以上三个思考题是根据宏观经济学"经济的波动与增长"相关的知识点提出的。

（1）结合案例与所学宏观经济学理论，分析为什么土地、资本、劳动力和科技这些要素会为经济增长提供动力？

① 土地要素。土地要素在新中国成立初期对于恢复国民经济，全面推动我国由农业国转变为工业国提供了物质基础。新中国成立以来，在党中央的领导下，通过土地改革分田地、建立农业生产合作社、推动农业集体化运动、使农民拥有土地等政策，极大地激发了农业生产的积极性，粮食及经济作物产量不断增加，大力推动了经济的发展。

② 资本要素。资本市场是我国社会主义市场经济的重要组成部分。我国经济和金融体制的改革极大地推动了资本市场的发展，经济的持续增长也为资本市场的发展创造了良好的外部环境。资本市场的快速发展，也推动了我国经济和金融体制的改革，促进了国民经济的可持续增长。资本市场对我国经济和社会发展的作用在日益增强，其中，资本要素对经济增长的影响主要体现在：促进经济和企业的发展（资本市场通过资源配置推动企业变革、吸引国际资本，促进国有企业资本化和世界化）、促进金融体系改革（资本市场的发展为银行和保险等金融机构提供多元化的资金运用渠道）、促进社会发展（丰富居民理财的方式，提高居民的收入）。

③ 劳动力要素。改革开放四十多年以来，劳动力要素对促进我国经济增长起到了重要作用。新中国成立初期，我国更多依靠大量的廉价劳动力推动经济增长；步入21世纪，劳动力素质和技术水平越来越成为经济增长的关键性因素。长期以来，我国劳动力供给对经济增长有显著的正向作用，在推动产业结构转变及优化、带动城市化进程、加强城乡联系方面发挥了巨大作用。但随着经济发展，劳动力成本上升对我国经济产生了不利影响，其中最直接的影响是生产成本的上升，加大了就业压力，加速了通货膨胀，进而对我国吸引外资和跨国公司的全球战略产生影响。

④ 技术要素。科学技术是第一生产力，是先进生产力的集中体现和主要

标志。加快科学技术的发展,大力推动科技进步和创新,能够提高我国的生产力水平,是促进我国经济发展的根本途径。在改革开放和社会主义现代化建设新时期,科学技术水平和科技创新能力越来越成为综合国力竞争的决定性因素,对促进我国经济高质量发展起着至关重要的作用。科技进步会为经济增长方式的转变创造物质条件,雄厚的科技实力则会促进经济增长由高速发展转变为高质量发展。当前,我国面临加快转变经济发展方式、推动产业结构优化升级的迫切任务,而科技进步能够推动我国经济发展方式的转变,推动产业结构优化升级,实现经济增长由主要依靠增加物质资源消耗向主要依靠科技进步、管理创新和劳动者素质提高转变。同时,科技进步有利于提高自主创新能力,建设创新型国家,是增强独立自主、自力更生能力的需要,有利于提高我国经济的国际竞争力和抗风险能力。

在经济发展过程中,资本、劳动等生产要素投入的增加虽然会导致产量的增长,即经济增长;但经济要实现长期、持续和高速的增长,不能只依靠简单的生产要素投入,而要摒弃粗放的生产方式,采取集约的扩大再生产方式,也就是说,技术进步对经济发展起着至关重要的作用。

(2)结合案例和所学宏观经济学理论分析,为什么经济增长的主导要素会不断更迭?

① 国家经济政策的不断变更。在不同的社会历史时期,国家针对当时的社会环境制定不同的经济发展政策,在改革开放初期和计划经济时代,国家政策对经济发展的影响巨大。

② 劳动生产率的提高。改革开放初期,我国劳动力素质较低,劳动力水平低下。随着经济的发展,劳动力素质不断提升,科学技术水平的进步与劳动生产率的不断提高逐渐成为促进我国经济增长的又一重要因素。

③ 国内市场的变化。改革开放初期,我国国内市场较为狭小,拉动经济增长主要靠出口,发展外贸型经济较多。如今我国市场日益庞大,刺激消费、拉动内需成为促进经济发展的重要方式。

④ 国际市场的发展。当前,国际市场的不稳定性日益增加,在贸易全球化的大背景下,逆全球化和经济脱钩等不利于促进世界经济发展的呼声越来越高,为了适应国际社会的变化,促进经济增长的劳动力、资本、土地、技术要素需要不断发生变革。

(3)结合经济增长要素分析,在经济发展新阶段下,如何转变经济发展理念，促进经济高质量发展？

在经济发展新阶段，数据已然成为经济发展的核心要素。首先，要打通供给壁垒，强化高质量数据要素供给，提升数据资源处理能力。其次，要统一数据管理标准，推动数据资源标准体系建设，提升数据管理水平和数据质量，探索面向业务应用的共享、交换、协作和开放；加快推动各领域通信协议兼容统一，打破技术和协议壁垒，加强互通互操作，形成完整贯通的数据链；全力落实设立科创板并试点注册制改革；着力提升上市公司质量；注重激发市场活力，持续扩大资本市场双向开放，让一切创造社会资本财富的源泉涌流。最后，在人口增长的重大转折期来临的背景下，提高国民教育水平和科学文化素质，发挥高质量的人力资本红利（如工程师红利）将成为高质量发展阶段的重要推动力。

科学技术是第一生产力，发挥科技创新对促进经济发展的决定性作用，加快推动技术要素市场化配置改革，着力研究和全力建设满足新时期创新发展需求的现代技术要素市场体系，对于提升我国科技创新供给质量、促进经济高质量发展具有重要意义。加强实践创新、理论创新、制度创新安排，能使权、责、利激励相容，使人更积极地投入。通过恰当的制度设计，能鼓励创新、促进竞争，提高资源的配置效率，引导经济转向高质量发展。

四、教学组织形式

本案例的教学组织形式如表 22 所列。

表 22 "提升科技推动力，打造经济新引擎"案例的教学组织形式

学习阶段	学习内容	时间	学习目标
课前	教师提前布置案例阅读任务，并设立学习小组，让学生以小组为单位预习课本知识，了解生产要素的内容、不同生产要素是如何促进经济增长的等相关知识	提前 2 d	让学生初步了解生产要素的相关知识，为案例分析做准备

表22（续）

学习阶段	学习内容	时间	学习目标
课中	教师进行案例导入，展示案例内容，学生再次阅读案例	10 min	让学生熟悉案例及案例提出的相关社会背景
	教师讲解案例中蕴含的相关知识和思政元素，以及不同时期主导经济增长的生产要素	20 min	让学生明确相关知识点，结合案例进行思考与分析
	通过小组合作讨论，让学生根据案例和所学知识进行案例分析，并撰写案例分析报告	20 min	让学生运用相关理论分析问题，培养思辨能力。案例分析报告成绩计入平时成绩考核
	教师随机选择2个小组的成员进行发言，教师进行点评，并提出建议，要注意思政元素和经济学知识的有机结合	每组10 min，总用时不超过30 min	提高学生总结归纳能力、表达能力及解决实际问题的能力
课后	各组完善案例分析报告，在下节课前提交，并对本节课的内容进行复习。教师在下节课上进行抽检提问	—	培养学生的总结反思能力，进一步巩固知识、增强记忆

五、总结

新中国成立至今，迅速且巨大的经济发展与变迁，展示出了近代以来人类经济发展的几乎所有的主要推动力，其中不仅包括纯自然的、永久性的、稳定的经济增长要素——土地，而且包括与时俱进、随时而动的经济增长要素——资本、劳动力与技术。世界上没有任何一个国家拥有类似的情况，即将主要经济增长要素的作用阶段在不到百年内得以全部展现。本案例极具特殊性，对于研究经济增长的生产要素极有价值。

当前，研究我国经济增长的生产要素，不仅需要从经济学角度去思考，而且要将思政元素包括在内。面对世界经济百年未有之大变局，我国经济也迎来了新的挑战，当下研究促进我国经济增长的生产要素时，可以增加以下思政元素：科技驱动经济发展，创新成为第一动力；发挥要素引领作用，实现经济稳步发展；要素变迁应坚持因地制宜，动力更迭应追求实事求是。这些新的思政元素可以打开研究思路，为研究、教学提出具体的要求。

基于以上思政元素提出的要求，在教学中，不仅要求学生了解并掌握经济学中的相关专业知识，即经济发展的主导要素及其作用的原理，而且要增强对学生思想方面的引导，通过了解新中国成立以来主要经济增长要素的变迁，理解党和国家重大经济决策背后的原因，深刻体悟在我国经济发展中我国人民付出的努力，并使学生树立投身中华民族伟大复兴的崇高理想。

在授课过程中，应坚持问题导向，注重从几个主要问题入手剖析新中国成立以来促进经济发展的主要因素，这些问题简单概括起来便是"为什么"和"怎么做"。"为什么"是通过问题让学生了解土地、资本、劳动力和技术促进经济发展的理论机制及其主次关系变化的规律；"怎么做"则是在了解经济增长要素的理论后，对现实"经济胁迫"问题进行的思考并由此提出的建议。

在当代大学生教育中，除了要培养他们掌握专业的知识与能力，也应注重培养他们的思辨能力与实践能力，而这些都将在课堂中完成。教师在进行案例研究和教学时，可让学生自主组成讨论小组，课堂的一切计划以讨论小组为中心展开，如此，既可以培养学生的独立思考能力，促进他们对于案例的深刻理解，掌握案例背后所蕴藏的经济学知识，也可以提升他们的交流能力和团队合作能力，不断提升其思想政治素养。

综上所述，土地、资本、劳动力和科学技术等经济增长的要素不仅在以往我国经济发展中具有重要的作用，而且在未来也会有不可忽视的重大影响。以课程思政为引领进行研究和教学，不仅要从经济学上理解这些要素的重大影响，而且要从国计民生、民族复兴的伟大愿景角度进行分析。

参考文献

[1] 金刚, 沈坤荣. 新中国 70 年经济发展：政府行为演变与增长动力转换 [J]. 宏观质量研究, 2019, 7 (3): 1-16.

[2] 蔡昉. 中国经济增长如何转向全要素生产率驱动型 [J]. 中国社会科学, 2013 (1): 56-71.

[3] 孙祁祥, 周新发. 科技创新与经济高质量发展 [J]. 北京大学学报（哲学社会科学版）, 2020, 57 (3): 140-149.

[4] 亚当·斯密. 国民财富的性质和原因的研究：上卷 [M]. 北京：商

务印书馆，1983：10-12.

［5］陈劲，尹西明. 中国科技创新与发展 2035 展望［J］. 科学与管理，2019，39（1）：1-7.

案例参与人：曹文浩、车明乐

助力投资发展，增添经济新动能

——从哈罗德-多马模型看我国经济发展方式的选择

》》 一、案例正文

英国经济学家哈罗德和美国经济学家多马把经济增长作为一个独立的、专门的研究领域进行研究。哈罗德和多马于20世纪40年代，运用动态分析的方法，各自独立地建立了内容相似的一个动态经济增长模型，这个模型在经济增长理论上被称为哈罗德-多马模型，重点是研究发达经济的长期稳定增长的必要条件，并寻找一种平稳而持续的经济运行所必需的经济增长率。哈罗德-多马模型对后来的经济增长理论产生了很重要的影响，后来的一些经济增长模型正是针对这一模型的缺陷而提出来的。

哈罗德-多马模型以凯恩斯理论为基础。哈罗德和多马认为，影响经济增长最关键的因素是投资，投资的可能性取决于储蓄，而储蓄又取决于储蓄倾向。哈罗德-多马模型假定资本产出比率是个常数，所以经济增长率完全取决于储蓄率（即投资率）的增长。然而在现实经济生活中，储蓄率并不等于投资率，而且投资率也是不稳定的，所以稳定均衡的经济增长率是很难实现的，经济运行中的经济增长是非稳定的增长。因此，哈罗德-多马模型虽不够完善，但具有一定的借鉴意义。从该模型中可以看出，储蓄和投资是支撑经济发展的基本要素。

改革开放以来，我国经济发展之所以能取得举世瞩目的成就，就在于通过持续不断的改革开放，激发了微观经济主体的活力，动员和用好了经济发展的基本要素，即储蓄和投资。如同其他发展中国家一样，改革开放前我国的储蓄短绌，通俗来说就是缺钱。因此，动员储蓄以支撑高水平的投资，借以启动工业化和城镇化进程，并确保日益增加的适龄人口就业，就成为改革开放的首要任务。换言之，如果说我国经济的快速增长得益于人口红利及工业化和城镇化，那么，这些因素发挥作用的基础则在于储蓄率和投资率的稳步提高。

动员储蓄的要义，就是向企业和居民提供稳定预期、足够激励和有力支撑，使其能在当下和未来的消费之间做出理性选择。这种激励框架唯有通过市场化改革方能达成。从资源配置的决策过程看，改革包括两层含义：一是政府向企业和居民分权，从高度集中的计划经济转向大众创业、万众创新的市场经济；二是中央政府向地方政府分权，调动地方发展经济的积极性。我国对改革目标的认识是逐步深化的，采取的是渐进步骤，从而保证了经济转型沿着帕累托效率改进的路径平滑展开。

1978年我国储蓄率仅为38%，通过一系列市场化改革，2008年我国储蓄率上升到51%左右且保持至今。与之对应，投资率从1978年的38%左右上升到2008年的近44%且保持至今。平均而言，30多年来我国的储蓄率和投资率分别达到39%和38%左右，远高于同期其他发展中国家和历史上高速增长时期的发达国家。

过去数些年，我国经济基本保持高速增长，高储蓄、高投资是重要推动因素之一。然而，由于增长过度依赖投资，也带来不少问题，如对消费需求形成挤压，盲目投资造成产能过剩、环境污染和资源过度消耗等。目前，我国储蓄率仍高达40%，稳居全球主要经济体之首，但储蓄率持续下降是必然趋势。2010—2019年，国民储蓄率从50.9%下降至44.4%，其中，居民储蓄率由42.1%下降到34.8%。截至2021年末，我国国民储蓄率已跌至44.0%，未来还会进一步下降。

二、案例的思政元素

（一）用发展的眼光看问题，要形成与储蓄率变化趋势相吻合的经济增长方式

对于国家"经济胁迫"问题，哈罗德-多马模型表明，经济增长主要取决于产出增长率、储蓄率与资本产出比，只要有持续的资本形成，就会有持续的

经济增长。

我国以往的高储蓄率与特定发展阶段的经济增长方式密切相关，人口红利丰裕、投资回报率相对较高，必然诱导出以要素积累为主导的经济增长模式，而高投资回报率又会引发储蓄的动机。然而，在人口红利消失、要素积累推动的增长模式难以为继的情况下，高储蓄率与经济增长的联系将不再紧密。相反，高储蓄率可能通过挤压消费给经济增长动力带来不利影响。同时，居民储蓄率下降趋势是经济社会发展的规律性现象，关键要防范储蓄率下降过快对经济带来的负面影响，及时补充养老金储蓄，增加长期资本来源，优化居民储蓄结构，加快经济发展方式转变，促进经济持续健康发展。

应对居民储蓄率下降趋势，必须转变经济增长方式，更多依靠创新驱动增长，减少对高投资、高积累模式的依赖。同时，加大向低收入群体的转移支付力度，提高社会保障的一体化水平，增加对公共卫生、教育、养老等公共服务等的支持力度，助力形成与经济发展水平相适应的储蓄—消费关系。

（二）激发民间资金潜力，让储蓄"变身"优质投资

哈罗德-多马模型表明，当储蓄率固定不变，提高资本产出比，经济增长的速度就会下降；降低资本产出比，经济增长的速度就会增加。我国目前依然保持着较高的储蓄率。但较高的储蓄率并没有能带来较高的投资率，银行的"存贷差"正不断扩大。近些年的经济增长方式一直是依靠要素的投入和使用，由此带来的资源枯竭、生态环境破坏等问题，使得经济发展呈现出高消耗、低产出、高投入、低效益的特征。因此，降低资本产出比、提高资本的边际效率必须摆在经济发展的重要位置。

让储蓄转化为投资，关键是打通投融资渠道。长期以来，我国以间接融资为主，银行是为投资提供资金的"主力军"。由于直接融资和间接融资比例失衡，使金融风险高度集中于银行体系，客观上也加重了实体经济融资难和融资贵、居民投资渠道有限等问题。与间接融资相比，直接融资具有风险共担、利益共享的特点，资金来源和风险相对分散，服务实体经济尤其是大众创业、万众创新和中小微企业的能力更强。从国际经验来看，随着经济不断发展，直接融资比重逐步提高，促进直接融资与间接融资协调发展、提高直接融资比重具有全局意义。为此，要顺应居民多元化投资和企业多样化融资的趋势，扩大直接融资，优化融资结构，从而健全社会储蓄高效转化为投资的机制。

让储蓄转化为投资，还要拓展新的金融工具。我国直接融资发展得不够快，与金融工具相对单一有关。近些年，场内股权市场（如沪深交易所主板、创业板和新三板）发展速度较快。然而，作为直接融资主渠道之一的债券市场，其潜力还未得到充分发挥，需要将发展债市作为推进直接融资的重要方向。此外，私募市场（包括私募股权、债券、基金等）的金融产品刚刚起步，潜力巨大。培育私募市场，不仅可以拓展市场服务范围，增强对新兴产业、中小微企业的服务能力，而且能有效拓宽居民投资渠道，激发民间投资活力，提高社会资金使用效率。

三、案例使用说明

（一）教学用途与教学目标

1. 教学用途

本案例可用于"宏观经济学"课程中"哈罗德-多马模型"相关理论教学。

2. 教学目标

（1）知识目标。

① 理解概念：哈罗德-多马模型。

② 掌握理论：哈罗德-多马模型的概念、假设条件、基本方程、作用、缺陷。

（2）能力目标。

① 融会贯通能力。在教学过程中，引导学生充分阐述自己的想法，使其将理论与实际结合，将哈罗德-多马模型和马克思经济理论增长模型与当今我国经济社会相联系。同时，教师要将思政教育贯穿课堂教学的全过程，持续培养学生的思考能力与专业素养。

② 职业规划能力。通过对我国现阶段经济增长因素的分析，引导学生树立职业生涯规划意识，学会规划自己的职业生涯，自主选择未来的就业方向。

③ 理论运用能力。充分调动和激发学生参与实践的热情，使学生积极参与有关我国现阶段经济增长道路内容的讨论，使其更好地运用哈罗德-多马模

型与马克思经济理论增长模型,并结合当下我国实际,分析我国经济发展方式的选择。

(3) 素质目标。

将社会主义核心价值观融入课堂教学,帮助学生树立正确的价值观和理想信念,增强其社会责任感与家国情怀。例如,在组织学生进行案例分析时,教师可选用与学生专业知识相关的案例,引导学生独立自主地探索知识,培养其实践创新、理论创新、制度创新能力,对我国的经济发展状况有更深刻的认识。

(二) 案例讨论的准备工作

(1) 教师引导学生快速熟读案例,对其中涉及的"哈罗德-多马模型"的概率及与当今我国经济增长的关系等问题有初步了解。

(2) 学生通过通读案例,并结合相关理论知识,讨论探究我国当今经济发展的道路选择。

(三) 案例分析要点

1. 启发思考题

(1) 比较哈罗德-多马模型与马克思经济理论增长模型。

(2) 试分析哈罗德-多马模型的缺陷对我国当今经济发展的启示。

2. 分析思路及参考答案

以上两个思考题均根据哈罗德-多马模型知识点提出。

(1) 比较哈罗德-多马模型与马克思经济理论增长模型。

哈罗德-多马模型与马克思经济理论增长模型拥有一些共性特征:首先,二者均源自英法古典经济学;其次,二者均着重从宏观层面分析论证经济增长的规律性特征;最后,二者均认为经济增长的均衡状态是不稳定的。但马克思经济理论增长模型与哈罗德-多马模型仍然存在着本质性区别,这些区别可以从经济增长的实现机制、微观与宏观分析、总量与结构分析、技术与制度在经济增长中的作用四个方面进行分析。

① 经济增长的实现机制。在马克思经济理论增长模型中,经济增长的驱动力是资本家追逐剩余价值的动机。而在西方经济学增长模型中,经济增长是

由总量生产函数决定的,是总供给与由跨期效用函数决定的总需求相互作用的动态结果,是一种动态均衡过程。从理论基础看,哈罗德-多马模型是依据凯恩斯的需求决定论和新古典的均衡价值论,因而从属于西方经济学主流范式,作为西方经济学的一个重要组成部分而存在。在西方经济学增长模型中,没有体现剩余价值学说的部分,也缺乏对社会再生产中的实物补偿与价值补偿的分析描述。

② 微观与宏观分析。在马克思经济理论增长模型中,微观分析与宏观分析是高度统一的。社会总产品是单一商品的总和,通过从全社会角度将商品生产环节、流通环节纳入整体考量,通过批判性继承古典经济学的社会再生产流通思想,马克思创造性地将社会资本再生产问题归纳为实物补偿问题和价值补偿问题,构建了一个有效地研究社会资本再生产的宏观分析框架,建立了第一个描述经济增长过程的理论模型。哈罗德-多马模型则局限于宏观总量分析,缺乏对宏观经济总量的微观基础的论证与描述,它从凯恩斯的需求理论出发,从总量生产函数入手,以总投资与总储蓄之间的关系为核心,确定宏观经济的动态均衡特征。

③ 总量分析与结构分析。马克思经济理论增长模型在进行总量分析的基础上,深刻地阐述了社会资本再生产过程中结构因素的重要性。马克思清楚地认识到,论证社会资本再生产问题的核心是解决实物补偿问题和价值补偿问题。从价值补偿角度出发,马克思将社会总产品分解为不变资本、可变资本和剩余价值三个组成部分,认为剩余价值转化为资本是社会资本再生产特别是扩大再生产得以顺利进行的关键。

④ 技术与制度在经济增长中的作用。马克思的生产力与生产关系原理揭示了生产力(技术是生产力的一个重要方面)是推动经济发展和社会进步的决定因素,生产关系的性质和变化取决于生产力的状况及变化,同时生产关系通过促进或阻碍生产力发展而影响经济发展和社会进步。在生产关系总和中,生产资料所有制形式即社会经济制度的本质特征是起决定作用的部分。因此,在技术和制度二者中,技术是对经济发展起决定作用的因素,经济制度通过促进或阻碍技术进步而影响经济的发展。哈罗德对此也提出过两个重要命题:一是由于有保证的增长率取决于生产技术因素,而自然增长率取决于外生于经济制度的劳动增长率,经济中并不存在任何一种机制使有保证的增长率和自然增长率增长相等,在资本主义经济中,就业不足的均衡增长是一种常态;二是当

经济的实际增长率与有保证的增长率产生偏离时,这一偏离不但不能自行纠正,反而会产生更大的偏离。有保证的增长率基本上是不稳定的。

(2) 试分析哈罗德-多马模型的缺陷对我国当今经济发展的启示。

哈罗德-多马模型有以下四个缺陷。

① 固定比例的生产函数的假设是不合理的。固定比例的生产函数意味着生产要素即资本和劳动的不可替代性,也就是资本—产出比率是固定不变的。资本—产出比率不变的假设是不合乎现代经济增长中的要素之间可以替换这一客观现实的。若生产能力没有被充分利用,且闲置的资本存量不从总投资中扣除,则会扩大资本—产出比率的数值,从而使实际的增长率降低。因此,若将不变的资本—产出比率代入基本公式进行计算,其结果必然高于实际增长率。

索洛指出:"有保证增长率和自然增长率之间的矛盾根本是取决于这一决定性的假定,即生产是在固定比例之下进行的……如果这一假定不存在的话,不稳定的刃锋概念似乎也随之不存在。"哈罗德-多马模型中不变的资本—产出比率实际上排除了技术因素对经济增长的影响。显然,这一假定并不适合于研究长期的"经济胁迫"问题。

② 过分强调资本积累的作用,忽略技术进步对经济增长的作用。哈罗德-多马模型过分强调资本在经济增长中的作用,从而把经济增长源泉推向一个"唯资本积累"的程度,而相对忽视了技术进步、知识与教育、人力资本在经济增长的作用。哈罗德在《动态经济学》中关于中性技术进步的论述中指出:"我把它定义为这么一种技术进步,即它是一种不会干扰资本劳动比率,并且生产过程的长度保持不变的技术进步。……如果利息率恒定不变,则一项技术发明是否属于中性,依据我的定义,当参照资本系数所发生的情况来决定。"由此可以看出,哈罗德定义的中性技术进步对经济增长的影响是可以忽略不计的。

③ 忽视了市场机制的作用。哈罗德-多马模型中均衡增长的不稳定性,要求持久的政府干预。强调持久的政府干预的结论带有浓厚的凯恩斯主义色彩,不仅忽视了生产要素的可调整性,而且忽视了市场机制的作用。

④ 模型中 $I=S$ 不符合实际。哈罗德-多马模型是以凯恩斯储蓄等于投资为基础的,认为储蓄全部转化为投资是经济均衡增长的必要前提。而在实际生活中,储蓄往往是不等于投资的。储蓄能否全部转化为投资,不仅涉及利率是否具有充分的弹性,而且涉及投资者、消费者的心理预期,以及收入分配制度

等，它是一个非常复杂的基本理论问题。在模型中作假设，势必会影响哈罗德-多马模型的解释能力。

综上，推动经济稳定增长的基本途径如下。从我国目前的情况来看，刺激投资需求和消费需求应是实现经济稳定增长的当务之急。但从长远来看，防止和抑制需求膨胀，建立有效的宏观调控机制，促进技术进步，打破哈罗德-多马模型的前提假设，也是推动经济稳定增长的基本途径。

从哈罗德-多马模型来看，当前我国经济发展受到资本产出率低、劳动力水平低下、资源分布不均等因素的限制。经济增长的可持续首先要考虑资本积累率和储蓄率间的关系。当储蓄率固定不变，提高资本产出比，经济增长速度就会下降；降低资本产出比，经济增长速度就会增加。所以，储蓄率与资本产出比两个因素共同影响着经济增长。通过对哈罗德-多马经济增长模型的分析，提出以下五点意见。

① 加快资本形成。目前国内严重资本过剩，高储蓄率带来了较高投资率。2012—2016年，我国银行的"存贷差"在5年间增加3倍，达到9.36万亿元。银行"存贷差"的不断扩大，提醒人们储蓄不能转化为投资。预计今后长时期内，我国消费率都很难大幅提升，经济增长主要还是依靠较高的投资来支撑。这是因为当前我国有较高的储蓄率，所以在资本相对过剩的状况下，提升消费率是很容易实现的。可是投资能否成功和投资成本、投资收益率相关，假如资本边际生产效率比较低，一个理性的投资人是不会投资的，这样，储蓄就不能有效转化为投资，资本的边际效率下降，从而可能导致经济增长放慢。国家要发展资本市场，推动经济增长，就要鼓励民营经济发展，支持民间资本投资，积极进行产业金融、区域金融创新。相关部门要落实鼓励企业增加研发投入的税收优惠政策，推动民营企业加强自主创新和转型升级。

② 保持较高的投资率。首先，目前我国投资率高是合理的，但当下经济增长更加依赖高投资率，投资率虽然能在短期内进行调控，但是资本边际生产率和消费率会受到多种制约，短期内很难提高。同时，高储蓄率是我国经济维持长期持续增长的物质基础，其利大于弊，所以，今后在相当长时期内我国经济增长必须依靠高储蓄率。其次，要提高资本利用效率，转变经济增长方式，使经济增长方式从以粗放型增长方式为主转变为以集约型增长方式为主。有效的市场竞争是实现集约型经济增长的微观基础，只有完善竞争性市场体系，才能最大化发挥市场竞争优势，有效促进经济增长方式的转变。

③ 推进科学技术创新。创新是对现有事物在特定条件下进行改造或变革。科技创新是对产品、工程的创新设计，以降低能耗，提高资源利用率，节约生产要素的投入和使用。加快科技进步，不仅能提高科技进步对经济增长的贡献率，而且能提高产品质量，提高效益，从而实现经济增长的低投入、低消耗、高产出、高效益。由于我国资本边际生产率同经济增长高度正相关，而且保持粗放型的经济增长越来越不可取，因此，提高资本边际生产率和大力推进技术创新很重要。目前，我国主要技术创新的主体部门都高度集中在国有经济，因此政府在政策上必须鼓励、引导和推进非国有经济的改革创新，大力发展和提高非国有经济的技术含量，使非国有经济逐步成为我国技术创新的主体。

④ 人口适度增长。哈罗德-多马模型表明，经济增长率最终等于人口的自然增长率。因此，应该在宏观经济调控中继续推动发展劳动密集型行业的发展，刺激消费需求。人口适度增长，才能扩大市场，刺激消费，扩大经济规模，带来经济效益，从而长期稳定有效地促进经济发展。

此外，劳动力不光要从数量上提升，还要在质量上把关。教育投资是人力资本形成和积累的主要途径。世界银行研究结果表明，劳动者接受教育程度每增加1%，该国经济GDP就能增加9%；劳动者接受教育程度的提高还能推动劳动力合理有序地转移与流动。目前，我国有多达5000万名的农民工，农民工大量流动，特别是各地有组织有序的流动，有效地调节了我国各地区劳动力的余缺，促进了经济的发展。在人口增长和经济增长的互动效应下，以人口增长来推动国民经济长期稳定地增长，并根据经济增长的水平来确保人口增长的适度水平，是我国社会主义现代化建设的要求。

⑤ 提高政府干预水平，从直接干预转向间接干预。政府的直接干预转向间接干预的表现如下：重视农业发展，工业化不再是单一的工业现代化，农业现代化也是工业化的题中应有之义；地区之间的协调发展，充分发挥国内各地区之间的优势互补，扩大国内市场容量，对私营企业给予必要的扶持，以加强竞争力，提高国民经济的效率；协调外贸活动中的各种关系，积极开辟国外市场；等等。

四、教学组织形式

本案例的教学组织形式如表 23 所列。

表 23　"助力投资发展，增添经济新动能"案例的教学组织形式

学习阶段	学习内容	时间	学习目标
课前	教师提前布置案例阅读任务，让学生以小组为单位预习课本知识，了解哈罗德-多马模型的产生背景、概念假设条件、基本方程、作用、缺陷等相关知识	提前 3 d	让学生初步了解哈罗德-多马模型的相关知识，为案例分析做准备
课中	教师在 PPT 上展示案例，对案例进行梳理总结	5 min	让学生进一步熟悉案例
课中	教师讲解案例中蕴含的相关知识和思政元素，提出相关问题，检查预习情况	10 min	让学生明确相关知识点和案例内容
课中	对哈罗德-多马模型进行推导演示，加深学生的理解	10～15 min	让学生对哈罗德-多马模型的认识更加透彻
课中	教师进一步提出问题，让学生通过小组讨论集思广益，并随机选择部分小组的成员回答问题	15～20 min	让学生能够用理论分析问题，同时便于教师了解学生对于知识的熟悉和掌握程度
课中	教师对各小组成员的回答进行点评	10 min	引导学生进一步思考
课中	教师对本节课所学的内容进行总结，要注重对思政元素的强调	10～15 min	对整节课的内容进行回顾，使学生的思路更加清晰，对知识和思政元素的理解更加透彻
课后	各组对案例进行进一步的分析，形成案例分析报告，并在下节课前提交。教师在下节课上进行抽检提问	—	进一步巩固课堂所学，提高学生的自主学习能力

五、总结

经济增长是经济学永恒的课题，持续的经济增长是每个国家追求的目标。哈罗德-多马模型正是从储蓄与投资的关系出发，提出了实现经济均衡增长的条件。该模型对我国经济发展的启示包括重视资本积累、推动储蓄向投资转化、强调政府干预的作用等。

在课堂学习中，首先，教师通过分组，让学生提前了解哈罗德-多马模型的产生的背景、概念、假设条件、基本方程、作用、缺陷等相关知识。在课堂中，教师对哈罗德-多马模型的构建再次进行推导，回顾哈罗德-多马模型的假设条件、基本方程及与马克思经济理论增长模型的区别，最终从哈罗德-多马模型的基本方程中得出结论：要实现均衡的经济增长，国民收入增长率就必须等于社会储蓄倾向与资本—产量二者之比；这一模型为发展中国家加快经济增长指明了方向，即资本的匮乏阻碍了发展中国家的经济增长，只要有持续的资本形成，就会有持续的经济增长。

其次，通过联系具体案例，将理论运用于实践，提高学生分析、实践、总结、表达的能力。从我国经济发展的实际出发，联系哈罗德-多马模型的作用及其缺陷，通过小组讨论得出促进我国经济持续、稳定、健康地增长的应对措施。在分组讨论过程中，增强学生合作交流的意识，锻炼其运用理论分析问题、解决问题的能力，全面提高其个人素质和团队意识，同时渗透相应的思政教育。

总而言之，对一个发展中国家来说，高储蓄下的高投资既是难得的机遇和优势，也是宏观经济均衡的必要条件。当前，提高学生对投资在我国当前稳增长、长期加快发展中的地位和作用的重要性的认识是非常有必要的，要让学生正确认识投资在经济增长中的作用。

参考文献

[1] 李扬. 用好经济发展的基本要素[N/OL]. 人民网, 2015-03-25[2022-06-26]. http://www.ce.cn/macro/jjll/201503/25/t20150325_4930596.shtml.

[2] 午言. 让储蓄"变身"优质投资[N/OL]. 人民日报, 2015-06-01[2022-06-26]. http://finance.ce.cn/rolling/201506/01/t20150601_5511181.shtml.

［3］吴易风. 经济增长理论：从马克思的增长模型到现代西方经济学家的增长模型［J］. 当代经济研究，2000（8）：1-4.

［4］王文珺. 哈罗德-多马经济增长模型研究［D］. 石家庄：河北经贸大学，2012.

［5］齐佳兵. 浅谈哈罗德-多马模型对我国经济增长的启示［J］. 中国商论，2018（12）：54-56.

案例参与人：李恩桐、王嘉琛、肖紫煊、胡文江、聂宝昱

资源红利"退潮",创新发展"破局"
——我国经济周期与"新常态"的解读与应对

一、案例正文

经济在发展过程中会产生一定的周期性波动,这对整体经济发展会产生相当大的影响。一般情况下,经济周期会呈现出衰退、紧缩、复苏的循环特征。新中国成立以来,我国经济的发展也呈非直线式,经历了"扩长—收缩—扩张"的发展轨迹,经济增长也是在波动过程中实现的。尤其是改革开放以来,我国经济增长进入了快速发展的时期,经济状况出现较为明显的周期性现象。

为了更加清晰地认识改革开放后我国的经济周期状况,本案例特选取2006—2021年我国GDP年度增长率波动情况进行分析(波动轨迹如图15所示)。2006—2007年,我国经济呈现出增长趋势,2007年的GDP增长率高达14.23%,经济发展进入繁荣时期。次年,受全球金融危机影响,经济增长率快速下跌,经济发展呈现出衰退趋势,但得益于中央政府推出的4万亿元财政刺激计划,我国经济快速复苏,后期的经济周期也呈现出稳定化趋势。

2010年以后,受多种因素影响,我国经济增速经历了一个持续下降的过程,经济发展进入一个重要转型时期。2014年5月,习近平总书记在河南考察时指出:"我国发展仍处于重要战略机遇期,我们要增强信心,从当前我国经济发展的阶段性特征出发,适应新常态,保持战略上的平常心态。"在随后召开的亚太经合组织工商领导人峰会上,习近平总书记进一步指出,经济新常态的主要特征包括"从高速增长转为中高速增长""经济结构不断优化升级""从要素驱动、投资驱动转向创新驱动"。新常态作为我国高层对经济形势的清醒判断和重要定义,对未来宏观经济政策导向有着决定性意义。以新常态来判断当前我国经济的特征,并将之上升到战略高度,也表明中央对当前我国经

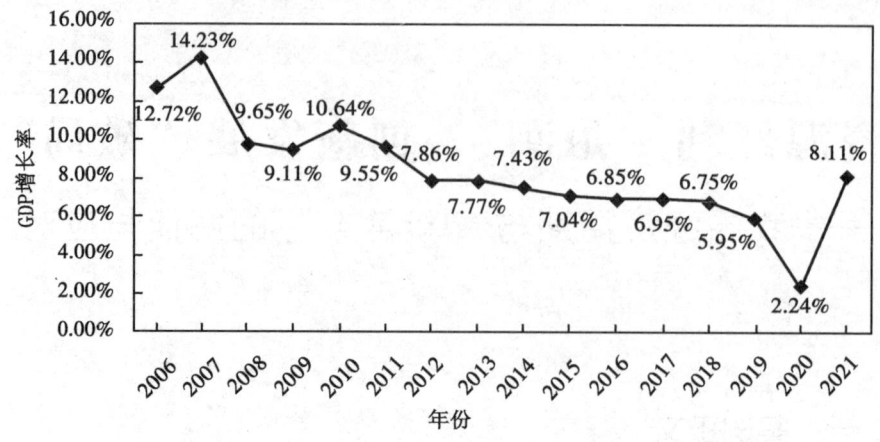

图 15　2006—2021 年我国 GDP 年度增长率波动轨迹

济增长阶段变化规律的认识更加深刻,正在对宏观政策的选择、行业企业的转型升级产生方向性、决定性的重大影响。

经济发展进入新常态后,以往支撑我国经济高速增长的要素条件和供需结构发生较大变化,经济潜在增速逐步回落,经济运行面临持续下行压力。从要素约束看,我国劳动人口数量从2012年开始由升转降,农民工数量增速逐年回落。同时,资本回报率下降,单位生产总值需要的资本支出比例超过4∶1,较本世纪初的2∶1水平有了显著上升。生态环境硬约束不断加强,相对粗放的发展方式受到环境容量明显约束,人民群众对碧水蓝天等优美环境的要求不断提高。从需求空间看,以住行消费为代表的消费升级势头放缓。2012年,我国城镇家庭人均拥有住房面积32.9 m^2,农村人均住房面积37.1 m^2,千人汽车拥有量接近90辆,房地产和汽车行业增速明显下降,对钢铁、水泥和煤炭等传统工业产品的需求增长放缓;从结构调整看,工业生产率较高但峰值已过,人均产出较低的服务业从2012年开始成为我国第一大产业,总生产率增长趋缓。收入分配差距较大,2011年劳动报酬占 GDP 比重降至45.6%的阶段性低点,居民收入基尼系数一直在0.4以上,国内消费大市场潜力释放受到制约;从潜在增速看,国际经验显示高速增长期结束后经济增速都会下一个较大台阶,有的国家平均降幅达到50%甚至更多。

面对经济新常态,要努力保持经济合理增长,着力发掘新增长点。产业增长点方面,要加快传统产业高端化、低碳化、智能化改造,让"老树发新芽",形成新的生产力;要大力发展新产业、新技术、新产品、新模式,培育壮大电子商务、云计算、大数据、物联网、互联网金融等新兴业态；加快发展生态环保、现代物流、文化创意、养老健康、生物医药等新兴产业。需求增长点方面，在投资上，基础设施互联互通、城乡公共公用设施配合一些新技术、新产品、新业态、新商业模式的投资机会大量涌现，必然有许多新增长点；在消费上，加速形成差异化、个性化、便利化、绿色化的消费热点，通过创新供给激活消费需求。在出口上，"一带一路"沿线多为新兴经济体和发展中国家，涉及的国家和地区的总人口约44亿人，经济总量约21万亿美元，蕴含着巨大的发展机遇和合作潜力。民生增长点方面，加快教育、医疗、社保等社会事业发展。创新创业增长点方面，大力推进大众创业、万众创新的新浪潮。

此外，应对经济新常态，我国也要着力寻求体制改革，创新宏观调控方式，不搞强刺激，以区间调控的思路，着重定向调控，大力简政放权，强化市场的作用，释放市场的活力，减少"政策依赖症"。深化财政金融体制改革，支持实体经济发展，支持产业迈向中高端新常态；深化科技体制改革，推动创新，构建以企业为主体、市场为导向、产学研相结合的国家创新体系，形成大众创业、万众创新的新局面；加快城乡二元户籍、土地、劳动就业、公共服务、社会保障体制改革，促进城乡二元结构向城乡一体化转变，增进人民福祉，保障公平正义。全面深化改革的关键是完善社会主义市场经济体制，改革的核心是处理好政府和市场的关系，即紧紧围绕"市场在资源配置中起决定性作用"，让一切劳动、知识、技术、管理、资本的活力竞相迸发，让一切创造社会财富的源泉充分涌流，让发展成果更多、更公平地惠及全体成员。

二、案例的思政元素

（一）深入了解我国经济发展现状，增强"四个自信"，培养爱国情怀

党的十八大以来，我国外部环境呈现百年未有之大变局，国内经济发展进入增速换挡、结构调整和动力转换的"新常态"。在以习近平同志为核心的党中央坚强领导下，我国坚持稳中求进工作总基调，紧紧围绕市场

主体创新宏观调控，有效应对"三期①叠加"、百年变局和世纪疫情等重大挑战，努力保持经济运行在合理区间，经济总量稳居世界第二位，对世界经济增长贡献率超过30%；持续推动高质量发展，国民经济实现了质的稳步提升与量的合理增长的统一；脱贫攻坚战也取得了决定性进展，6000多万贫困人口稳定脱贫，贫困发生率从10.2%下降到4.0%以下，贫困地区发展步伐加快；就业状况也持续改善，城镇新增就业年均1300万人以上。

总体来看，面对新常态下的经济压力，我国经济发展仍然保持着良好的态势，经济的长期快速发展奠定了坚实的产业基础，凭借着社会主义市场经济体制具有的巨大优势及不断增强的科技创新能力，我国经济长期向好的基本面不会改变。因此，大学生要对中国特色社会主义制度始终具有高度自信，始终做到与党同心、与祖国同行、与人民同在，增强中国特色社会主义道路自信、理论自信、制度自信、文化自信；主动关注我国经济发展动态，对我国经济社会发展有更加深刻的认识；自觉关心我国经济社会建设难题，从旁观者转变为参与者、建设者，关心集体、关心社会、关心国家；不断提升自身知识文化素养，在现阶段踏实完成学业，练就过硬本领，培养扎实技能，关键时刻立得起、顶得住；厚植爱国主义情怀，把爱国情、强国志、报国行自觉融入坚持和发展中国特色社会主义、建设现代化强国、实现中华民族伟大复兴的奋斗之中。

（二）分析我国当前创新发展策略，提高专业素养，培养创新思维

应对经济新常态，一项重要的举措是培养新的经济增长点，激发市场活力，让优秀的企业给经济发展不断提供动力。激发活力首要是实践创新、理论创新、制度创新。党的十八大以来，一个个奇迹般的事件展现了我国科技创新的历史性跨越，体现了中国力量、中国精神、中国效率。《2020全球创新指数报告》显示，我国创新指数排名上升至第11位。此外，我国已成为全球第二大研发投入大国，国际科技论文总量居世界第二，大众创业、万众创新之风在全社会已然形成潮流。

---

① "三期"是指经济增速换挡期、结构调整阵痛期、前期刺激政策消化期。

创新驱动是世界大势所趋，也是经济新常态背景下，我国必须依靠的新引擎。大学生作为国家发展的坚实后备力量，要正确认识我国经济周期或者经济新常态的现实情况，肩负起创新创造的时代担当，主动把个人理想融入党和国家事业、融入时代主题；努力瞄准世界科技前沿和国家重大需求，以"甘坐冷板凳、敢啃硬骨头"的精神锤炼过硬本领和高超技能，不断提高创新力和创造力，奋力解决国家"卡脖子"难题和人民群众生产生活问题。具体到学习生活中，大学生应该努力提升自身专业素养，学会灵活运用专业知识分析现实问题，在大众创业、万众创新中巩固专业知识，在各类实战中锤炼创新品质，自觉提高个人的综合素质。还要学会在生活中进行创新思维的培养，在各类示范指导下，不断形成自己对新事物的认识，并对它们进行新的集聚、整合、提升，以此提高自身的技术创新能力和解决复杂问题的能力。

（三）鼓励学生关注家乡经济发展，主动探索具体发展举措，增强社会责任感

经济新常态理论确立了我国经济全新历史坐标，其不仅与我国当前宏观经济发展状况紧密相关，而且与每一个人的生活息息相关。学生可以以各自的家乡作为切入口，由宏观转向微观，关注家乡具体的经济发展举措，从每一个详细的创新实践案例中体会现实生活中的发展活力。此外，教师可通过对比不同学生的家乡发展情况，引导学生进一步反思家乡经济社会发展过程中存在的不足，思考其未来的发展方向，同时鼓励学生利用假期时间参与家乡的各类社会实践，考察当地的特色产业建设，感悟家乡实实在在的发展变化，真正做到将学习书本知识与投身社会实践相统一，在实践中认识国情、了解社会，不断提升能力、综合素养，努力成为学识广博、底蕴深厚、身心健康、知行合一的新时代青年，并自觉将个人的青春之力、奋斗之志转化为脚踏实地、不懈奋进的报国行动，为实现中华民族伟大复兴的中国梦接续奋斗，在更广阔的天地中书写青春华章。

三、案例使用说明

（一）教学用途与教学目标

1. 教学用途

本案例可用于"经济学原理"课程中"经济周期理论"的教学。

2. 教学目标

（1）知识目标。

① 理解概念：经济周期的定义。

② 掌握理论：经济周期的阶段、分类；经济周期理论概述。

（2）能力目标。

① 举一反三能力。通过对本案例的分析，让学生对我国经济发展现状有一定的了解，认识我国经济发展的周期性，尝试分析应对经济周期的措施，并运用经济学理论分析其他类似的经济现象。

② 理论运用能力。通过学习案例中包含的理论知识，让学生以各自家乡的经济发展状况为具体分析内容，加深学生对理论的运用能力，将所学知识与现实情况结合，产生一定的创新性见解。

（3）素质目标。

通过对本案例的分析，可以增进学生对我国经济周期的认识，让学生感受政府为促进经济发展所做出的努力，由此厚植爱国主义情怀，使其树立道路自信、理论自信、制度自信、文化自信，科学辩证看待国家发展，并对国家发展存在的不足持有包容态度。

（二）案例讨论的准备工作

（1）教师要求学生预习相关知识点，对经济周期理论有初步了解。

（2）教师在课前发布教学案例，让学生依据案例进行相关资料查询，对课程思政案例有初步的了解。

（3）教师提出相关案例问题，引导学生进行案例延伸思考，从现实情况出发,分析我国当前经济形势,并且思考对其改善的对策。

(三) 案例分析要点

1. 启发思考题

(1) 我国经济进入新常态有哪些特征?怎么正确认识我国现阶段经济运行状况?

(2) 从经济周期的历史轨迹来看,应如何看待市场与政府的相容性?

(3) 请学生搜集各自家乡的经济发展政策,并进行比较研讨,提出自己的想法。

2. 分析思路及参考答案

(1) 我国经济进入新常态有哪些特征?怎么正确认识我国现阶段经济运行状况?

我国经济的新常态具有中高速、优结构、新动力、多挑战四个特征。我国经济新常态就是经济结构的对称态,在经济结构对称态基础上的经济可持续发展,包括经济可持续稳增长,而不仅仅是 GDP 和人均 GDP 增长与经济规模最大化。

① 中高速。从速度层面看,经济增速换挡回落,从过去 10% 左右的高速增长转为 7%~8% 的中高速增长是新常态的最基本特征。

② 优结构。从结构层面看,新常态下,经济结构发生全面、深刻的变化,不断优化升级。

③ 新动力。从动力层面看,新常态下,我国经济将从要素驱动、投资驱动转向创新驱动。

④ 多挑战。从风险层面看,新常态下面临新的挑战,一些不确定性风险显性化。

(2) 从经济周期的历史轨迹来看,应如何看待市场与政府的相容性?

① 有活力的市场机制离不开良好的经济秩序。良好的秩序是维护市场经济得以正常发展的基础条件。在信息化、网络化、全球化背景下,政府在维护经济秩序方面的作用表现得更加突出,如政府在顶层设计、战略性经济规划、克服自然灾害、解决国际贸易摩擦、维护本国经常性经济活动等方面起着重要作用。

② 有竞争力的市场经济离不开积极政策的引导。引导市场主体、激发市场活力，使市场主体对经济目标的研判和预期与国家经济社会发展趋势相一致，这对于发展中国家来说尤为重要。市场主体是经济活动中的承担者，由于经济信息的不完全性，常常使其处于盲目性和惯性思维之中，在经济利益面前容易为短期利益而冲动，结果出现无效投资，助推了经济波动甚至停滞。但政府行为又容易导致资源错配，造成资源浪费、效率低下等问题。因此，这就更需要政府主动作为，深入实际、及时预警，通过对国际和国内经济动态的关注，利用现代互联互通的网络平台经常与市场主体沟通，形成自上而下和自下而上的互动调适机制。

③ 分工产业链高端化离不开政府政策的倾斜和支持。亚当·斯密认为，分工受市场规模限制，特别是在当今资本主义贸易壁垒和技术垄断的状况下，一个行业、一个企业，甚至一个产品零部件，在全球产业链上的地位都会关系经济话语权问题。在技术进步、产品创新等方面，因其成功概率和经济效率上难以预测和掌控，往往研发所耗费的时间周期及经济效益等都难以评估。某些项目常常需要多方团队分工协作、分项攻坚，此种研发和创新活动事关国家整体产业、关键技术的突破，并非能通过市场竞争优化来实现，这就需要政府出面组织和协调相关部门，创建相关研发体系，组织实施技术转化试验等攻坚任务。因此，诸如此类技术的重大科研与试验也离不开政府政策的支持。

总之，政府与市场相融共济、相辅相成，是经济社会健康发展的保证。我国40多年的改革实践证明，我国要充分发挥好"两手准备"的作用，只有这样，才能真正体现我国的制度优势，即有效市场和有为政府相结合的意义。

（3）请学生搜集各自家乡的经济发展政策，并进行比较研讨，提出自己的想法。

学生自行收集整理各自家乡的经济发展政策，注意政策出台的时间、部门及政策的内容。将政策按照内容分类，比较发现政策重点；将政策按照时间线索梳理后，对比发现政策的演进和未来发展趋势。

四、教学组织形式

本案例的教学组织形式如表 24 所列。

表 24 "资源红利'退潮',创新发展'破局'"案例的教学组织形式

学习阶段	学习内容	时间安排	学习目标
课前	让学生预习教材,对经济周期的定义、阶段与相关知识有一定的了解,并且认真阅读教师发布的课程案例,以小组为单位对案例进行初步探讨,并收集各自家乡的经济发展政策	提前 2 d	让学生初步了解经济周期的基本知识,为课堂详细的案例分析做准备
课中	教师进行案例导入,展示案例内容,学生再次阅读案例	15 min	让学生熟悉案例及案例提出的相关社会背景
课中	教师讲解案例中蕴含的相关知识与思政元素,将经济周期理论与我国经济新常态相联系	15 min	让学生明确相关知识点,结合案例进行思考与分析
课中	通过小组合作讨论,让学生根据案例和所学知识进行讨论,并与各自家乡经济发展政策相结合进行分析	20 min	让学生运用理论进行案例分析,培养问题分析能力
课中	教师随机选择 2 个小组的成员进行案例分析展示	每组 10 min,总用时不超过 20 min	锻炼学生的合作能力、解决问题能力和表达能力
课中	教师对各小组成员的发言进行点评,并启发全班学生进行交流,最后结合思政元素与经济学理论进行归纳总结	20 min	让学生能够体会案例中的思政元素,反思案例分析中存在的不足,以及需要改进之处
课后	各组撰写案例分析报告,对所学知识进行复习	—	让学生巩固知识,增强记忆

五、总结

通过对本案例的分析，让学生了解我国现阶段的经济发展状况，其中一个最重要的论断即我国经济进入新常态。我国经济进入新常态具有以下三个特点：一是从高速增长转为中高速增长；二是经济结构不断优化升级，第三产业消费需求逐步成为主体，城乡区域差距逐步缩小，居民收入占比上升，发展成果惠及更广大民众；三是从要素驱动、投资驱动转向创新驱动。

教师要求学生结合所学的经济周期基础知识，对我国经济发展情况进行初步分析，认识到我国经济虽然具有周期性，但我国经济周期逐渐具有时间跨度拉长和周期波动变小的特征，这也推动我国采取多种举措应对经济新常态，如转变发展思路、推动供给侧结构改革、鼓励创新发展、进行产业升级。

学生也可通过对家乡经济发展具体举措的了解，加深对经济周期理论与我国经济新常态的理解，更加全面地认识我国现在的经济发展举措，由此增强"四个自信"，激发社会责任感与创新奋斗精神，厚植爱国情怀。

参考文献

[1] 李文. 深刻认识我国经济发展新常态 [J]. 中国领导科学，2015 (8)：37.

[2] 陈昕. 从斯密到马克思：经济增长与经济周期的历史轨迹：兼论市场与政府的相容性 [J]. 中共太原市委党校学报，2021 (6)：59-63.

[3] 郭峰，唐小锋，李杜. 中国经济周期的因素分析及对当前经济形势的政策建议 [J]. 成人高教学刊，2006 (6)：44-48.

[4] 卢建. 我国经济周期的特点、原因及发生机制分析 [J]. 经济研究，1987 (4)：48-55.

[5] 李猛. "中国模式"对中国经济周期的影响 [J]. 天津社会科学，2010 (6)：80-85.

[6] 张立群. 加快开启经济增长新周期：2021—2022年经济形势分析与展望 [J]. 求知，2022 (2)：41-43.

案例参与人：陈卓、向晓云、李瑞成、叶力阿曼